JIUYE YU CHUANGYE ZHIDAO

就业与创业指导

主　编◎谭显波　　曾　臻

副主编◎严寒雪　　李国平　　王志锋
　　　　张晓艳　　徐勇志

中山大学出版社
SUN YAT-SEN UNIVERSITY PRESS
·广州·

版权所有　翻印必究

图书在版编目（CIP）数据

就业与创业指导/谭显波，曾臻主编；严寒雪，李国平，王志锋，张晓艳，徐勇志副主编 .—广州：中山大学出版社，2015.9

ISBN 978 -7 -306 -05402 -9

Ⅰ. ①…大 Ⅱ. ①谭… ②曾… ③严… ④李… ⑤王… ⑥张… ⑦徐… Ⅲ. ①职业选择—高校职业教育—教材 Ⅳ. ①G717.38

中国版本图书馆 CIP 数据核字（2015）第 196478 号

出版人：	徐　劲
策划编辑：	李　文
责任编辑：	赵丽华
封面设计：	曾　斌
责任校对：	赵丽华
责任技编：	黄少伟
出版发行：	中山大学出版社
电　　话：	编辑部 020 -84111996，84113349，84111997，84110779
	发行部 020 -84111998，84111981，84111160
地　　址：	广州市新港西路 135 号
邮　　编：	510275　　　　传　真：020 -84036565
网　　址：	http://www.zsup.com.cn　　E-mail:zdcbs@ mail.sysu.edu.cn
印 刷 者：	佛山市浩文彩色印刷有限公司
规　　格：	787mm×1092mm　1/16　18 印张　345 千字
版次印次：	2015 年 9 月第 1 版　2020 年 1 月第 3 次印刷
定　　价：	35.00 元

如发现本书因印装质量影响阅读，请与出版社发行部联系调换

前　言

就业与创业是每一个即将进入社会工作状态的人所面临的共同问题。对于即将步入社会的大学生而言，了解就业和创业的相关知识十分重要。就业与创业问题不仅关系到青年群体的健康成长与自身价值的实现，也关系到亿万家庭的切身利益，更关系到国民经济的可持续发展与社会的和谐安宁。当前我国正面临自然新生劳动力的高峰期，预计就业年龄人口在2020年达到顶峰后才开始出现下降趋势，未来几年劳动力总量供大于求的状况将持续存在。劳动力的就业与创业问题始终是一个长期性的战略课题，一直受到国家和社会各界的高度关注。

根据教育部对外公布的统计数据，2010年我国共有高职院校1 113所，2012年增加到1 297所，毕业生人数从198万人上升到238万人，并且呈现增加的趋势；2012年中等职业教育毕业生人数为674.9万人。如此庞大的毕业生数量，给职业院校毕业生带来的就业压力在逐渐增大。职业院校的毕业生往往就职于中小企业和民营企业，就职于机关事业单位和国有企业的较少，而且薪酬较低，"跳槽"现象较为突出。这无疑增加了职业院校学生的就业压力。

党的十八届三中全会对高校毕业生就业工作进行了全面部署，明确提出了五项战略任务和六方面重点工作，指出要进一步强化创业教育和指导服务，大力提升就业指导服务水平，充分发挥校园就业市场的主渠道作用，不断提升毕业生就业质量。

为了更好地帮助和指导职业院校学生准确、顺利地进入职场，我们根据教育部"十二五"职业教育国家规划教材编写精神，广泛吸取当下同类教材的优点和特色，精心甄选和组织专家学者与一线优秀教师，联合编写了这本《大学生就业与创业指导》。该教材包括就业与创业指导两方面内容，共八章，涵盖就业与创业基础知识、就业意识观念培养、求职指导、就业法规与流程、职场适应与发展、把握创业机会、创业计划与实施及新企业管理与发展等知识与技能训练。各章节内容的编排尽量体现职业教育的特色，突出案例教学和实践能力培养，知识讲解深入浅出，呈现形式丰富多样，具有较强的针对性和实用性。

本书紧密结合职业院校学生实际,以培养技能型专门人才为目标,吸收近年来国内外就业与创业指导的最新研究成果,在编写理念和内容编排方面突出如下特色:

(1) 编写理念新颖。充分体现职业教育注重工作实践和学生动手能力培养的基本特点,突出就业与创业过程中的典型工作任务和环节,以引导和帮助学生顺利就业或创业为最终目标,同时力求内容简洁、形式新颖、可读性强。

(2) 强化实践环节。就业和创业都要求学生具有较强的实践能力和技巧,本书始终围绕这一主线,不仅提供了大量求职与创业实际案例,还对每一个案例进行了简要的分析,尤其在活动与拓展环节,不仅有明确的主题和目标要求,而且对活动过程进行了详细的设计,从而保证活动的效果和质量。

(3) 加大相关政策解读内容的比重。在就业与创业过程中,对相关政策的了解和把握至关重要。本书辟出专门章节,较为全面地介绍了就业和创业的相关政策及流程,便于学生充分掌握和合理利用相关政策内容,保护好自己的权益,避免在就业和创业过程中走弯路。

(4) 增加创业部分篇幅。创业日益成为当代大学生重要的就业渠道,充分了解创业的相关知识,积极做好创业准备,对创业成功是非常重要的。本书用较大的篇幅较为全面地介绍了如何创业、如何管理企业的基础知识,训练学生的创业技能和技巧,引导和帮助学生成功创业。

本书涉及就业和创业两大部分内容,要想在一本教材之内详细地介绍相关知识和技能并不容易,加之时间紧迫以及编者能力所限,疏漏和不足之处在所难免,恳请广大师生和专家学者批评指正,使本书更加完善。

编 者

2014 年 7 月

目 录

第一章 就业与创业基础知识 ……………………………………………… 1
第一节 专业与职业认知 ……………………………………………… 2
一、专业认知 ……………………………………………………… 2
二、职业认知 ……………………………………………………… 3
三、专业与职业的关系 …………………………………………… 4
四、结合专业特点制订职业生涯规划 …………………………… 5
第二节 自我认知 ……………………………………………………… 7
一、自我认知简介 ………………………………………………… 8
二、兴趣与职业发展 ……………………………………………… 8
三、气质、性格与职业发展 ……………………………………… 11
四、价值观与职业发展 …………………………………………… 12
第三节 高技能人才需求认知 ………………………………………… 15
一、高技能人才的定义 …………………………………………… 16
二、高技能人才的特征 …………………………………………… 16
三、当前国内外对高技能人才的需求 …………………………… 17
第四节 职业生涯规划制订 …………………………………………… 21
一、职业生涯规划简介 …………………………………………… 21
二、影响职业生涯规划的因素 …………………………………… 22
三、职业生涯规划的制订 ………………………………………… 23

第二章 就业意识观念培养 ……………………………………………… 27
第一节 就业形势与政策分析 ………………………………………… 27
一、大学生就业形势 ……………………………………………… 28
二、大学生就业制度与政策 ……………………………………… 29
三、大学生就业途径和方式 ……………………………………… 32

第二节　产业、行业与职业 …… 34
一、产业结构 …… 35
二、产业与行业的区别 …… 38
三、职业分类和发展趋势 …… 38
四、工作岗位分类 …… 40
五、职业岗位群 …… 40

第三节　就业去向选择 …… 44
一、就业去向选择的影响因素和原则 …… 44
二、就业去向选择的SWOT分析 …… 46

第四节　核心价值观与职业道德认知 …… 49
一、核心价值观简介 …… 50
二、企业核心价值观的标准和作用 …… 50
三、职业道德简介 …… 51
四、做具有良好职业道德的职业人 …… 52

第五节　职业核心能力提升 …… 55
一、职业化心态的建设 …… 56
二、职业核心能力分析 …… 56
三、职业核心能力提升 …… 58

第三章　求职指导 …… 60

第一节　求职意向确定 …… 61
一、信息获取 …… 61
二、求职目标设定 …… 63
三、雇主需求 …… 63

第二节　求职渠道拓展 …… 65
一、常规求职渠道 …… 66
二、"非常规"求职渠道 …… 68

第三节　求职材料准备 …… 69
一、求职材料简介 …… 70
二、求职信 …… 70
三、个人简历 …… 74
四、就业推荐表 …… 78
五、求职材料的制作 …… 79

第四节　学习目标 ··· 81
　一、笔试 ··· 82
　二、面试 ··· 83
　三、职业形象设计 ··· 90
　四、面试基本礼仪 ··· 93
第五节　就业心理调适 ··· 95
　一、常见就业心理障碍 ··· 96
　二、心理压力的缓解方法 ······································· 97
　三、求职的心理定位 ··· 98
第六节　求职陷阱规避 ··· 99
　一、常见求职陷阱 ··· 100
　二、求职陷阱的危害 ··· 104
　三、求职陷阱的应对措施 ······································· 104

第四章　就业法规与流程 ··· 108
第一节　就业流程 ··· 109
　一、毕业（就业）相关事宜 ····································· 109
　二、就业相关流程 ··· 113
第二节　就业权益保护 ··· 117
　一、就业权益保护相关法律法规 ································· 117
　二、劳动维权注意事项 ··· 123

第五章　职场适应与发展 ··· 127
第一节　角色转换与组织认同 ······································· 128
　一、初入职场 ··· 128
　二、从学生到职业人的转变 ····································· 129
　三、明确岗位职责，做好本职工作 ······························· 130
　四、自觉做到组织认同 ··· 131
第二节　入职策略 ··· 133
　一、离校、报到及入职准备 ····································· 133
　二、了解企业用工需求 ··· 134
　三、走好职场第一步 ··· 135
　四、熟悉职场环境 ··· 137

3

第三节 职场规则与制度……………………………………………… 141
 一、恪守职场规则……………………………………………… 141
 二、遵守职场制度……………………………………………… 144
第四节 职业素养修炼……………………………………………… 147
 一、职业素养的含义…………………………………………… 148
 二、职业素养的基本内容……………………………………… 148
 三、职业素养培养的意义……………………………………… 149
 四、职场必备的职业素养……………………………………… 149
第五节 跳槽、辞职与失业………………………………………… 156
 一、职业转换…………………………………………………… 156
 二、跳槽………………………………………………………… 158
 三、辞职………………………………………………………… 161
 四、失业………………………………………………………… 162
第六节 自我管理技能提升………………………………………… 165
 一、目标管理能力提升………………………………………… 166
 二、时间管理能力提升………………………………………… 166
 三、有效沟通能力提升………………………………………… 167
 四、情商管理能力提升………………………………………… 167
 五、人脉经营能力提升………………………………………… 168
 六、学习创新能力提升………………………………………… 168

第六章 把握创业机会……………………………………………… 171
 第一节 创新意识与创新方法……………………………………… 172
  一、创新意识简介……………………………………………… 173
  二、创新意识产生的环境因素………………………………… 175
  三、创新意识的培养…………………………………………… 176
  四、创新的方法………………………………………………… 177
 第二节 创业意识与创业潜质……………………………………… 179
  一、创业意识的定义…………………………………………… 180
  二、创业意识的内容…………………………………………… 181
  三、创业意识的要素…………………………………………… 181
  四、创业潜质…………………………………………………… 185

第三节　创业模式 189
一、创业模式简介 190
二、创业模式分类 190
三、典型创业模式 192

第四节　创业项目寻找与评估 199
一、寻找创业项目的途径 200
二、选定创业项目应考虑的因素 201
三、评估创业项目的方法 202
四、评估创业机会的方法 204

第七章　创业计划与实施 209
第一节　创业计划书制订 210
一、创业计划书简介 210
二、创业计划书的制订流程 211
三、创业计划书的撰写原则 212
四、创业计划书的撰写指导 213

第二节　创业团队组建 221
一、创业团队简介 222
二、创业团队的组建原则 223
三、企业团队的组建流程 224
四、创业团队成员的选择 226
五、创业团队的管理 226

第三节　创业法律法规 233
一、创业主体法律法规 233
二、合同法 234
三、劳动法和劳动合同法 237
四、企业和个人所得税法 238

第四节　创业融资 241
一、创业融资的概念 241
二、创业融资的方式 242
三、创业融资策略的内容 244
四、大学生创业融资存在的问题 244

五、大学生创业融资的对策…………………………………………245
　　六、创业融资流程……………………………………………………246
第五节　新企业创建……………………………………………………249
　　一、企业法律形态选择………………………………………………249
　　二、创业地址选择……………………………………………………251
　　三、企业名称确定……………………………………………………252
　　四、企业登记注册……………………………………………………253

第八章　新企业管理与发展……………………………………………256
　第一节　人力资源管理与企业文化建设……………………………257
　　一、人力资源管理……………………………………………………257
　　二、企业文化建设……………………………………………………259
　第二节　财务管理与风险控制………………………………………262
　　一、财务管理…………………………………………………………263
　　二、风险控制…………………………………………………………266
　第三节　营销管理与品牌建设………………………………………269
　　一、新企业营销管理…………………………………………………269
　　二、新企业品牌建设…………………………………………………271
　第四节　成长管理与社会责任………………………………………273
　　一、新企业成长管理…………………………………………………274
　　二、企业家精神与企业的社会责任…………………………………276

第一章　就业与创业基础知识

经历了大学阶段的学习，大多数学生在毕业前都会面临职业选择。职业的选择有很多种方式和途径，面对纷繁的职业选择和越来越大的就业压力，我们只有了解自己的能力，了解所学专业与未来就业岗位的关系，从自身实际情况出发进行职业生涯规划，才能走好自己的职业发展之路。

学习目标

1. 了解专业、职业的内涵，以及专业与职业的关系。
2. 了解兴趣、气质等与职业发展的关系。
3. 了解高技能人才的定义和特征，以及我国高技能人才需求的现状。
4. 初步了解职业生涯规划的制订原则和过程。

学习指南

一、学习方法

1. 充分利用互联网、期刊等资源了解相关知识，尤其是高技能人才的相关知识。
2. 积极参加相关课堂活动，在活动中运用相关知识解决问题。

二、注意事项

职业生涯规划的制订有一套严格的程序，本章仅对职业生涯规划进行简单的介绍，尝试制订自己的详细职业生涯规划时，还需要参考其他书籍。

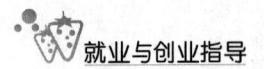

第一节 专业与职业认知

学习目标

1. 了解专业的内涵。
2. 了解职业的内涵、特征和功能。
3. 了解专业与职业的关系。

案例导入

有三个砌砖工人，在炎炎烈日下工作。一位路人问他们："你们在干什么？"第一个工人回答道："我在砌砖。""我在挣钱。"第二个工人答道。第三个工人热情洋溢地回答："我正在修建一座大教堂！一座对本地区产生巨大精神影响的、能与世长存的教堂。"多年以后，前两个砌砖工人还在从事着砌砖工作，第三个人则成为了一位优秀的建筑工程师。

分析 三个砌砖工人做着一样的工作，但是多年之后却有了不一样的身份和成就。从他们的回答中，我们发现他们对待自己所从事的职业的态度是不同的。"态度决定一切"，正是这种态度，决定了他们的人生命运。

一、专业认知

专业是指人类社会科学技术进步、生活生产实践中，用来描述职业生涯某一阶段、某一人群长时期从事的具体业务作业规范。对于学校而言，专业是指高等学校一个系（或学院）里或中等专业学校里，根据科学分工或生产部门的分工把学业分成的门类。

高等学校中"专业"这一概念带有很强的实体意味，它意味着三大实体存在：由同一专业学生所组成的班集体；教师组织（与专业同名的教研室）；与教师组织相关的经费、教室、实验室、仪器设备、图书资料及实习场所等。高等学校本专科教学一般按照专业划分和组织，学生入学后，便进入某一专业学习，并按照专业分班。专业合并或者调整时，专业背后的三大实体存在也要进行合并或调整。

截至2012年底，我国高等职业学校共设置了1 139种专业，分属于农林牧渔大类、交通运输大类、材料与能源大类等专业大类。

二、职业认知

1. 职业的内涵

职业作为一种社会历史现象,是人类社会发展到一定阶段的产物。随着时代的发展,社会分工越来越细,职业的数量、结构、类型等都发生着深刻的变化,职业种类越来越多,职业结构变迁的速度越来越快。

日本社会学家尾高邦雄认为:"职业是社会与个人或集体与个体的结合点。通过这一点的动态相关,形成了人类社会共同生活的基本结构。整体依靠个体通过职业活动来实现,个体则通过职业活动对整体的存在作出贡献。"

美国社会学家泰勒认为:"职业的社会学概念,可以理解为一套成为模式的与特殊工作经验有关的人群关系,这种成为模式的工作关系的整合,促进了职业结构的发展和职业意识形态的出现。"

职业是社会分工的产物,是一种专业化的社会劳动岗位。职业是劳动者能够稳定从事的有酬工作,是劳动者稳定地从事某种有酬工作而获得的劳动角色。

职业的定义主要有两层意思:第一,不是任何工作都能称为职业,只有当劳动者长期、稳定地从事某一类工作,使工作变得足够丰富和重要时,这样的工作才能称为职业;第二,职业是劳动者获得的一种劳动角色,因此,劳动者必须按照在社会结构中形成的对这一角色的规范去行事。

2. 职业的特征

(1)职业的社会性。首先,职业是一种社会历史现象,是劳动者进行的社会生产劳动,所以职业是社会的职业。其次,职业劳动创造社会财富,为社会的发展奠定了物质基础。最后,职业是劳动者获得的社会角色,劳动者必须遵守社会结构中对某一社会角色规定的规范。

(2)职业的经济性。职业以获得经济收入、取得报酬或寻求发展为目的,这是职业活动区别于其他活动的重要标志。人们在取得个人经济利益的同时,也会为社会创造财富。劳动者以获得的劳动报酬来维持家庭生活,这也是保持整个社会稳定的基础。

(3)职业的技术性。如前所述,职业是社会分工的产物,是一种专业化的社会劳动岗位。专业化就意味着技术性,不同的职业对从业人员的技术性要求也不同。随着社会化分工的发展,职业的技术性越来越强。

(4)职业的规范性。职业的规范性体现在职业行为规范和职业道德规范上。职业行为规范是指从事一定职业的人员的行为标准,该规范可以由组织正式规定的,也可以是非正式形成的。从业人员在职业活动中还应遵守一定的道德规范。

（5）职业的时代性。职业的时代性体现在不同时期、不同时代会出现不同的热门职业。以我国为例，曾出现过"当兵热"、"下海热"、"出国热"、"考公务员热"等，这都反映出特定时期人们对某种职业的热衷程度。

3. 职业的功能

（1）个体功能。职业是个人获得经济收入的主要手段，是个人生存并维持家庭生活的物质基础；职业可以满足个人的社会活动需要，是个人发挥才能的重要途径，也是个人为社会作贡献的途径。个人在工作中获得成就时会直接影响到自我效能感，有助于个人的自我肯定和角色认定。

（2）社会功能。职业活动创造出社会财富，从而为社会的稳定和发展奠定物质基础，职业分工与劳动是构成社会经济制度和经济运行的主体，是实现社会控制、维持社会稳定、实现安居乐业的手段。同时，职业结构的变化、职业层次间矛盾的解决也是推动社会进步的动力。

职场箴言

尽早认识职业，有目的地选择和学习专业知识，是决定能否顺利就业的重要方面。

三、专业与职业的关系

某职业院校举办了一届职业规划大赛，一个英语专业的大二男生不以为然："我学英语，毕业以后当翻译，有什么好规划的？"别人问他："你了解翻译这个职业吗？毕业后想做笔译工作还是口译工作？"他回答得很干脆："只要把专业学好了，还怕出来找不到翻译工作吗？"从该同学的回答中不难看出，他没有正确认识专业与职业之间的内在联系，因此，毕业后可能会出现一系列的问题。

截至 2012 年底，我国高等职业学校共设置了 1 139 种专业，兼顾了职业群的要求，建立了专业与职业较紧密的联系。大学生除完成专业学习外，还可以跨专业选修课程，以适应自己职业规划的需要，那种认为"上了大学就有一个好职业"的时代早已结束。

根据学科体系的内在联系来看，专业是学科与职业之间的桥梁，对应于不同的职业群。专业是职业发展的重要基础，同时，它也为若干相近职业群提供必要的基础知识和基本技能。专业与职业的关系有以下几种：

（1）专业与职业相包容，一个专业对应一个职业群。个人的职业发展一直在所学专业的领域内，选择的职业与学习的专业相吻合，能够做到学以致用。例如，护理专业对应的职业群是病房护士、专科护士、社区护士等。

（2）专业与职业相关联，以专业为核心发展职业，个人的职业发展以所学专业为核心，向外扩展。在这种情况下，选择的职业与学习的专业虽然方向一致，但职业发展超出所学专业的领域，在学好本专业的基础上还要通过选修、自学等方式提高自己所从事职业的职业素养。一个专业对应几个相关职业群，个人的职业发展在所学专业基础上有重点地沿某一方向继续拓展，所学专业在个人职业发展中仍有重要意义。例如，建筑专业对应的职业群是建筑师、土木工程师、制图员、测量员等。

（3）专业与职业分离。个人要从事的职业与所学专业基本无关，所学专业的某些方面在个人职业发展中有一定的重要性，但方向并不一致，这时应尽早调整专业，若为时已晚，应辅修其他专业。

四、结合专业特点制订职业生涯规划

就大学生而言，应当努力研究所学专业，认真分析专业与职业的内在联系，最终在专业基础上制订出有针对性的职业生涯规划。

（1）认识与个人所学专业相关的职业。可以通过请教教授专业课程的教师，与本专业的学长或校友进行沟通，利用网络或图书资料获取相关知识等途径，尽可能多地了解专业及相关专业的基本情况、本专业人才培养规格的主要特征、本专业的市场需求量等。

（2）认识本专业所属的学科特点。要清楚知道个人所学专业属于哪一个学科门类和哪一学科类别，同时要了解其基本特色，对本学科或相关学科的发展方向有所了解，把握所学专业在学科中的定位和发展空间。

（3）认识本专业的人才培养目标。各高职院校会根据自身的学术水平、师资力量、实习实训基地建设，以及社会影响的水平层次对培养的毕业生有一个基本定位，根据这一定位来确定专业人才培养目标。首先必须明确所学专业的培养方向，其次要明确所学专业是培养哪类人才。

（4）认识本专业与个人职业发展的关系。要有清晰的职业定位，再考虑与专业的关系，一定要以个人的实际情况为基础进行选择。

案例总结

美国有一个小伙子叫比尔·拉福，他的父亲在商界打拼多年，曾经是洛克菲勒集团的一名高级职员。受父亲的影响，拉福中学毕业后便立志从商。但是，父亲不赞成他直接攻读与商业相关的专业。最后他听从父亲的建议，中学毕业后考入了麻省理工学院，就读于机械专业。看似拉福离自己的志愿越来越远，其实不然，因为从事商贸行业必须要具备一定的专业知识，如果不能了解产品的性能和生产制造的情况，就很难保证贸易的收益。大学毕业后，拉福没有马上经商，而是考入了芝加哥大学，按照自己的计划开始攻读经济学硕士学位。获得经济学硕士学位后，他仍然没有从事商业活动，而是考取了公务员去政府部门工作。因为他认为经商必须有很强的交往能力，而训练交际能力、观察人际关系的最佳去处就是政府部门。五年后，羽翼已丰的拉福辞去了政府工作，投入商业领域。在父亲的推荐下，他进入通用公司工作。用了两年的时间，他学习并掌握了商务技巧，然后婉言谢绝了通用公司的高薪挽留，自己开办了"拉福商贸公司"。经过数年的发展，公司的资产从最初的20万美元迅速增长到数亿美元。

分析　比尔·拉福的成功例子告诉我们：首先，必须要有明确的职业目标；其次，对于实现职业目标过程中的每一次选择都要有详细的规划；最后，在学习专业知识的同时，要认识到自己学习的专业知识与未来职业之间的关系，学会用长远的、发展的眼光看问题。

活动与拓展

主题　专业与未来职业关系探究

目标　了解所学专业与未来职业的关系，进而初步确定自己的职业定位

建议时间　60分钟（课外）

活动过程

1. 学生课外结合所学专业，对身边的职场人士进行访谈，并进行记录。

姓名	所学专业	现在从事的工作	工作地点	薪资情况	所学专业对求职的影响

2. 通过访谈，联系自己的实际情况，结合所学专业，找准未来的职业定位。

我的理想：_____

我的专业：_____

我想选择的职业：_____

我的职业定位：_____

思考与讨论

1. 什么是专业？

2. 什么是职业？

3. 结合自己所学的专业，谈谈专业与未来职业之间的关系。

第二节 自 我 认 知

学习目标

1. 理解自我认知的含义。
2. 了解兴趣、气质等与职业发展的关系。

案例导入

蔡丽今年21岁，是某省大学应届毕业生。2013年10月，她就开始参加招聘会并在网上投简历，但至今也没有找到合适的工作。"我现在非常担心，怕自己找不到工作。"蔡丽焦急地说："以前从来没有想过就业的事，大学期间都不知道要不断充实自己，提高就业竞争力。"蔡丽说，她所学的劳动与社会保障专业属于相对冷门的专业，在该省只有三所高校开设这个专业，很难找到对口的工作单位。前段时间，她和同学参加了一次招聘会。"去的时候信心满满，感觉自己的各方面条件都不错，自己的学校和专业也挺好的。谁知道用人单位一看到我们的专业就说我们不合适，将简历退了回来，这让我们很受打击。最终，在这次招聘会上，我只投出了一份简历。"蔡丽沮丧地说。

越临近毕业，蔡丽的就业压力越大。现在蔡丽打算一边准备公务员考试，一边继续找工作。对于工作，蔡丽说："希望能找一份工资为3 000元左右的文案工作。"

分析 大学阶段是自我意识逐步完善的重要时期，大学生踏入大学校门后，就进入了一个教育的新阶段。在这个时期，大学生们开始摸索着建立和完善自己的职业观、人生观、价值观。但是在这一过程中，由于各种主客观因素的影响，部分大学生不能客观地认识和评价自我，出现自我认知的偏差。不能正确地进行自我认知就会导致大学生不能正确地认识现状，进而影响大学生的求职择业。

老子说过："知人者智，自知者明。"正确认识自己十分重要。当今社会，竞争日益激烈，就业形势严峻，就业压力大。统计数据显示，2013年我国高校毕业生人数达到699万人，创历史新高。如果我们不能正确地了解自己，不能及早确定自己的奋斗目标，就会像没头苍蝇一样到处乱撞。最终，时间在不经意间流失，在浪费了大量的时间和金钱后，获得的只有失败。

一、自我认知简介

自我认知是指认知主体对客体的感觉和观察，从而形成一定的自我概念，并形成自我评价。自我认知包括对生理自我的认知（如性别、身高、外貌等）、对心理自我的认知（如兴趣、气质、性格及能力等），以及对社会自我的认知（如自己的社会角色、自己的人际关系、自己在群体中的地位等），由此形成"我是什么样的人"的概念。

一个人的自我认知偏差通常有两种表现：一种是看不到自己的优点，觉得自己处处不如别人，就会产生自卑心理，丧失信心，做事不够果断，畏缩不前；另一种是过高地估计自己，骄傲自大，进而导致工作的失误和人际关系的紧张。因此，恰当地认识自我，实事求是地评价自己，是自我调节和人格完善的重要前提。

二、兴趣与职业发展

兴趣是个人积极探究事物的心理倾向，是人们对某一事物喜好和关切的情绪，是个人选择职业的一个重要因素，当人的兴趣对象指向职业活动时，就形成了职业兴趣。职业兴趣对个人的职业活动有重要的影响，当自己投身到一份符合自己职业兴趣的工作后，可以让自己感到快乐、满足，会对该职业表现出积极努力的态度。所以，在择业时，个人会将自己对该职业是否感兴趣作为考虑的因素之一。从开始时的感到有趣，到逐渐形成稳定、持久的乐趣，再与自己的奋斗目标相结合，形成明确的志趣，这就是职业兴趣发展的过程。作为大学生，我们应该努力培养自己多方面的兴趣爱好，努力发展自己的特长，从而使自己的兴趣爱好有明确的指向性，这样在择业时既有一个较广的选择范围，又有相对明确的目标指向。

1. 兴趣的特征

（1）广泛性。广泛性是指兴趣的范围，一个人可以对很多事物都有兴趣。

（2）稳定性。稳定性是指兴趣的持久与稳固程度。只有兴趣持久、稳定，才能承受住种种困难的考验和其他因素的困扰，如果个人的兴趣不稳定，那做事就难免会半途而废。

（3）效能性。效能性是指兴趣对个人实际活动的影响程度，有些人仅有兴趣而无行动，有些人对某种事物有兴趣就会付诸实际行动。只要是能促使人们积极主动地活动，并产生明显效果的兴趣就是积极的、有效能的兴趣。

2. 兴趣在职业活动中的作用

职业兴趣体现了人们对待工作的态度及对工作的适应能力，当人们对某一职业拥有职业兴趣时，将增强个人的职业满意度和职业成就感。

（1）兴趣会影响人们对职业的选择。人们在求职择业时，首先会关注自己感兴趣的职业，从个人的兴趣出发，由对某一事物感兴趣发展到对这一事物所对应的职业产生兴趣，再将这个职业与自己的奋斗目标相结合，最终将从事这一职业的理想发展成为自己的职业理想并为之奋斗。

> 职场箴言
> 兴趣比天才更重要。
> ——丁肇中

（2）兴趣可以让人们更好地适应工作。在实际工作中，如果我们对某一职业感兴趣，工作的积极性就会提高，主动性就会增强，在工作中充分发挥自己的才能和创造性；相反，如果我们对目前所从事的工作不感兴趣，就会觉得工作枯燥无味，会产生厌倦感，在工作中很难去调动自己的积极性、主动性和创造性。

案例赏析

秀辉煌创业故事

在命运的颠沛中,最可以看出人们的所愿:风平浪静的时候,轻如一叶小舟;等到风涛怒作的时候,也会像凌空的天马。秀辉煌创业计划是我们秀辉煌团队在毕业之前找到对未来工作的一些想法。我们特别注重观察当地和外地的经济状况,研究什么样的买卖容易获利。从垦殖业、建筑、金融、交通、矿业、商业等各个行业中了解,在不断的学习过程中找到属于我们食品营养与检测专业的项目,不断开发新产品。

我们最初的产品是纯天然、无污染的甲壳素。产品符合国家和世界"绿色环保"的主题,并且得到国家支持和世界关注。甲壳素的作用广泛,是现在保健品市场的新兴产品,它有降脂、排毒、调节肠胃、提高身体免疫力、抗癌等功效;在工业方面的应用主要在造纸业中,甲壳素及其衍生物能有效地提高纸张的扯拉强度和改善表面印刷性,能广泛地应用于印刷纸的生产,以适应高速印刷、高黏度油墨的要求;在化妆品方面,由于甲壳素粉末的比表面积大、孔隙率高,可吸收皮脂类油脂,是洗发剂中理想的活性物质。综上所述,该产品能从多领域多方面满足人民的生活生产发展需求,能适应市场需求,且短时间内能实现产业化。

秀辉煌生物科技有限公司在开始筹建之初就采取稳扎稳打的方针,着手抓好原料基地的建设,选取在原料丰富的地区建厂。在生产过程中不断地改良提取方案,扩大产量,在不断回本的过程中,逐渐加大投入。虽然开始时提取技术落后、设备落后,难以与欧美新的生产技术相抗衡,但产量丰富,竞争力强大。而且公司在不断获利的过程中,加大对科学技术、引进人才、培养人才和引进先进技术装备方面的投入。

因为我们的产品纯度不够高,但产量足够大,所以,我们的经营方式是平价营销,以低于市场价5%～20%毛利润的方式出售,抢占市场占有率。在市场占有达到一定规模后,逐步提高利润空间,寻求更优质的合作伙伴共同经营。待企业上市后扩展生产规模及衍生物。前期资金来源是银行贷款和技术入股。借鸡生蛋,一年赚的钱用来还债后再贷款经营。凭着良好的信誉不断地换取更大的创业本钱。信誉是投资创业的硬资本,对于无钱或财力不足的人来说,能借到钱就可心想事成。贷款的钱用来购买仪器和技术的投入;然后建立自己的品牌,积累无形资产;收回初期投资,准备扩大生产规模,开始准备研制开发衍生产品。

我们希望能把我们的创业计划实施起来，成就一番事业，在3～5年内成为甲壳素清洁生产的领路人，创造一段辉煌。让更多的人知道甲壳素的作用，了解绿色产品。"关注绿色环保与生命质量，创造健康与希望"，这是我们公司的口号，是我们公司的宗旨，也是我们的目标。希望我们的产品能让社会变的更美好。

三、气质、性格与职业发展

性格和气质对个人择业和事业成败有着相当大的影响，不同的职业对从业者的性格和气质也有着不同的要求，因此，正确认识自己的性格和气质特征是择业的重要前提。

1. 气质与求职择业

气质学认为人的状态主要取决于人体内液体的数量关系。根据人体内各种不同性质液体所占的比例，可将人分为四种类型：胆汁质、多血质、黏液质、抑郁质。

现代心理学把气质理解为人的典型的、稳定的心理特点，即主要是指人的心理活动和动作的速度、强度、稳定性、灵活性和指向性等动力方面特点的表现。这种表现是人的神经过程在行为上的体现，使人的行为具有这样或那样独特的风格。具有不同气质的人，常常会在社会活动中表现出不同的特点。因此，大学生在求职择业中必须正确认识自己的气质类型。根据不同气质的特点和不同职业的要求，可以发现气质与职业之间的匹配关系（见表1-1）。

表1-1 气质与职业的匹配关系

气质类型	胆汁质	多血质	黏液质	抑郁质
气质特点	坦率热情；精力旺盛，容易冲动；脾气暴躁；思维敏捷，但准确性差；情感外露，但持续时间不长	活泼好动，善于交际；思维敏捷；容易接受新鲜事物；情绪容易产生，也容易变化和消失；情感容易外露；体验不深刻	稳重，考虑问题全面；安静，沉默，善于克制自己；善于忍耐；情感不易外露；注意力稳定而不容易转移；外部动作少而缓慢	沉静，对问题感受和体验深刻；持久；情绪不容易外露；反应迟缓，但是深刻；准确性高

（续表1-1）

气质类型	胆汁质	多血质	黏液质	抑郁质
适合的职业	导游、推销员、节目主持人、演讲者、外事接待人员、演员、市场调查员、监督员等	管理工作者、外交工作者、驾驶员、服装纺织业从业者、餐饮服务业从业者、医生、律师、运动员、冒险家、新闻记者、演员、军人、公安干警等	外科医生、法官、管理人员、出纳员、会计、播音员、话务员、调解员、教师、人力人事管理主管等	校对员、打字员、排版员、检察员、雕刻工作者、刺绣工作者、保管员、机要秘书、艺术工作者、哲学家、科学家
不适合的职业	长期安坐的细致工作	单调或过于细致的工作	富于变化和挑战性强的工作	热闹、繁杂环境下的工作

2. 性格与求职择业

与气质相比，性格更多地受到社会生活环境的影响，性格与气质相互渗透、相互制约。一个人的气质会影响性格的表现形式，例如，同样是勤奋学习的学生，多血质的学生在学习活动中容易表现得精力充沛、情绪兴奋；黏液质的学生表现出的是刻苦认真、专心致志。

（1）性格的类型。根据理智、情绪、意志在性格中所占的比例，性格分为理智型、情绪型、意志型及介于这些类型之间的中间型。根据个人的心理活动倾向于内部还是外部，性格分为内向型、外向型和内外兼有型。根据个人独立性程度，性格分为独立型和顺从型。

（2）性格对职业的作用。性格影响着人们的行为方式，在选择职业时，要努力认识、分析自己的性格特征，找出自己性格中的不足，这样才能充分地发挥性格中的积极方面，在适合自己性格特征的工作岗位上干出成绩。

人的性格会随着职业的需要发生改变。从事某一相同工作的人，在性格上也可能会形成某些相同的特点，这就是职业性格。例如，医务工作者往往形成严谨认真、一丝不苟的性格；从事销售工作的人，往往具有能言善辩、头脑灵活、善于交际的特点。

四、价值观与职业发展

价值观是指一个人对周围的客观事物（包括人、事、物）的意义、重要性的总评价和总看法。职业价值观也称为工作价值观，是价值观在职业领域上的体现，是人们对待职业的态度和信念，是人们在从事职业活动中表现出来的价值倾向。

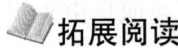拓展阅读

舒伯将职业价值观分为15个维度，分别是利他主义、美的追求、创造力、智力的刺激、成就感、独立性、威望、管理权利、经济报酬、安全感、工作环境、与领导的关系、与同事的关系、生活方式、变异性。

1. 职业价值观对职业的作用

（1）职业价值观对求职择业动机有导向作用。个人的求职择业活动受到职业价值观的支配和制约，在同样的客观条件下，拥有不同价值观的人的动机模式不同，所产生的行为也不同。求职择业动机的目的受到职业价值观的支配，这就是为什么对于同样的职业，不同的人会有不同的选择和评价。职业价值观反映个人对职业的需求和认知。职业价值观是对职业活动的评价，所以职业价值观在某些方面反映了个人的世界观、人生观、价值观。

（2）职业价值观影响职业决策。职业价值观具有主观因素，代表了个人对什么是好坏、什么是对错的看法。每个人由于所受的教育不同、所处的环境不同、成长的轨迹不同、对职业的目标和要求不同，在职业活动中，当人们要进行选择时，起到决定性作用的往往就是个人的职业价值观。

2. 大学生职业价值观的困惑与调适

（1）大学生职业价值观的困惑。

①自我价值与社会价值的冲突。部分大学生在职业活动中更加注重自我价值的实现，坚持以自我为中心，当个人利益与集体利益产生矛盾时，他们往往会选择个人利益而忽视集体利益。但是，当今社会决定大学生择业的不仅是他们自身的志愿，还取决于社会对该职业的实际需要。因此，大学生在择业时，应该把实现自我价值与社会价值统一起来，把社会需要作为选择职业的立足点。

②眼前利益与长远利益的冲突。很多大学生面临着眼前利益与长远利益之间该如何取舍的困惑，有相当一部分大学生看重的仅仅是当前的薪酬回报和短期利益，而忽略了个人职业生涯的长远发展，这是非常不明智的。每一个大学生都应该有一个正确的择业观，应该选择那些有良好职业前景，能够充分发挥自己才能、满足自己职业预期的，同时又符合社会需求的职业，从而真正实现自己的人生价值。

③个人理想与社会现状的冲突。大学生还面临着个人职业理想与社会现状之间的矛盾。大学生在校期间对以后的工作生活充满了美好的憧憬，对未来的职业满怀期待，但当他们进入社会后，会因为对自己能力认识不清、社会实践

经验缺乏而出现准备不足、适应不良等情况，最终导致大学生在职场中举步维艰。

（2）调适方法。

①正确处理好职业价值观与金钱之间的关系。金钱是人们从事职业活动的物质报酬，很多大学生认为读大学是为了获得学历、找到工作，工作的目的是为了挣钱，把获得金钱视为工作的唯一奋斗目标。但是，对于刚走出校门的大学生来说，他们拥有的知识、能力、经验和阅历还不足以使他们在社会上获得大量的金钱回报。有些急功近利的学生甚至想"一夜暴富"，他们很容易被人诱惑、利用，甚至误入歧途。所以，树立健康正确的金钱观是十分必要的，特别是面对现今较严峻的就业形势，同学们更应该认清形势，尽可能地坚持将自我成长与发展作为求职时的首要考虑因素。

②正确处理好职业价值观与个人兴趣、特长之间的关系。个人在确定职业价值观时，一定要考虑到它是否与自己的兴趣、特长相适应。如果一个人从事一份自己不喜欢的工作，那么他很难全身心地投入到工作中去；相反，如果一个人选择了一份自己喜欢的工作，那么他可以充分调动自己的积极性，发挥个人潜能，从而获得职业上的成功。

③正确处理好职业价值观的排序与取舍问题。每个人的职业价值观都不会只有一个，但是在现实生活中往往"鱼与熊掌不可兼得"。在选择时，要找出自己认为最重要的方面，不要患得患失。

案例总结

小钱是护理专业的学生，她之所以选择护理专业，主要有三个原因：一是自己对护理专业感兴趣；二是她做事细致，有耐心和责任心，比较适合从事护理工作；三是她的妈妈身体不好，她希望自己可以学习医学的相关知识，方便照顾妈妈。进入大学后，她的职业目标很明确，就是要成为一名"白衣天使"。因此，在学校她努力学习专业知识，因为这是自己感兴趣的专业，所以她觉得学习是件快乐的事。为了提高自己的综合素质、锻炼自己的能力，她还加入了学生会。在选择实习地点时，她选择离家较近的县医院。实习期间，她勤奋刻苦、任劳任怨，得到患者的一致好评。实习结束后，她就开始准备护士执业资格证的考试和实习单位的招聘考试。

最终，她顺利地通过了护士执业资格证考试和医院的招聘考试，初步实现了自己的职业理想。

分析 小钱的职业理想的初步实现不是偶然的。首先，她非常了解自己的

第一章　就业与创业基础知识

特点,有着明确的职业目标,并且职业目标和自己的兴趣相吻合。其次,在学校期间,她知道自己需要具备哪些素质,以便未来更好地从事护理工作,并对自己欠缺的能力加以锻炼。最后,做好充足的准备,在学习理论知识的同时加强实践能力的锻炼,在实习期间脚踏实地、勤奋工作。

活动与拓展

主题　认识你自己

目标　通过比较别人眼中的自己和自己眼中的自己,认识一个更加完整、真实的自己

建议时间　30 分钟

活动过程

1. 教师将学生分成若干组,每组 4 人。每人准备 4 张纸条。

2. 每个学生在一张纸条上写下最能代表自己的 3 个词语,在另外 3 张纸条上写下最能代其他 3 个组员的词语(每人 3 个词语,共 9 个词语)。

3. 将写给其他组员的词语折叠后,交给对方。

4. 汇总自己手中的纸条,比较一下别人眼中的自己和自己眼中的自己,看看有什么区别,谈一谈自己的心得体会。

思考与讨论

1. 你的兴趣有哪些?

2. 根据气质与职业的匹配关系表,判断你的气质类型,找到适合你的职业。

3. 谈谈你的职业价值观,并和同学进行交流。

第三节　高技能人才需求认知

学习目标

1. 了解高技能人才的定义和特征。
2. 了解当前国内外对高技能人才需求的现状。

案例导入

近年来,媒体经常报道"大学生就业难"的现象。2002 年,《南京晨报》

15

报道：南京普通高校毕业生就业遭遇"熊市"，签约率普遍降低。2006年上半年，中央人民广播电台报道：大学生要到技校学习一技之长后才容易就业。《中国青年报》2006年8月14日报道：近日调查的8 777名大学毕业生，未就业者的比例达到39.2%；当前社会急需的月薪超过5 000元的"十大职位"中，高级技工占4个。《文汇报》2006年8月18日报道：长三角地区（长江三角洲地区）出现"高级技工荒"；上海民企开价40万元请"洋技工"；江苏年薪28万元聘请不到高级电焊工；杭州开出6 000元月薪，3个月只招到两名技工……普通高校毕业生就业呈现"熊市"、高技能人才就业呈现"牛市"现象，引人深思。

分析 随着科学技术的进步、经济社会的发展，就业市场呈现五个变化趋势：专业岗位多样化，专业冷热多变化，知识技能综合化，地区需求差异化和技能人才层次高移化。当前国家大力推进自主创新，实施建设创新型国家的战略，高技能人才成为就业市场的主要需求。

《教育部关于推进高等职业教育改革创新引领职业教育科学发展的若干意见》（教职成〔2011〕12号）提出："高等职业教育必须准确把握定位和发展方向，自觉承担起服务经济发展方式转变和现代产业体系建设的时代责任，主动适应区域经济社会发展需要，培养数量充足、结构合理的高端技能型专门人才，在促进就业、改善民生方面，以及在全面建设小康社会的历史进程中发挥不可替代的作用。"显然，高等职业教育的人才培养目标已经由过去的"培养高素质技能型人才"调整为"培养高端技能型专门人才"（简称"高技能人才"）。因此，作为高职生，深入理解高技能人才的相关知识是十分必要的。

一、高技能人才的定义

高技能人才是指在生产、运输和服务等领域岗位一线，熟练掌握专门知识和技术，具备精湛的操作技能，并在工作实践中能够解决关键技术和工艺的操作性难题的人员。

高技能人才是我国人才队伍的重要组成部分，是各行各业产业大军的优秀代表，是技术工人队伍的核心骨干力量。在大力倡导提升企业自主创新能力、建设创新型国家的时代背景下，更多、更快地培养高技能人才，被视为我国提升国家核心竞争力的战略举措。

二、高技能人才的特征

高技能人才通常具有如下特征：

（1）高超的动手能力。动手能力是所有技能人才共有的特征。但是，只有高技能人才才是"技艺超群",这也是高技能人才最显著的职业形象特征。现代高技能人才不再只是传统的拥有某些"手艺"和"绝活"的人,而是通过技能教育和培训获得更多的现代化理论知识,成为"手脑联盟"的技能劳动者,这种"手脑联盟"将是知识经济社会高技能人才的时代特征。

> **职场箴言**
> 创新是职业发展的原动力。

(2)突出的创造能力。创造性是一切人才的共同特征。高技能人才的创造性主要表现为在相关技术领域中的创新能力,如工艺革新、技术改良、流程改革及发明创造。一般来说,初、中级技能人才主要是掌握了熟练技术的人员,从事的是熟练劳动;高技能人才则较多地掌握了精密技术,从事的是较复杂的劳动,其心智技能化的程度较高。不仅如此,高技能人才的创造能力还具有个性化特征。

(3)极强的适应能力。高技能人才有适应工作岗位变动的能力。这种适应能力不仅表现在对同专业(工种)工作岗位的流动方面,也表现在对邻近专业(工种)工作岗位的流动方面。相比之下,初、中级技能人才的岗位适应性远不及高技能人才。

三、当前国内外对高技能人才的需求

高技能人才是一个国家核心竞争力的体现。培养造就一大批具有高超技艺和精湛技能的高技能人才,是我国产业升级和产业链提升的人力资源保证,是增强我国核心竞争力和自主创新能力、建设创新型国家的重要举措。高技能人才不仅是技术工人队伍中的核心骨干力量,也是推动技术创新和现代科技成果向现实生产力转化的骨干力量,更是国家竞争力的重要代表。英国经济学家马歇尔在他的《经济学原理》一书中提到:"一切资本中最有价值的莫过于投在人身上的资本"。高技能人才强大的国际竞争优势和巨大的经济增长作用,无疑值得各个国家加大关注力度、提高投入水平。

1. 国际上的"技能短缺"现象

根据欧盟的经验,无论是在高技术岗位还是在初级岗位,就业和人口统计都显示出劳动力短缺的趋势。然而,科技的变革和更新使得所有职业都提高了对高技能人才的需求。如果职业教育不能及时给年轻人和成年人提供适当的技能,技能短缺将会持续发生,甚至有愈演愈烈的趋势。

面对高技能人才短缺的现状,世界各国极为重视,积极采取措施应对,通过多种政策途径增加本国技能人才的供给，提高高技能人才的保有量。发达国家主要表现为人才争夺吸引，发展中国家则主要表现为控制人才流失。

世界范围内，未来一段时间对高技能人才需求的趋势如下：
(1) 高技能人才需求趋向高职业资格化。
(2) 高技能人才需求趋向高学历化。
(3) 绿色经济、绿色就业的发展对高技能人才有新的需求。

2. 我国高技能人才需求趋势

我国现有高技能人才近3 000万人，根据国家的规划，到2020年，要使高技能人才数量将达到3 900万人，占技能劳动者的比例达到28%左右。

在当前和今后一个时期内，我国处于全面建设小康社会的关键时期。人才资源是经济社会发展的第一资源。

走新型工业化道路，加快产业优化升级，全面提升我国企业核心竞争力，迫切需要大力加强高技能人才队伍建设。经济发展方式转变和劳动力市场需求变化是高技能人才需求上升的推动力，如下图所示。

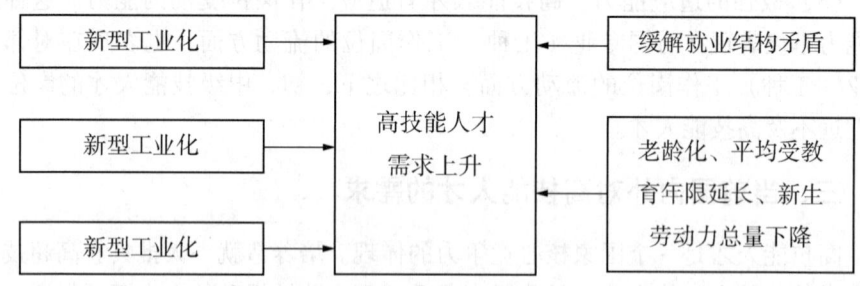

高技能人才需求上升的推动力

3. 知识经济改变了技能人才的需求规格

在当今全球化和知识经济的时代，各国对高技能人才能力规格的需求正在发生变化。

在全球化的背景下，技术、产品、服务和劳动力都将突破边界，参与到扩展的经济活动中去。而在知识经济中，知识半衰期不断缩短，随着制造经济转变为服务经济，知识的价值将越来越多地取代物质的价值。工人也会由体力工作者（生产型工人）转变为脑力工作者（知识型工人）。

当前企业急需的不仅仅是遵守纪律的生产线工人，更是有主见、独立的公民，能承担风险的企业家……在对技能需求方面，劳动力市场对常规及非常规动手能力、常规认知的需求降低，对非常规解析和交互的需求增加。

相关研究指出：劳动力市场对新的以知识为基础的技能需求旺盛，而对传统的技能需求正在下降……青年需要掌握一整套"核心工作技能"。

研究表明,对技能人才的核心能力要求在日益提高,今后一段时间,具备以下的能力对于一个高技能人才来说,将显得十分必要。

(1) 外语交流能力是一项基本能力。除了英语之外,使用非英语语言作为一门工具,去理解一个国家的文化和市场,往往更具有竞争力。

(2) 批判性思维及创造力(创新能力)。这是知识经济的两大重要驱动力,作为保持个人竞争力的最重要因素,未来这个能力的重要性会增加。

(3) 良好的身心健康素质。不仅包括良好的身体素质,更强调拥有健康、稳定的心理素质。

拓展阅读

目前我国高技能人才评价的不足之处:

(1) 对高技能人才的评价跟不上当前的社会需要,在一定程度上影响了高技能人才的成长。一些劳动者的技能已经达到高级工以上水平,但由于评价工作的不到位,而不能被认定相应的职业资格,其能力和才干没有得到应有的体现,劳动者的积极性、主动性和创造性受到影响。

(2) 对高技能人才评价的质量不高,影响评价工作的科学性、规范性和权威性。部分地区和行业的鉴定机构不规范,鉴定过程不科学,影响了对人才的评价。

(3) 高技能人才评价与培养、使用、激励等环节没有形成有效的联动,导致评价难以发挥应有的作用。

案例总结

某机械修理厂主要承担烟草机械的大修任务,该厂的刘师傅经常被派到全国各地卷烟厂去修理卷烟机。刘师傅所带的大学生徒弟小张未能随行,留在厂里给其他师傅帮忙。机械制造与自动化专业毕业的小张心想:我学的就是机械专业,跟着刘师傅出两次差不就能独立操作了么?

然而,一段时间后,小张发现随着以光机电一体化为特征的高新技术在烟草机械中的广泛应用,卷烟机修理远比自己想象的复杂。首先要熟悉修理对象机械、电器、控制各方面的结构(目前自己在这方面接受的训练还不够),具备过硬的操作技能,这需要一定的积累。更重要的是,到修理现场后要能快速找到故障,制订修理方案,并迅速排除故障(卷烟厂是格外重视效率的)。找到故障需要知识和经验;排除故障则需要具备复合技能才行。小张这才知道,一个熟练的机修工,没有三五年的磨炼是很难成长起来的。于是,他安下心在厂里继续学习,并且在三年之后终于成为一名优秀的卷烟机修理工,并成为厂里的骨干。

分析 小张开始认为自己在学校已经学习过机械知识,稍加练习就能掌握相关技能,可事实并非如此。目前,高等职业院校的学生毕业后大多是到企业一线工作,要完成从学徒到高技能人才的转变,必须付出巨大的努力才行。

活动与拓展

主题 了解自己的技能掌握情况

目标 通过了解自己的技能掌握情况,找出自己的优势和不足

建议时间 30分钟

活动过程

根据自己的实际情况填写下表,找出自己掌握得较好的技能,并与同学交流,确定自己的判断是否正确。

技能分析	具体技能	我的强项
沟通	写作,交谈,外语知识,电话技能,劝说,倾听	
创造力	产生新想法,想出新的解决方法,有想象力	
人际关系	与他人相处的能力,交际手段掌握,冲突解决,理解他人	
管理自己和他人	领导,计划,激励他人,决策,管理时间的能力	
手工和机械	操作,维修,装配,安装,驾驶交通工具	
数学	掌握数学技能,应用计算机,分析数据,预算,使用数据技术	
信息技术和办公室工作	操作键盘,处理文字,制作电子表格,收发电子邮件,数据库管理,网页设计和管理,作记录	
销售	劝说他人,磋商,了解产品	
科学研究	调查,研究,编译,诊断,评估	
客户服务	服务客户,应对"难缠"的人	
病人服务	看护,诊断,招待,引导,咨询,安慰,处理紧急情况	
其他技能		

思考与讨论
1. 你了解自己目前所拥有的技能么？
2. 你所拥有的技能是否能让你从事自己喜欢的职业？
3. 为了从事自己喜欢的职业，你还需要再学习什么技能？

第四节　职业生涯规划制订

学习目标
1. 了解职业生涯规划的内涵。
2. 了解影响职业生涯规划的因素。
3. 初步了解职业生涯规划的制订原则和过程。

案例导入

赵晗从小就对设计感兴趣，因此，她毅然选择了大学的艺术设计专业，想成为一名室内设计师。大学期间，她努力学习专业知识。她了解到在进行室内设计时熟识材料的种类十分重要，她就经常去家具展览会参观学习。为了锻炼设计实践能力及与客户沟通的能力，她就到一家室内设计公司实习。毕业后，她顺利进入这家公司，担任设计师助理一职。一年后，由于业绩突出，公司破格提升她为设计师。

分析　相比很多大学生，赵晗的职业之路走得比较顺畅。这是因为她对自己的兴趣有清晰的认识，对自己的职业生涯有很好的规划，并不断学习与职业目标相关的知识与技能，努力丰富自己的知识，提高自己的能力。

一、职业生涯规划简介

1. 职业生涯规划的概念

职业生涯是指人一生中所有与职业相联系的行为与活动，以及相关的态度、价值观、愿望等连续性经历的过程。它是人一生中职业或职位的变迁及工作活动、理想的实现过程。职业生涯是一个动态的过程，体现了人一生在职业岗位上度过的与工作活动相关的连续经历。因此，不论职位高低、成功与否，每一个在工作着的人都有自己的职业生涯。

职业生涯规划，也称为职业生涯设计，是指个人对职业发展的规划与设计，

即个人结合自身实际情况,客观认知、分析外部环境,从而确定最佳的职业发展目标,选择职业发展道路,制订相应的学习、工作、培训等计划,再按照一定的时间进程确定相应的行动方向、行动时间和行动方案来实施职业目标的过程。

> **职场箴言**
> 你是干活还是上班?从事一个职业还是一项事业?这不取决于那项工作本身,而取决于你做这项工作时的心态和工作结果。

2. 职业生涯规划的分类

按照时间长短划分,可将职业生涯规划分为短期职业规划、中期职业规划、长期职业规划、人生职业规划四类,见表1-2。

表1-2 职业生涯规划分类

类型	内容
短期职业规划 (毕业后2年内)	确定近期目标,规划近期所要完成的任务
中期职业规划 (毕业后2～5年)	最常见的一种职业生涯规划,设定毕业后2～5年内的目标与任务
长期职业规划 (毕业后5～20年)	设定一个长远的职业目标,确定具体实施过程
人生职业规划 (毕业后至退休)	设定整个职业阶段的发展目标及行动规划

3. 职业生涯规划的目的

(1)帮助自己找到真正适合自己的工作。大学生通过职业生涯规划,通过分析自己的学历、经历、能力等,找到个人和岗位的匹配点,最终找到适合自己的工作岗位。

(2)获得职业的发展。通过职业生涯规划,确定各个阶段的发展目标和措施,有利于稳步提升自己的能力,进而使自己的薪水和职位得到提升。

二、影响职业生涯规划的因素

影响职业生涯规划的因素包括个人因素和环境因素。

1. 个人因素

(1)生理特征。生理特征包括健康、体质、性别等因素,它在一定程度上对大学生的职业生涯发展有重要的影响。例如,色盲症患者不宜从事服装设计、摄影等必须与色彩打交道的工作。

（2）个性心理特征。个性心理特征包括能力、兴趣、性格、价值观等因素。无论我们从事哪个职业，都需要能力作保证，而兴趣会产生无形的动力。由于个人的身心条件、年龄阅历、教育程度、家庭环境等方面情况的不同，大学生会对社会上各种职业有不同的主观认识，加之社会分工不同，各类职业在劳动岗位的内容、劳动难度和劳动强度、劳动条件和待遇、社会声望等方面都存在差别，这些都会对大学生职业目标和择业动机产生重要影响。

（3）知识与创新能力。当人们拥有知识时，就会运用知识指导自己的实践活动。创新能力是人们掌握知识后，运用知识和理论在实践活动中创造出有经济价值、社会价值、生态价值的新思想、新理论、新方法的能力。创新能力是国家、民族进步的灵魂，是人才和经济竞争的核心。

2. 环境因素

（1）社会因素。我国各地区经济发展水平有差异，在经济发展水平高的地区，企业相对较多，个人职业选择的机会较多，发展空间大；在经济落后的地区，个人职业选择的机会较少，发展空间小。

（2）学校教育的影响。学校教育尤其是大学教育对个人职业生涯发展起到了至关重要的作用。大学的专业课程设置、实习等直接对大学生的职业发展产生影响。

（3）家庭因素的影响。家庭是与个人生活成长最密切的环境，对个人职业生涯发展十分重要。当代大学生在进行职业规划时，往往会考虑家人的希望、家庭的需要等因素。

大学生对职业生涯的规划，总是与自身成长环境和经历相关的。在成长的过程中，大学生会根据自己的实际情况与环境变化不断调整、修正，最终确立职业目标，形成职业理想，制订职业规划。因此，只有正确、全面地认识与评估影响职业发展的因素，才能制订出有针对性的、适合自己的职业生涯规划。

三、职业生涯规划的制订

做好职业生涯规划并不只是帮助个人按照自己的要求找到一份工作，更重要的是要为自己定下事业发展计划，用长远的、发展的眼光来筹划未来，找到一生的奋斗方向。

1. 职业生涯规划的制订原则

（1）目标明确。一个有明确目标的人会比目标模糊的人更有可能获得成功。只有树立了明确的目标，才能有意识地收集资料、积累经验、创造条件、不断学习、自我完善。

(2) 切实可行。计划的制订最终是为了执行，因此，在制订计划时就要考虑到计划的可行性。要保证计划符合自己的实际情况，坚持从客观实际出发，为了计划的可行性，在实施的过程中要根据情况的变化不断修正和完善。

(3) 勇于创新。要积极调动自己的智慧和才华，发挥自己的潜能，不断创新，敢于面对挑战。

2. 职业生涯规划的制订过程

一份完整的职业生涯规划的制订过程如下：

(1) 自我认知。要制订切实可行的职业规划，首先要做到对自己有清晰的认知，即弄清楚两个问题：我想要做什么？我能做什么？

(2) 职业认知。除了要对自己有清晰的认知，还要对所要从事的职业有一定的认知，分析该职业在社会中的定位，对人才的需求量是缺乏还是饱和，对求职者的素质要求与自己的条件是否吻合，同时还要对该职业的未来发展进行分析。

(3) 职业目标与路径设计。确定目标是职业生涯规划的核心，它影响着一个人事业的成败。确定目标后，还要明白如何通往目标，这就是路径设计。

(4) 规划与实施计划。在树立了目标、找准了方向、确定了路径后，就要一步一步去实现。这是职业生涯规划中的关键环节，一般需要有具体的、可行性较强的计划，主要包括计划学习哪些知识、掌握哪些技能、进行哪些实践等。

(5) 评估与备选方案。很多时候计划赶不上变化，因此，在计划实施的过程中需要不断对自己的计划进行评估和修订，调整自己的实施步伐。同时，计划是美好的，现实往往是变化的，当出现一些无法抗拒的因素致使计划无法实施时，我们需要选择另一条路，以保证目标的实现。

案例总结

小张是广东某职业技术学院风险管理与精算专业的毕业生，进入大学学习后，她就为自己设定了明确的目标，做好了未来的职业规划。她参加了专升本考试，并顺利通过了考试。毕业后，一家保险公司录用了她。进入公司后，她的工作是接报案电话。在工作中，她克服了环境不熟悉、流程不清楚等问题，耐心地记录客户的问题，在客户和领导的称赞中发现自己的价值。

由于她的勤奋工作，她的职业能力迅速得到了提高，很快成长为单位的骨干。

分析 小张同学的成功在于她有明确的职业规划，并持之以恒地向前迈进。她坚持参加专升本考试，并积极准备，使自己顺利通过考试，努力提升自己的职业竞争力。工作后，不等待、不埋怨，投入高度的工作热情，面对各方面的挑战，始终清楚地知道自己想要什么。

活动与拓展

主题　我的职业生涯规划
目标　根据自己所学的专业，尝试制订职业生涯规划
建议时间　120 分钟（课外）
活动过程
根据自己所学的专业填写下表，尝试设定自己职业生涯各个阶段的目标。

人生职业目标		
1. 岗位目标：	2. 技术等级目标：	3. 社会影响目标：
4. 重大成果目标：	5. 其他目标：	
人生观简要文字说明：	实现人生目标的战略要点：	
长期职业目标（毕业后 5～10 年）		
1. 岗位目标：	2. 技术等级目标：	3. 收入目标：
4. 社会影响目标：	5. 重大成果目标：	6. 其他目标：
中期职业目标（毕业后 2～5 年）		
1. 岗位目标：	2. 技术等级目标：	3. 收入目标：
实现中期目标的要点：		
短期职业目标（毕业后 2 年内）		
1. 岗位目标：	2. 技术等级目标：	3. 收入目标：
短期计划细节：	（1）短期内完成的主要任务：	（2）有利条件：
（3）主要阻碍及其对策：	（4）可能出现的意外和应急措施：	

思考与讨论
1. 你的职业生涯规划是否充分考虑了自己的实际情况？
2. 通过职业生涯规划，你是否对自己的职业生涯有了清晰的认识？
3. 列出你在进行职业生涯规划时遇到的问题，向专业人士请教。

参考文献

［1］陈婴婴. 职业结构与流动. 北京：东方出版社，1995.
［2］泰勒. 职业社会学. 台北：中正书局，1972.
［3］蒋建荣，詹启生. 大学生生涯规划导论. 天津：南开大学出版社，2005.

[4] 名人职业生涯规划.应届生求职网 http://topic.yingjiesheng.corn/zhichanng/guihua/042244050R01 2.html

[5] 李智勇.大学毕业,你的"纠结"怎么解?福建日报,2011-04-14(14).

[6] 何乎.大学生职业生涯规划与就业创业指导.北京:现代教育出版社,2011.

[7] 尹忠泽.大学生职业生涯规划.吉林:吉林大学出版社,2012.

[8] 陈光耀.大学生职业发展与就业指导.北京:冶金工业出版社,2011.

[9] AJldrew J Dubrin.职业心理学.7版.北京:中国轻工业出版社,2008.

[10] 夏光.大学生职业生涯规划指南.北京:机械工业出版社,2009.

[11] 郭蓉,职业牛涯规划.北京:国家行政学院出版社,2009.

[12] 颜吾佴,孔琳.大学生的自我认知与理想信念.北京:北京交通大学出版社,2007.

[13] 范河明,李江云.大学生就业与创业指导.北京:高等教育出版社,2010.

[14] 范爱明.成功自我管理的29个工具.北京:京华出版社,2008.

[15] 大学生就业难和高技能人才的缺失.新华网.http://news.xinhuanet.com/edu/2007-05/16/content-61 07734.htm.

第二章 就业意识观念培养

21世纪是"知识化世纪"和"学习化世纪"。知识经济时代,职业变换频繁,一岗定终身已成为历史。只有掌握一门技术并具有终身学习能力、能够不断创新的人才能保持竞争优势,提升生活的品质。这就要求我们要转变传统就业观念,正确认识当前就业环境,全面认识自己,形成正确的就业观,增强主动意识、竞争意识和危机意识,积极参与,主动、顺利就业。

第一节 就业形势与政策分析

学习目标

1. 了解当前的就业形势与基本就业政策。
2. 能结合自己的实际情况选择就业方向。
3. 了解职业岗位群。
4. 清楚核心价值观,培养良好职业道德意识。
5. 掌握职业核心能力提升的方法。

学习指南

一、学习方法

1. 做好课前预习,查阅相关资料,带着问题上课。
2. 认真阅读案例,结合自己的情况进行思考。

二、注意事项

积极参与相关课堂活动,不仅能增加相关知识和体验,也能通过与同学的交流和合作，获得认可、信任和友谊。

学习目标
1. 关注、了解目前国内大学毕业生的就业形势。
2. 了解现行就业制度与基本政策。
3. 能够结合自身实际情况，选择就业方向。

案例导入
  一位留学美国的计算机博士毕业后回国找工作，他决定收起所有的学位证明，以一种"最低身份"去求职。

  不久他就被一家公司录用为程序输入员。这对他来说简直就是"高射炮打蚊子"，但他仍一丝不苟地工作。老板发现他能找出程序中的错误，并非一般的程序输入员可比。这时，他才亮出学士学位证，老板将他的职位提升了一些。

  过了一段时间，老板发现他经常能提出许多独到的、有价值的建议，远比一般的大学生要高明。这时，他又亮出了硕士学位证，老板见后又提升了他。

  又过了一段时间，老板还是觉得他与别人不一样，于是又与他交谈，此时，他才拿出博士学位证。由于老板对他的水平已有了全面的认识，毫不犹豫地再次重用了他。

  分析 面对当前复杂而严峻的就业形势，这位博士选择低姿态进入职场，在作出一定的成绩后，才"被迫"展示自己的学历背景，这不失为一种好的策略。

一、大学生就业形势

1. 当前大学生的就业形势分析

  据人力资源和社会保障部公布的统计数据，从2009年大学毕业生人数突破600万大关以来，求职者数量逐年增加，大学生就业难是一个现实问题，更是一个社会问题。现有教育培养体系的就业市场需求导向有所欠缺，缺乏对创业行为的深入研究，高等教育培养出来的大学生在知识和技能结构上与人才市场的需求存在脱节现象，大学生就业的结构性矛盾日益突出。

2. 当前大学生就业形势的成因分析

  （1）高校扩招。从1999年起，我国连续扩大招生规模，使高等教育发展进入一个新阶段。高校的扩招对大学生的就业有多大影响呢？从表2-1可以看出，自从2001年以来，毕业生的人数每年都在增加，2012年毕业生的人数是 2001 年的近 6 倍。随着毕业生人数的增加，找工作的竞争也越来越激烈，就业也就越来越难。

表 2-1　我国高校毕业生人数（2001—2012 年）

年份	2001	2002	2003	2004	2005	2006	2007	2008	2009	2010	2011	2012
高校毕业人数（万人）	114	145	212	280	338	413	495	559	611	631	660	680

（2）大学生的就业流向不均衡。大学生就业的流向主要有党政机关就业、事业单位就业、国有企业就业、继续攻读研究生或出国、各类企业和城乡基层社会服务岗位就业或自主创业等。多数大学生就业时首选党政机关、事业单位、国有企业等，愿意到基层工作岗位工作的学生较少。

（3）大学生就业的空间分布不均衡。大学生的就业去向主要集中在发达地区，愿意到欠发达地区工作的较少。大学生就业问题在某种程度上是相对的过剩，这与大学生就业地点的分布不均衡密切相关。

（4）高等教育机制的弊端。高等教育机制本身存在很多问题，有的专业"过热"，出现了人才扎堆的现象；有的专业则无人问津，人才缺乏。

二、大学生就业制度与政策

自从社会主义市场经济体制建立以来，大学生就业制度经历了计划分配、供需见面、双向选择、自主择业等几个发展阶段。对于面临求职择业的大学生来说，只有从宏观上对就业制度和就业市场有所了解和认识，才有可能形成正确的择业观念和择业行为。

1. 毕业生就业的原则和机制

当前，大学毕业生就业坚持"公开、公正、择优、自愿"的原则，就业机制为"市场导向、政府调控、学校推荐、学生与用人单位双向选择"。

2. 定向生的就业政策

定向生原则上按入学时的合同就业。如果确因特殊情况不能回原定向单位就业，毕业生须征得原单位的同意，上报就业主管部门批准，并交纳相应的违约金和培养费后可调整就业单位。

3. 享受国家专业奖学金及享受艰苦行业、地区或特殊岗位定向奖学金的毕业生就业政策

享受师范、农林、民族、体育、航海等国家专业奖学金及享受艰苦行业、地区或特殊岗位定向奖学金的毕业生原则上按国家计划就业，对不服从就业计

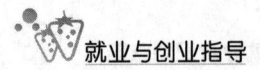

划自谋职业的,需补缴在校学习期间普通专业的学费并返还定向奖学金、专业奖学金。

4. 结业生的就业政策

结业生就业必须在《就业报到证》上注明"结业生"字样;在规定时间内未联系单位的,由学校将其档案、户籍关系转至家庭所在地(农村生源保留非农业户籍),自谋职业。

5. 患病毕业生的就业政策

学校应在毕业生毕业前认真负责地对毕业生进行健康检查。不能坚持正常工作的毕业生,应回家休养;一年内能够治愈的毕业生(须经学校指定县级以上医院证明能坚持正常工作的)可以随下一届毕业生就业;一年以后仍未痊愈或无用人单位接收的,户籍关系和档案材料转至家庭所在地,自谋职业。

6. 来自边远省区毕业生的就业政策

生源所在地在边远省区的本专科毕业生,只要是边远省区急需的,原则上应回原省区就业。边远省区是指以下10个省、自治区:内蒙古自治区、黑龙江省、广西壮族自治区、贵州省、云南省、西藏自治区、甘肃省、宁夏回族自治区、青海省、新疆维吾尔自治区。

7. 毕业生自费出国(境)留学的政策

毕业生可以申请自费出国(境)留学。申请自费出国(境)留学的毕业生不参加就业,凭国(境)外大学的录取通知书,在学校规定的期限内提出申请,经学校教务处和毕业生就业管理部门审核同意后,不列入就业计划。毕业生集中离校时未办妥手续的,原则上将其户口转至家庭所在地,继续办理出国(境)手续。

8. 高职毕业生的就业政策

高职毕业生的就业政策原则上与其他专科毕业生就业政策相同,但必须在《就业报到证》上注明"高职"字样。

9. 大学生就业的重要政策

2003年5月,国务院办公厅下发49号文件《关于做好2003年普通高等学校毕业生就业工作的通知》,进一步明确了高等学校毕业生就业制度改革的目标是坚持"市场导向、政府调控、学校推荐、学生与用人单位双向选择"的制度,并对各级政府、高等学校、用人单位和毕业生在就业问题上作出了重要的规定。2013年5月,国务院办公厅下发35号文件《关于做好2013年全国普通高等学校毕业生就业工作的通知》,强调鼓励高校毕业生自主创业、加强高校毕业生就业服务、大力促进就业公平等。

(1)大学生凭报到证和录用书可在省会城市落户。除直辖市外,省会及省会以下城市放开对吸收高校毕业生落户的限制。省会以上城市也要根据需要，放宽高校毕业生就业落户规定，简化手续。应届毕业生凭用人单位与毕业生签订的《全国普通高等学校毕业生就业协议书》、《普通高等学校毕业证书》和《全国普通高等学校毕业生就业派遣报到证》到当地公安部门办理落户手续。

（2）大学毕业生的户籍可以在学校保留2年。根据规定，对毕业离校时未落实工作的高校毕业生，档案管理机构对保管其档案免收服务费。学校可根据本人的意愿，将其户口转至入学前户口所在地，或2年内继续保留在原就读高校，待落实工作单位后，将户口迁至工作单位所在地。对于超过2年仍未落实工作单位的高校毕业生，学校和档案管理机构将其在学校的户口和档案迁回其入学前的户籍所在地。

（3）取消对毕业生就业的不合理收费。为了使大学毕业生能够顺利就业、满意就业，国家取消对高校毕业生收取的城市增容费、出省（自治区、直辖市）费、出系统费等不合理的收费，真正实现人才的自由流动、合理流动。

（4）国家鼓励大学毕业生到非公有制单位就业。对到非公有制单位就业的高校毕业生，公安机关要放宽建立集体户口的审批条件，及时办理落户手续；用人单位要按照国家有关规定与毕业生签订劳动合同，为其办理社会保险手续，交纳社会保险费、医疗保险费，保障其合法权益。

（5）国家鼓励和支持大学毕业生自主创业。从事个体经营和自由职业的毕业生，可将档案存放在其常住地经人事部门授权的人才交流机构或县级以上政府授权的公共职业介绍机构，并按当地政府的规定，到社会保险经办机构办理社会保险登记，交纳社会保险费。为鼓励和支持高校毕业生自主创业，工商和税收部门要简化审批手续，积极给予支持。

（6）国家鼓励大学毕业生到西部去、到基层去、到农村去、到中小企业去就业。国家规定原籍在中、东部的大学毕业生到西部工作，实行来去自由的原则，大学毕业生可提前定级，放宽专业技术资格、职务评定标准，适当提高工资标准。

（7）毕业生自主创业和灵活就业。凡高校毕业生从事个体经营的，除国家限制的行业外，自工商部门批准其经营之日起1年内免交登记类和管理类的各项行政事业性收费。有条件的地区由地方政府确定，在现有渠道中为高校毕业生提供创业小额贷款和担保。

（8）为毕业生办理户口和人事档案手续提供便利。对毕业离校时未落实工作单位的高校毕业生，本人要求户口和人事档案保留在学校的，按规定保留2年。毕业半年以上未能就业并要求就业的高校毕业生，可持学校证明到入学前户籍所在地城市或县级劳动保障部门办理失业登记。

三、大学生就业途径和方式

1. 多种就业方式并存

自实行"自主择业、双向选择"的就业制度以来,大学生实际上被推到了市场化就业的轨道,并逐步形成了即时就业、延时就业、自主创业和出国就业等多种就业方式。

(1) 即时就业。毕业前,通过学校推荐、毕业生参加招聘会和各种人才交流会,签订就业协议而就业。

(2) 延时就业。由于暂时未能找到一个满意的工作单位或由于其他原因,毕业生在毕业后,暂缓找工作或先回家庭所在地,然后再就业。

职场箴言

播种一种思想,收获一种行为;播种一种行为,收获一种习惯;播种一种习惯,收获一种性格;播种一种性格,收获一种命运。

——萨克雷

---

(3) 自主创业。大学生毕业后不是向社会"寻求"工作,而是用自己所学到的知识进行创业。这不仅解决了自己的就业问题,也可以为他人创造就业机会。

(4) 出国就业。当前有的大学毕业生积极参与国际人才竞争,到国(境)外的企业去工作。

2. 大学生就业的主要途径

根据国家对大学生就业的有关规定,大学生就业的途径一般有以下几种:

(1) 到党政机关就业。《国家公务员暂行条例》规定,国家政府机关从应届高校毕业生中录用公务员,一律实行考试考核的办法。因此,报考国家公务员成为不少高校毕业生的选择之一。

(2) 到国有企事业单位就业。我国的国有企业是指企业全部资产归国家所有,并按《中华人民共和国企业法人登记管理条例》规定登记注册的非公司制的经济组织,不包括有限责任公司中的国有独资公司。资产的投入主体是国有资产管理部门的,就是国有企业。事业单位是指为了社会公益目的,由国家机关举办或者其他组织利用国有资产举办的从事教育、科学、文化、卫生等活动的社会服务组织。事业单位是带有一定公益性质的机构,但不属于政府机构,与公务员是不同的。一般情况下国家会对这些事业单位予以财政补助,分为全额拨款事业单位、差额拨款事业单位,还有一种是自主事业单位,是国家不拨款的事业单位。

（3）到民营企业就业。民营企业是指在中国境内除国有企业、国有资产控股企业和外商投资企业以外的所有企业，包括个人独资企业、合伙制企业、有限责任公司和股份有限公司。从企业的经营权和控制权的角度看，含一小部分国有资产和（或）外商投资资产，但不具有企业经营权和控制权的有限责任公司和股份有限公司亦可称为"民营企业"。

（4）到"三资"企业就业。"三资"企业是我国实行改革开放以后出现的新型企业形式，是指在中国境内设立的中外合资经营企业、中外合作经营企业、外商独资经营企业三类外商投资企业。它是经中国有关部门批准，遵守中国有关法规规定，从事某种经营活动，由一个或一个以上的国外投资方与中国投资方共同经营或独立经营，实行独立核算、自负盈亏的经济实体。

案例总结

南方某职业技术学院毕业生小魏，一心想在珠江三角洲地区工作，但她觉得自己来自农村，家庭条件不好，大城市的生活压力大，要想留在大城市很困难。所以，从大二开始，她就强烈地意识到要想找到理想的工作就必须靠自己去争取。她从掌握就业政策入手，把珠江三角洲地区的就业政策和就业信息调查研究了一番。到了寒假，小魏没有回家，而是到各地参加供需见面会。根据了解到的情况，小魏把重点放在各市的供需见面会上。

从9月份开始，小魏参加了佛山、顺德、东莞等地区的供需见面会。受挫后，她及时调整了自己的求职方向，把眼光放到更大的范围。结果，东边不亮西边亮，她发现三水、新会等地仍然有许多适合自己的机会。经过艰苦的努力，小魏终于被新会一家单位录取。

分析 小魏成功的求职经历充分证明求职也需要积累，以便了解就业形势与政策。小魏从"大二"就开始收集就业的有关资料，这是非常有远见的做法，所以，她能够在求职过程中对珠江三角洲地区的就业形势和人事政策了如指掌，最终顺利就业。

活动与拓展

主题 就业政策与就业市场需求调查

目标 搜集目标地点的就业政策和需求信息，为就业做好准备

建议时间 60分钟（课外）

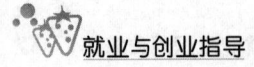

活动过程

利用网络等渠道，调查两个就业目标地点的就业政策，根据自己的专业，每个目标地点选择三个单位进行调查，了解它们对生源、学历层次等的要求，完成下表。

目标地点	单位	生源	学历层次	其他要求

思考与讨论

1. 党的"十八大"召开后，政府在促进就业方面有哪些新举措？
2. 大学生的就业途径有哪些？

第二节 产业、行业与职业

学习目标

1. 了解产业结构的定义及产业分类。
2. 了解职业分类和发展趋势。
3. 了解职业岗位群。

案例导入

以下是一个学生向职业指导师咨询时的自述：

我读大二，专业是食品营养学。我不喜欢做实验，所以不喜欢这个专业，一想到整天做实验，心里就不舒服。我想当新闻记者，觉得语言文字类的工作比较适合我，做起来应该特别有激情。但我已经就读这个专业，现在想退学，可除了想当新闻记者的想法之外,并没有具体的计划,新闻行业的就业形势也不乐观。我不知道如何是好,总觉得继续学习本专业知识是在浪费时间,我该怎么办?

分析 一个人能够从事自己感兴趣的职业是人生一大幸事,然而现实却往往并非如此。面对自己不感兴趣甚至极度厌恶的专业,很多学生厌学,甚至有强烈的退学的念头,面对就业压力更是紧张惶恐。我们建议:一方面,认真学习,获得学位;另一方面,在保证完成学业的前提下,按照自己的目标职业或者劳动力市场的要求来建立自我学习系统,培养个人能力。其中,分析职业岗位所需知识与技能、把握职业未来发展趋势是合理定位的关键。

在社会历史发展进程中,职业在不断地变化发展,了解产业、行业及就业岗位的发展,有助于树立正确的就业意识、择业观念,合理规划职业生涯。

所谓产业,是指生产具有同性质产品的生产单位所构成的生产群体,或是有同类社会经济职能的社会经济单位所组成的群体。随着社会生产力的发展,社会分工不断细化,产业部门日益分化,产业结构日趋复杂。产业结构状况反映着生产力发展水平和生产社会化程度。

一、产业结构

1. 产业结构的定义

产业结构是指各产业的构成及各产业之间的联系和比例关系。在经济发展过程中,社会分工越来越细,因而产生了越来越多的生产部门。在一个经济实体(一般以国家和地区为单位)当中,在每个具体的经济发展阶段、发展节点上,组成国民经济的产业部门是大不一样的。各产业部门的构成及相互之间的联系、比例关系不尽相同,对经济增长的贡献大小也不同。人们把包括产业的构成、各产业之间的相互关系在内的结构特征概括为产业结构。

2. 产业分类

在经济研究和经济管理中,经常使用的分类方法主要有两大领域、两大部类分类法,三次产业分类法,资源密集度分类法和国际标准产业分类法。

(1) 两大领域、两大部类分类法。这种分类法是按生产活动的性质及其产品属性对产业进行分类。按生产活动性质,把产业部门分为物质资料生产部门和非物质资料生产部门两大领域。前者是指从事物质资料生产并创造物质产品的部门,包括农业、工业、建筑业、运输邮电业、商业等;后者是指不从事物质资料生产而只提供非物质性服务的部门,包括科学、文化、教育、卫生、金融、保险、咨询等部门。

（2）三次产业分类法。这种分类法是根据社会生产活动历史发展的顺序对产业进行分类。产品直接取自自然界的部门称为第一产业，对初级产品进行再加工的部门称为第二产业，为生产消费提供各种服务的部门称为第三产业。这种分类方法成为世界上较为通用的产业结构分类方法。

我国的三次产业划分如下：

第一产业：农业（包括种植业、林业、牧业和渔业）。

第二产业：工业（包括采掘业，制造业，电力、煤气、水的生产和供应业）和建筑业。

第三产业：除第一、第二产业以外的其他各业。根据我国的实际情况，第三产业可分为两大部分：一是流通部门，二是服务部门。具体可分为四个层次：

第一层次：流通部门，包括交通运输、仓储及邮电通信业，批发和零售贸易，餐饮业。

第二层次：生产和生活服务的部门，包括金融、保险业，地质勘查业，水利管理业，房地产业，社会服务业，农、林、牧、渔服务业，交通运输辅助业，综合技术服务业等。

第三层次：为提高科学文化水平和居民素质服务的部门，包括教育、文化艺术及广播电影电视业，卫生、体育和社会福利业，科学研究业等。

第四层次：为社会公共需要服务的部门，包括国家机关、政党机关和社会团体以及军队、警察等。

（3）资源密集度分类法。这种产业分类方法是按照各产业所投入的、占主要地位的资源来划分的。根据劳动力、资本和技术三种生产要素在各产业中的相对密集度，把产业划分为劳动密集型产业、资本密集型产业和技术密集型产业。

①劳动密集型产业。劳动密集型产业是指进行生产主要依靠大量使用劳动力，而对技术和设备的依赖程度低的产业。其衡量的标准是在生产成本中工资与设备折旧、研究开发支出相比所占比重较大。一般来说，目前劳动密集型产业主要指农业、林业及纺织、服装、玩具、皮革、家具等制造业。

②资本密集型产业。资本密集型产业是指在单位产品成本中，资本成本与劳动成本相比所占比重较大，每个劳动者所占用的固定资本和流动资本金额较高的产业。当前，资本密集型产业主要指钢铁业、一般电子与通信设备制造

业、运输设备制造业、石油化工业、重型机械工业、电力工业等。资本密集型产业主要分布在基础工业和重加工业，一般被视为发展国民经济、实现工业化的重要基础。

③技术密集型产业。技术密集型产业是指在生产过程中，对技术和智力要素依赖大大超过对其他生产要素依赖的产业。目前技术密集型产业包括微电子与信息产品制造业、航空航天工业、原子能工业、现代制药工业、新材料工业等。当前以微电子、信息产品制造业为代表的技术密集型产业正迅猛发展，成为带动发达国家经济增长的主导产业。因此可以说，技术密集型产业的发展水平将决定一个国家的竞争力和经济增长的前景。

（4）国际标准产业分类法。为使不同国家的统计数据具有可比性，联合国颁布了《全部经济活动的国际标准产业分类》（ISIC）。现在通行的是1988年第三次修订的版本。这套《全部经济活动的国际标准产业分类》分为A～Q共17个部门，其中包括99个行业类别。这17个部门为：A—农业、狩猎业和林业；B—渔业；C—采矿及采石；D—制造业；E—电、煤气和水的供应；F—建筑业；G—批发和零售、修理业；H—旅馆和餐馆；I—运输、仓储和通信；J—金融中介；K—房地产、租赁业；L—公共管理和国防；M—教育；N—保健和社会工作；O—社会和个人的服务；P—家庭雇工；Q—境外组织和机构。

我国发布的《国民经济行业分类与代码》是在参照《全部经济活动的国际标准产业分类》的基础上制订的。

3. 产业结构变化的特点

一切决定和影响经济增长的因素都会在不同程度上对产业结构的变动产生直接或间接的影响。知识与技术创新、人口规模与结构、经济体制、自然资源拥有情况、资本规模、需求结构、国际贸易等是一国产业结构演变过程中的基本制约因素。目前，我国三次产业结构变化的特点主要体现在以下三个方面：第一产业占国内生产总值的比重正在下降，农业投资稳步回升，有利于我国产业结构的高级化；工业化进程明显加快；我国尚处于工业化中期，第三产业尚不处于主导地位。

党的"十八大"报告根据我国经济发展中结构失衡问题依然比较突出的现实和转变经济发展方式的基本要求，明确提出推进经济结构战略性调整是加快转变经济发展方式的主攻方向。以改善需求结构、优化产业结构、促进区域协调发展、推进城镇化为重点，着力解决制约经济持续健康发展的重大结构性

问题。牢牢把握扩大内需这一战略基点，扩大国内市场规模。牢牢把握发展实体经济这一坚实基础，强化需求导向，推动战略性新兴产业、先进制造业健康发展，加快传统产业转型升级，推动服务业特别是现代服务业成长壮大。合理布局建设基础设施和基础产业，推进信息网络技术广泛运用，提高大中型企业核心竞争力，支持小微企业特别是科技型小微企业发展。

二、产业与行业的区别

行业一般是指按生产同类产品或具有相同工艺过程或提供同类劳动服务划分的经济活动类别，如饮食行业、服装行业、机械行业等。产业是按照规模经济和范围经济要求集成起来的行业群体。2008年《财富中国》根据发达国家的行业界定与行业演变规则，对中国的行业进行了新分类：1—机构组织（包括政府机构、各国驻华行政机构、贸易公司、经济组织、协会及其他机构）；2—农林牧渔；3—医药卫生；4—建筑建材；5—冶金矿产；6—石油化工；7—水利水电；8—交通运输；9—信息产业；10—机械机电；11—轻工食品；12—服装纺织；13—专业服务；14—安全防护；15—环保绿化；16—旅游休闲；17—办公文教；18—电子电工；19—玩具礼品；20—家居用品；21—物资专材；22—包装用品；23—体育用品；24—办公家具。

三、职业分类和发展趋势

职业是参与社会分工，利用专门的知识和技能，为社会创造物质财富和精神财富，获取合哩报酬作为物质生活来源，并满足精神需求的工作。社会分工是职业分类的依据。职业＝行业＋职位，其中行业是指方向，职位是指从事的具体事项、工作的岗位职务与位置。

1. 职业分类

世界各国国情不同，划分职业的标准有所区别，通常有三种分类方法。

（1）按脑力劳动和体力劳动的性质、层次进行分类。这种分类方法把工作人员划分为白领工作人员和蓝领工作人员两大类。白领工作人员包括专业性和技术性的工作人员，农场工作人员以外的经理和行政管理人员、销售人员、办公室人员。蓝领工作人员包括手工艺人及类似的工人、非运输性的技工、运输装置机工人、农场以外的工人、服务性行业的工人。这是比较概括、形象、通俗的一种职业分类法。人们也常把决策层叫金领，管理层叫白领，高级技能人才叫灰领，操作层叫蓝领。

第二章 就业意识观念培养

(2) 按心理的个别差异进行分类。这种分类方法是根据美国著名的职业指导专家霍兰德创立的"人格—职业"类型匹配理论，把人格类型划分为6种，即现实型、研究型、艺术型、社会型、企业型和常规型。与其相对应的是6种职业类型。

(3) 依据各个职业的主要职责或"从事的工作"进行分类。这种分类方法较为普遍，以两种分类法为例。其一是国际标准职业分类。国际标准职业分类把职业由粗至细分为4个层次，即8个大类，83个小类，284个细类，1 506个职业项目，总共列出1 881个职业。这种分类方法便于提高国际间职业统计资料的可比性和国际交流。其二是加拿大《职业岗位分类词典》的分类。它把分属于国民经济中主要行业的职业划分为23个主类，主类下分为81个子类，489个细类，7 200多个职业。此种分类法对每种职业都有定义，逐一说明了各种职业的内容及从业人员在普通教育程度、职业培训、能力倾向、兴趣、性格以及体质等方面的要求，有较大的参考价值。

根据《中华人民共和国职业分类大典》，我国现有职业归为8个大类，66个中类，413个小类，1 838个职业，并按"行业—专业—工种"顺序依次编排工种。工种是劳动管理的需要，按照生产劳动的性质和工艺技术的特点而划分的工作种类。第一大类（国家机关、党群组织、企业、事业单位负责人）包括5个中类，16个小类，25个职业。第二大类（专业技术人员）包括14个中类，115个小类，379个职业。第三大类（办事人员和有关人员）包括4个中类，12个小类，45个职业。第四大类（商业、服务业人员）包括8个中类，43个小类，147个职业。第五大类（农、林、牧、渔、水利业生产人员）包括6个中类，30个小类，121个职业。第六大类（生产、运输设备操作人员及有关人员）包括27个中类，195个小类，1 119个职业。第七大类（军人）包括1个中类，1个小类，1个职业。第八大类（不便分类的其他从业人员）包括1个中类，1个小类，1个职业。

> **职场箴言**
>
> 职业生涯发展的道路上没有空白点，每一个岗位、每一项任务都是一种锻炼；每一个困难、每一次失败都是一次机会。只要我们努力，人生的"果园"在我们"劳作"到一定程度后，便会"瓜熟蒂落"，让我们收获到许多意想不到的果实。

2. 职业发展趋势

职业作为人类社会发展到一定历史阶段的产物，往往随着社会的不断进步而出现不断加速变迁的趋势。21世纪是信息的时代、知识经济的时代，专家预测由于技术革新等因素，今后每10年将发生一次全面的"职业大革命"，其中，重大变化每两年就会有一次。许多经济学家认为，未来几年内新职业出现的频率将逐渐加快，职业分工由简单到复杂，职业活动的内容不断更新，职业要求越来越综合化，职业活动自由化，除高新技术职业将日益受到青睐外，其他职业将实现由第一、第二产业向第三产业转移的趋势。现代行业和企业制度需要智能型、复合型、社会型和创业型劳动者。

四、工作岗位分类

岗位分类是从横向与纵向两个维度上区别出不同岗位的类别和等级。岗位分类与职业分类是特殊性与一般性的关系，职业分类对企业中的岗位分类起着重要的指导和规范作用，而岗位分类又为国家职业分类体系提供了丰富的内容和有益的补充。岗位分类适用于国家各级政府及其职能部门和机构，而岗位分级适用于实行岗位分类以外的各种企事业单位。工作岗位分类的主要步骤如下：

（1）岗位的横向分类，按照岗位的工作性质和特点，将岗位划分为若干职系和职组。

（2）岗位的纵向分级，根据岗位的繁简难易程度、责任大小、技能要求、劳动强度、劳动环境等要素指标，将岗位归入一定的档次级别。

（3）根据岗位分类的结果，制订各岗位的岗位规范（即岗位说明书），并以此作为各项人力资源工作的依据。岗位说明书是具体、详细介绍某种特定职业（职务或岗位）职责、性质、任务、待遇以及对人员的要求等内容的书面文件。

五、职业岗位群

从字面上理解，职业岗位群是指职业岗位群体所包括的职业岗位互相联系的一个职业系统。行业发展到今天，岗位细分越来越专业化，通过"职业岗位调研—典型工作任务分析—划分行动领域—转化学习领域—学习情境设计—教学实施优化"的"六步法"分析就业市场职业岗位的能力需求，有助于我们充分了解拟选职业的任职条件、任务要求、现状和发展机会，有针对性地客观评价自身的个性、知识、能力和技能特征、水平，自我规划培养，实现与岗位需求的接轨，顺利就业。

例如，数控专业的职业岗位群分析见表 2-2。

表 2-2 数控专业职业岗位群分析

层次	岗位	知识、能力、技能、素养要求	需求量、待遇等
蓝领	数控操作技工	精通机械加工和数控加工工艺知识，熟练掌握数控机床的操作和手工编程，了解自动编程和数控机床的简单维护维修。适合中职学校组织培养	此类人员市场需求量大，知识较单一。工资待遇不太高
灰领	数控编程员	掌握数控加工工艺知识和数控机床的操作，掌握复杂模具的设计和制造专业知识，熟练掌握三维CAD/CAM软件（如UG、Pro/E等），熟练掌握数控手工和自动编程技术。适合高职、本科学校组织培养	需求量大，尤其在模具行业非常受欢迎。工资待遇较高
灰领	数控机床维护、维修人员或售后服务人员	掌握数控机床的机械结构和机电联调，掌握数控机床的操作与编程，熟悉各种数控系统的特点、软硬件结构、PLC和参数设置。精通数控机床的机械和电气的调试和维修。知识结构要求很广，适应与数控相关的工作能力强，需要大量实际经验的积累。适合高职学校组织培养	需求量相对少一些，但培养此类人员非常不易，目前非常缺乏。工资待遇较高
灰领	数控销售人员	要求掌握的专业知识并不很多，但要求有出众的口才以及良好的社交能力，能适应经常出差	报酬丰厚
灰领	加工工艺管理或现场技术员	负责生产过程中加工工艺的执行、现场加工中问题的处理等	工资待遇较高
灰领	生产调度员、质检员	负责生产任务的计划、调度、安排、质量检查等	工资待遇较高
灰领	绘图人员	会使用AutoCAD和一个三维软件（如UG、Pro/E或SolidWorks）	工资待遇较高
金领	数控通才	具备并精通数控操作技工、数控编程员和数控维护、维修人员所需掌握的综合知识，并在实际工作中积累了大量实践经验，知识面很广。精通数控机床的机械结构设计和数控系统的电气设计，掌握数控机床的机电联调。能自行完成数控系统的选型、数控机床电气系统的设计、安装、调试和维修。能独立完成机床的数控化改造。适合本科、高职学校组织培养，并大多接受过较好的实训教学及名师指导	是企业（特别是民营企业）的抢手人才，工资待遇很高。适合担任企业的技术负责人或机床厂数控机床产品开发的机电设计主管

说明：以上各类数控专业人才，主要的基础知识基本相同，专业课的内容和重点不同。在课程设置方面应特别加强实训内容和到企业实习的内容。为提升就业能力，应始终坚持以职业岗位群体为本，注重一专多能。对于实践性教学的技能训练，宜实行"梯级式"循序渐进的方法。不仅注意就业的热门，还要考虑到今后创业与发展的需要。

案例总结

某广告公司策划总监周丽和公司前台钱晓丽都是广告设计专业的毕业生，且两人同年毕业，进公司的时间也差不多，钱晓丽的毕业院校甚至比周丽的还要有名一些。策划总监的工资可是公司前台员工的六七倍！如此大的差距是如何造成的呢？同事们发现周丽做起事来总是雷厉风行，是特别有办法的那种人。对于公司分配的任务，她相当上心，没有条件创造条件也要将策划文案做得漂漂亮亮，拿到的奖金是别人的好几倍，是那种极具"钱途"的知性女白领。相比之下，钱晓丽则懒散许多，前台的工作比较清闲，除了收发传真、接听电话和接待客人，基本上就没什么事情可做了，所以大部分时间她都是在上网聊天，或是玩手机游戏。

分析 明眼人一看就会明白为什么两人在毕业数年后会产生这样的差距。她们一个在努力想办法，琢磨着如何让自己变好，并让别人发现自己；另一个则平时懒散，不思进取。这样一来，两人的职业发展自然不可同日而语。

活动与拓展

主题 岗位群调研

目标 结合所学专业，调研目标岗位群，以便做好就业准备

建议时间 120分钟（课外）

活动过程

学生分组合作，通过访谈、网络搜索等途径，结合自己所学专业分析目标岗位群，完成下面的表格。

专业职业岗位（群）调查表（3份）

被调查人员姓名		工作岗位		职务、职称	
职业岗位（群）名称					
素质要求					
能力（技能）要求					
知识要求					
证书及其他要求					
调查时间		年　月　日		调查人	

专业职业岗位任职要求汇总表

职业岗位	素质要求	能力（技能）要求	知识要求	是否有相应职业标准	相应证书名称和等级

专业职业岗位能力定位表（3份）

职业名称			
工作等级			
工作要求			
工作过程	工作内容	能力（技能）要求	相关知识

思考与讨论

就业市场就是激烈的战场，为了今后能更好地适应社会需要，给自己赢得一个美好的未来，请结合自身实际，谈一谈可以从哪些方面来提升自己的就业竞争力？

第三节　就业去向选择

学习目标

1. 了解影响就业选择的因素。
2. 把握就业选择的原则。
3. 通过 SWOT 分析法为自己合理定位，作出合适的选择。

案例导入

小刘今年 29 岁，2010 年 6 月毕业于某大学工商管理专业。毕业后与重庆一家国企签订了劳动合同，2011 年与相恋 5 年的男友结婚，老公是她的大学同学，西安人。两年多来，两人一直两地分居，聚少离多。她权衡再三，于 2013 年 3 月选择了辞职，回到了老公所在的城市西安。刚开始待业在家的时候，她感到前所未有的轻松。但随着时间的推移，取而代之的是无聊和郁闷。小刘先后参加了公务员考试和事业单位招考，两次考试失败之后，心理受到了很大的打击。此外，她参加了几十次招聘面试，但都因为各种原因而没有找到理想的工作。

分析　小刘的就业之路走得比较坎坷，如果她在入职之初就能结合自己的实际情况，科学地分析影响职业选择的各种因素，认清适合自己的工作岗位和地点，成功地选择好第一份工作，以后的职业之路就会平坦得多。

一、就业去向选择的影响因素和原则

就业去向选择的影响因素一般分为外部影响因素和内部影响因素。

（1）内部影响因素（个人因素）。对个人来讲，就业机会的不平等不再主要源于社会背景、就业机制、人事管理等因素，而是更多地来源于个人的知识、技能、态度等个人因素。个人因素包括价值需求，知识、能力和技能特征，兴趣爱好，气质类型，个人性格等。职业价值是影响人们选择职业的重要因素，职业价值观决定了职业选择的方向。不同的职业有不同的价值体现。从传统视角来看，有些职业的价值主要体现在职业的社会地位上，如政府官员、国家权力机构工作人员、科学技术研究人员、文学艺术工作者、各方面的专家学者、高级脑力劳动工作者等；有些职业的价值主要体现在较高的物质报酬和

个人名气上，如歌星、私营企业主等；有些职业的社会价值主要体现在社会名望上，如新闻工作者等；有些职业的价值主要体现在职业的社会意义上，如工人、农民、军人、教师、医生等；有些职业的价值主要体现在能够发挥人的某种特长上，如体育运动者、书画家、音乐工作者、工艺美术工作者等。不同的职业岗位存在着社会声誉、经济报酬、福利待遇、劳动条件、发展机会的差异，选择合适的职业是实现职业理想的关键。认识内部因素实际上就是认识自我，选择一个好的职业的实质就是选择一个适合自己的职业。因此，真正了解自己想要什么，明白自己的人格特质适合什么职业，通过制订适宜的职业发展规划，才能顺利地实现职业生涯目标，更好地实现人生价值，收获幸福生活。

（2）外部影响因素（环境因素）。依据外部影响因素对职业选择及其活动的影响与关联程度，我们将职业选择的外部影响因素分为一般社会环境因素和组织环境因素。

择业的一般社会环境因素是指能够影响一切职业选择活动的因素，包括文化环境、政治环境、经济环境、教育环境、人口环境、技术环境、社会环境等。对社会环境的分析主要包括对如下因素的分析：社会各行业对人才的需求状况，社会中各种人才的供给状况，社会政策，社会价值观的变化等。

择业的组织环境因素是指组织（单位）能够直接影响与作用于职业选择活动的各种要素的总和，主要包括发展趋势、稳定性、发展机会、薪酬和福利、社会地位、制度设计、工作环境、培训经费、组织规划能力、组织支持等。通过对组织环境的分析，个体可以确认该组织是否是自己所偏好的职业环境，哪些类型的组织是适合自己未来发展的组织，自己在组织中的发展空间和机会如何。

2. 就业去向选择的原则

就业去向选择的主要原则如下：

（1）发挥素质优势、有利自我价值实现的原则。一个人在择业时，要综合自己的素质情况，根据自身的特长和优势选择理想单位，有利于今后在职业岗位上顺利、出色地完成本职工作。

（2）符合兴趣的原则。"兴趣是最好的老师"，从人的职业生涯来看，人的兴趣至少有四个作用：兴趣可以开发人的智力；兴趣可以增强人的适应性；兴趣可以使人付出加倍的努力并以此为乐；兴趣可以帮助人成才。在择业之前，要找准自己的位置，确定自己的兴趣类型，选择适合自己的单位，从而实现自我，这是职业生涯成功的重要前提条件。

（3）着眼长远发展和有利于成才的原则。每个人都渴望成才，但在选择单位时，又往往被社会时尚、从众心理、利益因素等干扰，为了某一条件的满足而忽视有利于成才的方面，将会影响个人的长远发展。

（4）人际关系和谐的原则。人际关系环境不好的组织"政治行为"泛滥。所谓"政治行为"，包括影响他人行为和组织中的事件发展过程的企图，目的是保护他们自身的利益，满足自身需求和推进自身目标。在"政治行为"泛滥的组织里，决定一个人升迁的因素是个人偏好而非绩效。

二、就业去向选择的 SWOT 分析

SWOT 分析法又称为态势分析法，S、W、O、T 四个英文字母分别代表优势（Strength）、劣势（Weakness）、机会（Opportunity）和威胁（Threat）。

所谓 SWOT 分析，就是将与研究对象密切相关的各种主要内部优势、劣势、机会和威胁等通过调查列举出来，并依照矩阵形式排列，然后用系统分析的思想，把各种因素相互匹配起来加以分析，从中得出一系列相应的结论，而结论通常带有一定的决策性。运用这种方法，可以对研究对象所处的情景进行全面、系统、准确的研究，从而根据研究结果制订相应的发展战略、计划及对策等。

1. 自我分析

（1）性格方面。自我性格分析包括分析自己的气质类型、情绪特征等，从而发挥自己的长处，弥补自己的缺点。示例：我觉得自己热情、活泼、性急、健谈、开朗、独立。我很喜欢与人交流，因而很容易和别人成为朋友。从小我就爱好主持、唱歌等，因而很具有表现力。从这些性格特点可以得知，我是一个外向的、感性的人。

（2）兴趣方面。兴趣是对事物喜好或关切的情绪。学生有了兴趣，才会产生强烈的求知欲，主动地学习。示例：我的爱好十分广泛。从文艺方面来说，我从小就喜欢在家里自编自演地当主持人，自己编排舞蹈，所以从小就担当班里和校内的主持人，并参加过许多文艺表演。父母从小就培养我各方面的能力，我上小学时就送我去学画画，所以我的绘画还不错。上高中后，我就开始学习古筝，现在已经过了六级。从体育方面来说，我对所有的体育项目都充满了喜爱，擅长打篮球、羽毛球、乒乓球等。因而，总体来说，自己是个爱动、爱学习的人。

（3）能力方面。能力是人们顺利完成某种活动所必备的个性心理特征。任何一种活动都要求参与者具备一定的能力，而且能力直接影响着活动的效率。示例：我的口头表达能力强，能够很清楚地向别人叙述一件事情。头脑容易"发热"，分析问题不全面。心理素质不强，容易紧张。撰写文章的能力很强，能够很快地写出一篇像样的文章。虽然很容易给人很好的第一印象，却不

容易保持下去,所以人际交往能力有所欠缺。

2. 专业就业方向、前景和职业选择分析

以下是大学一年级学生小江的自述:"我学的专业不是新闻学,而是民族理论,但是我坚信以后的工作一定和民族理论沾不上边,我更关注的是新闻学的就业方向和前景。我认为每个行业其实竞争压力都很大,但是只要自己干得出色,就一定会找到立足之地。现在的新闻业虽然是一个很热门、竞争压力也很大的行业,却很少有人注意到这些新闻业从业者大都是本科毕业生。那么,我为什么不能到一个新闻学专业很好的学校读研,并在读研期间实习呢?"

"我现在面临的最大的问题就是跨专业就业的问题。我为自己确定了三个理想职业:记者、网络编辑及高校教师。下面就以记者职业为例分析一下,见表2-3。"

表2-3 记者职业的SWOT分析

	优势因素（S）	劣势因素（W）
内部因素	1. 从小热爱新闻,性格符合此专业的要求; 2. 性格活泼开朗,口头表达能力较强; 3. 有吃苦耐劳的精神; 4. 有强烈的好奇心和追踪事件的能力; 5. 比较快地学习和吸收新知识; 6. 对待所发生的事件能有自己的见解; 7. 敢说真话,敢坚持真我; 8. 学习民族理论专业,有专攻方向	1. 关于新闻专业方面的讯息不多; 2. 人际交往能力有所欠缺; 3. 现在所学专业不是新闻专业
	机会因素（O）	威胁因素（T）
外部因素	1. 认识很多新闻业的人士,可以从他们那儿得到很多资源; 2. 现在已经快得到一个实习的机会,因而可以比别人有实习优势	1. 学习新闻等相关专业的学生比我更具有竞争优势; 2. 全国新闻类人才剧增,新闻业出现了人才饱和的现象

"SWOT总结:做一份工作能够长久坚持下来的一个重要因素就在于喜爱它,我很喜欢新闻,这将是我坚持梦想的最大动力。同时,我具有活泼开朗、口头表达能力较强、好奇心强等特点,符合新闻行业对从业人员的要求。人脉在记者这个行业中将会起到至关重要的作用,因此,拓宽我的人际关系网是非常必要的。"

拓展阅读

SMART原则：目标必须是具体的（specific），目标必须是可以衡量的（measurable），目标必须是可以达到的（attainable），目标必须和其他目标具有相关性（relevant），目标必须具有明确的截止期限（time-based）。

无论是制订团队的工作目标，还是制订自我的发展绩效目标，都必须符合上述原则，五个原则缺一不可。确定目标的过程也是自身能力不断提高的过程。

案例总结

小江用SWOT分析法进行了战略分析，他又用SMART原则进行了目标管理，给自己今后的三年大学生活做了规划。

三年内必须做到如下三点：

1. 坚持每天写作，至少写1 000字。

2. 坚持每天看新闻，至少细看十条。将每天的重大新闻事件记录下来，跟踪一些持续发展的新闻事件，从中体会新闻写作的一些规律。

3. 坚持对同源新闻进行对比，从中总结新闻采写的规律性的东西。

大二：学好专业课，全部课程的成绩达到75分以上；英语四级取得优秀的分数；计算机通过国家二级并取得优秀的成绩；继续学习法语；继续加强人际关系，多向别人学习，不断完善自己；咨询感兴趣的杂志社，了解招聘条件（需要什么能力和素质），开始以之为目标，努力提高自己。

大三：英语六级取得优秀的分数；继续学习法语；准备考研；争取和法国交换留学生的机会，在法国继续深造新闻专业，并且学好法语。

大四：继续学习英语，达到专业的水平，准备托福或雅思考试；争取应聘成功自己感兴趣的杂志社，或者去其他电视台实习，或者考取中国传媒大学的研究生。

分析 人生无处不战场，要做主动、清醒的行动者：①自己是想找个兴趣所在的工作还是维持生计的工作。如果是前者，那么务必给自己一个清晰的职业规划，不要太看重短期待遇；结合目标与现实的差距，拿出实际的行为计划。②找工作之前想清楚几个问题：我的兴趣是做什么工作？我的能力适合做什么工作？如果两者不能统一，我会更趋向选择哪个？为此我该承受或者忍受什么？我的底线是什么？

活动与拓展

主题 发现自己在工作中最在乎的方面
目标 发现自己在工作中最在乎的方面,以便有针对性地选择职业
建议时间 15 分钟
活动过程

1. 从下面的个人需要选项中选择三项你最在乎的,然后画圈。

自由时间	权力	兴趣	金钱	独立	安全
专业地位	挑战	无烦恼	朋友	声望	文化氛围
地理位置	消遣	透明度	气候	教育设施	当领导
专家	与家人在一起的时间				

2. 从上面所列的个人需要选项中,选择三项你最不在乎的,然后画线。
3. 请加上在上面所列个人需要中没有列举出的项目。
4. 对上述因素进行分析,可以帮助我们认识自己在职业选择中最想要的到底是什么。

思考与讨论

请结合自我评估和对目标职业的了解,用 SWOT 分析法进行分析,然后用 SMART 原则给自己 3～5 年内的目标进行管理规划,并与同学互相评议、借鉴、监督,共同行动。

第四节 核心价值观与职业道德认知

学习目标

1. 了解核心价值观。
2. 了解企业核心价值观的标准和作用。
3. 了解职业道德,做具备良好职业道德的职业人。

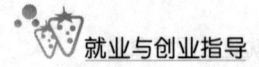

案例导入

一个中国留学生在美国一家餐馆打工，老板要求每个盘子必须刷6遍。一开始他还能按照要求去做，刷着刷着，发现少刷一遍也挺干净，于是只刷5遍。后来，他发现再少刷一遍还是挺干净，于是又少刷一遍，只刷4遍。他还暗中留意另一个打工者，发现他还是老老实实地刷6遍，速度自然要比自己慢许多。出于"好心"，他悄悄地告诉那个人，即使少刷一遍也看不出来。谁知那人一听，竟惊讶地说："规定要刷6遍，就该刷6遍，怎么能少刷一遍呢？"

分析 国外某调查显示，学历资格已不是公司招聘首先考虑的条件，大多数雇主认为，良好的职业道德是公司在雇用员工时最优先考虑的，其次才是职业技能，接着是工作经验。毫无疑问，职业道德已被视为组织遴选人才时的最重要标准。

一、核心价值观简介

核心价值观是指企业在经营过程中坚持不懈、努力使全体员工都必须信奉的信条。企业的核心价值观是"一个企业本质的和持久的一整套原则"，是企业哲学的重要组成部分，是解决企业在发展中如何处理内外矛盾的一系列准则，如企业对市场、对客户、对员工等的看法或态度。它是企业表明企业如何生存的主张。

核心价值观深深根植于企业内部。企业的目标不是企业的核心价值观，企业的使命和经营目的也不是企业的核心价值观，企业的核心价值观也不应该与企业的前景相混淆。企业的核心价值观是所有企业目标的先驱，是一切企业目标的基础。

二、企业核心价值观的标准和作用

1. 企业核心价值观的标准

（1）它必须是企业核心团队或者是企业家本人发自内心的肺腑之言，是企业家在企业经营过程中身体力行并坚守的理念。企业的核心价值观是深藏在员工心中指导员工行为的一个准则，必须被员工所普遍接受并认同。

（2）核心价值观基于传统积淀并与使命相一致，必须是真正影响企业运作的精神准则，是经得起时间考验的，因此，它一旦确定下来就不会轻易改变。

（3）所谓核心，就是指最重要的关键理念，核心价值观的描述语句数量不会太多，通常不会超过六条。

任何企业都是独一无二的，企业核心价值观也一样，属于企业的核心竞争力，它"偷不走、买不到、分不开、离不得"，它有自己的特色并能促进企业发展。

拓展阅读

波音公司的核心价值观：永为先驱，尽善尽美。

宝洁公司的核心价值观：领导才能，主人翁精神。

百事公司的核心价值观：身体力行，开诚布公，多元化，包容性。

飞利浦公司的核心价值观：客户至上，言出必行，人尽其才，团结协作。

福特汽车公司的核心价值观：客户满意至上，生产大多数人买得起的汽车。

IBM公司的核心价值观：诚心负责，创新为要，成就客户。

2. 企业核心价值观的作用

（1）企业核心价值观为企业的生存与发展确立了精神支柱。企业在发展过程中总要遭遇逆境和坎坷，一个企业如果能使其核心价值观为全体员工接受，并为之自豪，那么企业就具有了克服各种困难的强大精神支柱。

（2）企业核心价值观决定了企业的基本特性。企业作为独立的经济实体和文化共同体，在其内部必然会形成具有本企业特点的核心价值观。这种核心价值观决定着企业的个性，规定着企业的发展方向。

（3）企业核心价值观对企业及员工行为起到导向和规范作用。企业价值观是企业中占主导地位的管理意识，能够规范企业领导者及员工的行为，使企业员工很容易在具体问题上达成共识，从而大大节省了企业运营成本，提高了企业的经营效率。

（4）企业价值观能产生凝聚力，激励员工释放潜能。企业的活力是企业整体力（合力）作用的结果。企业合力越强，所引发的活力越强。

现代企业的核心价值观是围绕企业的成功展开的，作为公司的员工，只有认同企业的核心价值观才能有助于企业的成功，也才能够获得个人在职场中的良好发展。

三、职业道德简介

道德是社会意识形态之一，是人们共同生活及其行为的准则和规范。职业道德是指人们在职业生活中应遵循的基本道德，即一般社会道德在职业生活中

的具体体现。它是职业品德、职业纪律、专业胜任能力及职业责任等的总称。

职业道德的内容主要包括：忠于职守，乐于奉献；实事求是，不弄虚作假；依法行事，严守秘密；公正透明，服务社会。职业道德具有如下特点：

（1）多样性和具体性。社会上有多种多样的职业，它们各有自己的特殊活动方式和特点，在社会生活中起着不同的作用。不同的职业道德必须鲜明地表达本职业的职业义务和职业责任，以及职业行为上的道德准则，这就形成了各种职业特定的道德传统和道德习惯。例如，教师道德主要是教书育人、为人师表；商业道德则是服务周到、买卖公平。

（2）稳定性和连续性。人们在长期的职业实践活动和职业生活方式中形成了一定的职业兴趣、爱好、情操和作风，形成了一定的职业习惯和职业心理。这些都会作为传统在本职业中世代相传，即使内容会不断丰富和深化，但它的总方向和一些基本内容是不会变的，在这个基础上产生的职业道德就具有了连续性、继承性和稳定性。

（3）适应性和实用性。职业道德的要求不是千篇一律的，而是因职业而异。各行各业都根据本行业的特点、具体的职业条件，以及从事职业的人员的能力，采取简单易行、容易接受的生动而明确的形式，制订一些条款、规章，把职业道德具体化和通俗化，从而使人们易于把握、便于践行。

> **职场箴言**
>
> 实际上，每一个阶级甚至每一个行业，都有各自的道德。
>
> ——恩格斯

四、做具有良好职业道德的职业人

数年前，有一个小伙子刚毕业就去了法国，开始了半工半读的留学生活。渐渐地，他发现当地的公共交通系统的售票处是自助的，也就是你想到哪个地方，根据目的地自行买票即可，车站几乎都是开放式的，不设检票口，也没有检票员，甚至连随机性的抽查都非常少。他发现了这个管理上的漏洞，凭着自己的"聪明"，他精确地估算了这样一个概率：逃票而被查到的比例大约仅为万分之三。

他为自己的这个发现沾沾自喜，从此之后，他便经常逃票上车。他还找到了一个宽慰自己的理由：自己还是穷学生，能省一点是一点。四年过去了，名牌大学的金字招牌和优秀的学业成绩让他充满信心，他开始频频地进入巴黎一些跨国公司，踌躇满志地推销自己。但这些公司都是先热情有加，数日之后便婉言相拒。

一次次的失败使他愤怒。他认为一定是这些公司有种族歧视的倾向，排斥外国人。最后一次，他冲进了某公司人力资源部经理的办公室，要求经理为不录用他给出一个合理的理由。然而，结局却是他始料不及的。

经理说道："先生，我们并不是歧视你，相反，我们很重视你。你来求职的时候，我们对你的教育背景和学术水平都很感兴趣，老实说，从工作能力上，你就是我们所要找的人。可是我们查了你的信用记录，发现你有三次乘公交车逃票被处罚的记录。此事证明了两点：一是你不尊重规则，你善于发现规则中的漏洞并恶意使用；二是你不值得信任。我们公司的许多工作是必须依靠信任进行的，如果你负责了某个地区的市场开发，公司将赋予你许多职权。为了节约成本，我们没有办法设置复杂的监督机构，正如我们的公共交通系统一样。所以我们没有办法雇用你，可以确切地说，在这个国家甚至整个欧盟，你可能找不到想雇用你的公司。"

直到此时他才如梦方醒、懊悔难当。对方最后说道："道德常常能弥补智慧的缺陷，然而智慧却永远填补不了道德的空白。"

基本的职业道德主要包括：忠于职守，乐于奉献；实事求是，不弄虚作假；依法行事，严守秘密；公正透明，服务社会。

（1）忠于职守，乐于奉献。从业人员要做到安心工作、热爱工作，具有尊职敬业的精神，对工作认真负责。同时，要加强个人的道德修养，处理好个人、集体、国家三者的关系，树立正确的世界观、人生观和价值观，有高度的责任感和使命感，乐于奉献。

（2）实事求是，不弄虚作假。从业人员要具有心底无私的职业良心和无私无畏的职业作风与职业态度，做到实事求是，不弄虚作假。如果夹杂着私心杂念，为了满足自己的私利或迎合某些人的私欲，弄虚作假、虚报浮夸就在所难免，也就会背离实事求是这一最根本的职业道德。

（3）依法行事，严守秘密。从业人员必须同时坚持依法行事和以德行事。一些企业拥有商业秘密，企业人员签署保密协议后不得泄露设计资料、产品配方、制作工艺、客户名单等技术信息和经营信息，否则将会被追究法律责任。

（4）公正透明，服务社会。从业人员要做到公平正直、没有偏私，为客户提供优质的服务，为社会的发展和进步贡献自己的一份力量。

案例总结

一个花店招聘一名服务员，广告贴出后，经过面试，老板留下了三个人试用一周。一个是花艺学校的应届毕业生甲，一个是下岗女工乙，还有一位是待业女青年丙。一周后，甲因为懂得插花艺术，营业额上升很快；乙则很善于利用一些边角碎料，节约了成本，营业额也上升不少；丙很细心，将一些残花修剪好，面带微笑送给过往的老人、孩子，还不忘说些祝福的话，营业额上升幅度不大。最后老板留下了谁呢？假如你是老板，你会留下谁呢？

分析 不同的老板，价值取向不同，结果可能就不一样，留谁都有道理。而那位老板最后选择了待业女青年丙，他说："以花赚钱，钱再多也有限；而能够始终微笑面对顾客，'赠人玫瑰，手留余香'，这是一种乐观生活态度的真诚流露。这种积极的心态、发自内心的微笑能引起友善的回响，创造无法用金钱衡量的财富！"

活动与拓展

主题 企业核心价值观调研

目标 搜集知名企业的核心价值观，有助于深入了解该企业

建议时间 120分钟（课外）

活动过程

利用网络，调查10家知名企业（5家国外企业，5家国内企业）的核心价值观，想一想这些企业的核心价值观各有什么特点，与这些企业的成功有什么关系。同学之间可以进行交流和讨论。

思考与讨论

1. 如果个人的价值观和企业的核心价值观出现冲突，你会怎么做？
2. 职业道德对一个人的职业发展有什么影响？

第五节　职业核心能力提升

学习目标

1. 了解职业化心态的基本内涵。
2. 掌握职业核心能力提升的方法，提升职业核心能力。

案例导入

甲和乙是同学，同时受雇于一家超级市场，开始时都是从最底层干起。后来甲受到总经理的青睐一再被提升，从领班直到部门经理。乙却像被人遗忘了一般，还在基层工作。终于有一天乙忍无可忍，向总经理提出辞职，并痛斥总经理用人不公平。总经理耐心地听着，他了解这个小伙子，工作肯吃苦，但似乎缺少了点什么，缺什么呢？

他忽然有了一个主意。"乙先生，"总经理说："请您马上到集市上去，看看今天有什么卖的。"乙很快从集市回来说，刚才集市上只有一个农民拉了一车土豆卖。"一车大约有多少袋？"总经理问。乙又跑去，回来说有10袋。"价格多少？"乙再次跑到集市。总经理望着跑得气喘吁吁的乙说："请休息一会吧，你可以看看甲是怎么做的。"

经理叫来甲，对他说："甲先生，请你马上到集市上去，看看今天有什么卖的。"甲很快从集市回来了，汇报说到现在为止只有一个农民在卖土豆，有10袋，价格适中，质量很好，他带回几个让经理看。这个农民过一会儿还将拉几筐西红柿到集市，价格还算公道，可以进一些货。这种价格的西红柿总经理可能会要，所以他不仅带回了几个西红柿当样品，而且把那个农民也带来了，他现在正在外面等回话呢。

分析　乙很尊重领导，很认真地完成领导交给他的任务，但是没有用心去做，只看到事情的表面，没有分析事情对公司的影响。而甲做事很仔细，很能为领导设身处地地考虑，有敏锐的市场眼光，有较强的洞察力，能从一个小问题引申出很多问题，了解事情很透彻，能正确地观察事物的本质，有预见和分析问题的能力，处理事情细致。乙属于肯干型员工，不善于动脑，只适合做简单的劳动，不是开拓型的人才。

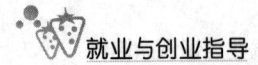

一、职业化心态的建设

"21世纪的核心竞争力是态度与想象力。"大学教育只是我们获取知识和培养基本能力的第一步,要有所作为就必须从一个学生转变为一个真正社会化的职业人。无论你是给别人打工还是自己创业,职业化是必需的历练。事实上,职业化的过程也是个人修为不断提升、养成良好职业习惯的过程,其最基本的问题就是职业化心态的建设。

职业化心态是一种自我经营意识,是有利于自我发展的心态。能在某个公司工作是一种缘分,与公司共赢的态度是职业成功的基础,职场上的竞争不仅仅是知识、能力、业绩、人际关系的竞争,更重要的是职业心态和人生态度的竞争。企业间的市场竞争本质上也不是什么产品、服务、价格的竞争,而是其背后企业员工的品质、态度和能力的竞争,是企业"软实力"的竞争。

案例中甲的职位提升让乙心里很不舒服:自己并不比甲干得差,为什么甲得到了提升,而自己却没有被提升呢?这也说明乙的心态不够好,没有花时间在自己身上找问题,没有通过对比分析主动找到两个人之间的实际差距。在工作中提高自己最大的障碍就是认识自己(包括认识自己的性格、能力、所欠缺的技能等)、战胜自己。乙在发现自己落后于甲后,他的态度应该是首先认清自己的问题并开始改变,而不是抱怨。无论做什么事,如果只是做到"尚佳"就满意,或是做到半途便停止,那他绝不会成功。

> **职场箴言**
> 职业人必需的心态:开放变革的心态,自我经营的心态,谦卑而自信的心态,坚忍执着的心态,感恩的心态。

二、职业核心能力分析

职业核心能力是人们职业生涯中除岗位专业能力之外的基本能力,是伴随人终身的可持续发展能力。职业核心能力是成功就业和可持续发展的"关键能力",是当今世界发达国家、地区职业教育和人力资源开发的热点。

1998年,原劳动和社会保障部在《国家技能振兴战略》中把职业核心能力分为八项,称为"八项核心能力",包括与人交流、数字应用、信息处理、与人合作、解决问题、自我学习、创新革新、外语应用等。职业核心能力可分为职业方法能力和职业社会能力两大类。

(1)职业方法能力。职业方法能力是指主要基于个人的,独立学习、获取新知识和技能、处理信息的能力。职业方法能力是劳动者的基本发展能力。

职业方法能力包括自我学习、信息处理、数字应用等能力。

（2）职业社会能力。职业社会能力是指与他人交往、合作、共同生活和工作的能力。职业社会能力既是基本生存能力，又是基本发展能力，它是劳动者在职业活动中，特别是在一个开放的社会生活中必须具备的基本素质。职业社会能力包括与人交流、与人合作、解决问题、创新革新、外语应用等能力。

职业核心能力的内涵如下：

（1）职业核心能力和其他一切能力都不同，是其他能力形成和发生作用的条件。

（2）职业核心能力往往是人们职业生涯中更重要的、最基本的能力，对人的影响和意义更为深远。

（3）职业核心能力是一种数量最少，但适用性最强的基本能力。

（4）每个人在职业生涯中，职业核心能力是日常生活中必备的、最重要的、起关键性作用的能力。

（5）当职业发生变更或者当劳动组织发生变化时，劳动者所具备的这种能力依然存在，使劳动者能够在变化的环境中很快地重新获得所需要的职业技能和知识。

（6）职业核心能力具有普遍的适用性和广泛的可迁移性，对人的终身发展和终身成就影响极其深远。

（7）在职业能力体系中，职业核心能力应当处在最底层，它是支柱，是依托，是承载其他能力的基础。

（8）职业核心能力是存在于一切职业中，从事任何工作都需要的能力。

（9）职业核心能力是一种跨职业的能力，是承载其他能力并有效地促进它们发展的能力。

（10）由于跨职业的属性，使职业核心能力在职业教育和培训体系里很难找到自己的位置。

拓展阅读

人生的八张"王牌"：忠厚——踏实和忠诚是人生的信用卡；靠谱——被人信任是一种美德和幸福；勤奋——登攀之歌往往以汗水作音符谱就；贤达——心胸开阔才能让天地了然于胸；果断——成败往往在瞬间决定；自信——成功的力量源于自身；善缘——没有朋友就没有世界；高瞻——登高才能望远。

三、职业核心能力提升

虽然大家还没有进入职场成为一名职场人士，但是在学校期间提升自己的职业核心能力是很有必要的，有助于你在进入职场后迅速适应职场环境并脱颖而出。那么，我们应该如何在学校提升自己的职业核心能力呢？

（1）参加职业指导和职业训练，进行职业素质测试，了解与职业相关的知识。

（2）通过各种途径了解所学专业的就业方向，进而确定自己的就业岗位群，了解所需的知识和能力。

（3）根据目标就业岗位群，制订详细的学习和实习计划。

（4）严格执行学习和实习计划，并适时总结和反思。

案例总结

某个周五的下午，一位德国经销商给某公司打了一个订货电话，因为事情紧急，所以他希望该公司能够两天之内发货，否则订单自动失效。但是，当天是周五，海关周末休息，如果在两天之内发货，就意味着当天下午就要将所有货物装船，而当时已经是下午2点。如果按海关、商检等部门下午5点下班来计算的话，时间只有3个小时，按照一般的程序是不可能做到的。此时，该公司的职业核心能力和团队精神发挥了巨大的作用，他们采取了齐头并进的方式，调货的调货，报关的报关，联系货船的联系货船，每个人都全身心地投入了工作，使每一个环节都能顺利进行。当货船终于驶离海岸的时候，所有员工都松了一口气，脸上露出了满意的微笑。当天下午5∶30，德国经销商就收到了该公司已发出货物的信息，他感到十分惊讶，并向该公司由衷地表示感谢。后来，他还给该公司写去了一封感谢信。这家公司就是著名的海尔集团，现在海尔已经发展成为全球白色家电第一品牌。

分析 如果一个企业的所有员工都具有很强的职业核心能力，那么这家企业必将是一个伟大的企业。两天之内发货看似是一个不可能完成的任务，却在海尔员工齐心协力的努力之下完成了，这正说明了这家企业员工的强大的职业核心能力。

活动与拓展

主题 自我职业能力检测

目标 通过检测自己所具备的能力和理想工作所需要的能力，找出差距，以便确定努力的方向

建议时间 20 分钟

活动过程

1. 根据自己目前的职业目标,选定一个职位,然后查阅相关资料,回答下表中的问题。其中,确定的标记"√",不确定或不知道的标记"0",不需要或自己缺乏的标记"×"。

职位名称	所需具备的能力	自己已经具备的能力
(　　)	1. 语文能力（　） 2. 表达能力（　） 3. 沟通、协调能力（　） 4. 领导能力（　） 5. 专业技能（　） 6. 电脑软件操作能力（　） 7. 中英文打字能力（　） 8. 销售能力（　） 9. 会计能力（　） 10. 机械操作能力（　） 11. 法律知识（　） 12. 判断力（　） 13. 创造力（　） 14. 直觉和敏感度（　） 15. 其他重要专业知识（　）	1. 语文能力（　） 2. 表达能力（　） 3. 沟通、协调能力（　） 4. 领导能力（　） 5. 专业技能（　） 6. 电脑软件操作能力（　） 7. 中英文打字能力（　） 8. 销售能力（　） 9. 会计能力（　） 10. 机械操作能力（　） 11. 法律知识（　） 12. 判断力（　） 13. 创造力（　） 14. 直觉和敏感度（　） 15. 其他重要专业知识（　）
心得与感想		

2. 找出自己所具备的能力和理想工作所需要的能力之间的差距,确定自己需要努力的方向,并初步制订改进计划。

思考与讨论

1. 职业核心能力有什么重要作用?
2. 如何结合你所学的专业培养职业核心能力?

参考文献

[1] 2013 中国就业形势如何. 人民日报（海外版）,2012-12-19.

[2] 息颖,刘晓青. 就业指导. 北京:化学工业出版社,2012.

[3] 洪凤仪. 一生的职业规划. 广州:南方日报出版社,2002.

[4] 陆士桢,徐莉. 青年职业生涯管理辅导. 北京:中国青年出版社,2007.

第三章 求职指导

"十年磨一剑，霜刃未曾试。"站在毕业的路口，也许很多同学已期盼良久，跃跃欲试；而有些同学却彷徨茫然，不知所措。面对高校扩招及其他客观因素的影响，加之应届毕业生没有工作经验，使得求职愈加艰难。不少毕业生经历的是一个"希望、竞争、等待、失望"不断循环的求职过程。然而，机遇偏爱那些有准备的人，要想在充满荆棘的道路上找到自己的职业目标和方向，就需要不断完善、充实、提高自己。为了帮助同学们在求职过程中少走弯路，早日找到满意的工作，本章将介绍求职意向确定、求职渠道拓展、求职材料准备、应聘技巧掌握、就业心理调适和求职陷阱规避等内容，力图从心态和技巧上给予大家一些帮助。

学习目标

1. 能够找到适合自己的工作信息和机会。
2. 明确求职目标并了解雇主要求员工具备的综合素质。
3. 了解求职渠道，并能通过互联网求职。
4. 能够完成有效的求职信、简历和相关材料制作。
5. 掌握适当的求职技巧，树立个人职业形象。
6. 了解常见的就业心理障碍，能够识别各种求职陷阱。

学习指南

一、学习方法

1. 通过角色扮演、模拟面试等实践教学环节，亲身体验面试的过程，自己发现问题、解决问题。

2. 通过正、反面案例分析，正确把握应对求职面试的方式方法，掌握求职技巧。

二、注意事项

在参加每项活动时,要多思考、分析总结,从而发现问题、解决问题。

第一节 求职意向确定

学习目标

1. 了解就业信息获取的渠道,并能对收集的信息进行相应处理。
2. 明确求职目标并了解雇主对求职者的需求。

案例导入

小王是应届毕业生,一直为找工作的事情烦心,面对互联网上纷繁复杂的用人信息,不知如何下手。眼看着其他同学找工作都陆续有了眉目,自己心急如焚。他总是觉得自己干这个也可以,干那个也行。与此同时,他的顾虑也很多,怕离家太远,怕工资福利太差等。时间一长,他整个人变得很消极,更没有精力去找工作了。

分析 毕业生在找工作时都会有一个彷徨期,这是每个人都要经历和面对的。现在的大学生眼界更宽,思想更活跃,但部分学生独立处理问题的能力很欠缺。每个人都希望在最短的时间内找到一个各个方面都很不错的工作,这种过于追求"完美"的态度是不切实际的。如何明确求职目标,在众多的用人信息中找到适合自己的信息,准确把握雇主的需求,是毕业生最需要解决的问题。

一、信息获取

对面临求职择业的毕业生来说,最关心的莫过于能及时获取更多的就业信息。谁能拥有更多、更有效的就业信息,谁就将赢得择业的主动权。

就业信息不仅仅是指具体用人单位的需求信息,诸如国家有关毕业生就业的方针、政策、法规,地方制定的有关就业政策,用人单位的性质、人员结构、经营状况、发展前景、工作环境等,也都是重要的就业信息。忽视对这些信息的搜集,眼睛只盯着具体的需求信息,即使这些信息搜集得再多,也很难使你有全面、准确的判断。

> **职场箴言**
> 　　收集信息，并能做到正确地梳理和分析信息，是择业、就业的必要前提。

就业信息搜集的渠道是很广泛的，这里列举几种：

1. 各高校的就业主管部门

就业指导中心作为就业的重要中介机构，与中央有关部委和各省市的毕业生就业主管部门及有关用人单位保持着经常、密切的联系，国家有关就业政策规定、地方的有关政策、各地举办"双选"活动的信息、有关用人单位的简介材料及需求信息等，学校的就业主管部门一般都能及时掌握。它们提供的信息无论是数量还是质量，都有明显的优势。

2. 各级就业主管部门和就业指导机构

每年教育部都要制订毕业生就业的有关方针、政策，各省、自治区、直辖市的主管部门也要相应地制订实施意见；国家教委下属各地的就业指导机构，也会开展信息交流和咨询服务。

3. 各级、各类双向选择会、供需见面会

这类活动有的是由一个学校举办的或多个学校联合举办的，有的是一省举办的或几个省联合举办的，也有的是地、市、县单独举办的。组织毕业生和用人单位直接见面，毕业生不仅可以直接获取许多信息，还可以当场签订协议，比较便捷有效。

4. 有关新闻媒介

毕业生就业作为社会普遍关注的热点问题，引起了新闻界的普遍重视，有关就业政策、热门话题、讲座招聘广告等常有报道，《中国大学生就业》等杂志、各地人才市场报及各网络媒体上的就业信息值得关注。

5. 通过各种社会关系获取信息

本专业的教师更清楚你适合到什么单位就业，而且他们往往在科研协作、兼职教学中与对口单位有着广泛的接触。他们的校友大多在对口单位工作，对所在单位的情况了如指掌。通过他们可以获得许多具体、准确的信息。家长和亲友对你的就业更为关心，他们与社会的方方面面有一些联系，也可以帮助提供就业信息。

6. 利用社会实践、毕业实习或业余兼职获取信息

同学们可以通过社会实践、毕业实习、业余兼职等活动，加强与有关单位的联系，增进彼此间的了解，便于直接掌握就业信息。

7. 直接与用人单位联系获取就业信息

开始可以是"普遍撒网",给自己认为合适的用人单位写自荐信,确定重要目标后进行电话预约,然后登门拜访,这种"毛遂自荐"的方式也不失为获取就业信息、获得就业成功的有效途径之一。

二、求职目标设定

毕业生需要设定的择业目标包括以下三个方面:

1. 择业的地域

是在沿海城市就业,还是在内地就业;是在本地就业,还是去外地就业。此时,既要考虑是否符合政策规定,也要考虑生活习惯及今后的发展等因素。

2. 择业的行业范围

必须确定是在与本专业联系密切的行业就业,还是在其他行业就业;是从事本专业范围内的技术工作、管理工作、社会工作,还是从事教学工作、科研工作等。此时,应多考虑自己的综合素质、能力、兴趣、特长等。

3. 择业的单位

必须确定是去大企业,还是去小公司或考取公务员;是选择国有企业,还是选择三资企业或民营企业。在这些单位中,哪些单位有发展潜力,哪些单位符合市场发展需要,哪些单位属于国家重点发展的产业,这些都是学生择业时需重点考虑的问题。注意不要为了眼前利益、较高的工资待遇和福利,而忽视该单位所处行业的发展趋势。

三、雇主需求

求职者在雇主身上寻找的东西必须与雇主在雇员身上寻找的东西相匹配。某些人格特质、性格特征、技能水平对于许多雇主来说的确很重要。

拓展阅读

雇主要求员工具备的素质

以下是雇主对员工的一些素质要求。在阅读了每条素质要求之后,在每个维度上进行自我评定:1—非常低;2—低;3—中等;4—高;5—非常高。

1. 拥有职位需要的教育背景,而且获得了良好的成绩。 1 2 3 4 5
2. 拥有相关工作经验。 1 2 3 4 5
3. 沟通与其他人际交往技能。 1 2 3 4 5

4. 动机、坚忍和活力。1 2 3 4 5
5. 问题解决能力（智力）和创造力。1 2 3 4 5
6. 判断力和常识。1 2 3 4 5
7. 适应变化的能力。1 2 3 4 5
8. 情绪成熟度（行为职业化，并且有责任感）。1 2 3 4 5
9. 团队精神（拥有团队工作的能力和兴趣）。1 2 3 4 5
10. 积极的态度（具有工作的热情和主动性）。1 2 3 4 5
11. 客户服务导向。1 2 3 4 5
12. 信息技术技能。1 2 3 4 5
13. 网络搜索技能。1 2 3 4 5
14. 愿意持续学习与工作。1 2 3 4 5
15. 幽默感。1 2 3 4 5
16. 独立、负责和尽职（包括良好的工作习惯和时间管理）。1 2 3 4 5
17. 领导能力（有主动承担和完成任务的责任，并且能影响他人）。1 2 3 4 5

说明：如果某个条目你的自评分是低或者很低，考虑参加一些正规的相关培训和教育。如果你在所有方面的得分都是4分或5分，那么，你就是个合乎期望的候选者。

案例总结

小王是护理专业应届毕业生，在实习前，她先去辅导员那里领取了两份求职材料，又在就业指导中心留下了联系方式，而后，她拜托学妹及时将与自己有关的重要就业信息告诉自己。做完这些功课，小王放心去实习了。

十月是校园招聘的高峰期，她人虽在外地，却总能及时得到就业指导中心的短信通知，辅导员还帮她向用人单位投递了简历，并作了推荐。学妹也给她提供了许多重要的信息。小王实习期间并没有耽误自己的择业，还参加了几次面试和笔试。实习快结束时，她顺利地落实了工作。

分析 很多毕业生不善于利用学校的就业信息渠道，主要表现在：①舍近求远，到社会网站上去"海投"，殊不知学校提供的就业信息针对性强、安全系数高，值得优先考虑。②依赖性强。不少毕业生缺乏主动意识，导致错失很多机会。③忽视人脉。小王在求职过程中想到了可能给予她帮助的学妹，得到了很有效的帮助。

活动与拓展

主题 就业信息管理
目标 学会根据需要收集就业信息，能正确地筛选和处理就业信息
建议时间 60 分钟（课外）

活动过程

1. 利用网络、报纸等渠道收集一些招聘信息，完成下表。

公司名称	公司性质	公司网址	公司规模、业务范围及特点

2. 登录这些企业的网站或招聘网站，完成下表。

公司名称	招聘岗位	职位描述	岗位要求	招聘负责人	联系方式	公司地址

思考与讨论
1. 如何有效地收集就业信息并进行处理？
2. 如何设定求职目标？
3. 雇主需要怎样的员工？这些要求你都具备了吗？

第二节　求职渠道拓展

学习目标

1. 理解求职渠道的含义。
2. 掌握求职渠道的具体内容。

案例导入

小伍是一所高职院校信息技术系的毕业生，由于学校没有名气，同学们纷纷找一些中小型 IT 企业去竞聘，而小伍却拿着自己的求职信和成果，想方设法来到了某技术有限公司人力资源部经理办公室，认真介绍了自己的特长和优势，经过笔试、面试等环节，最后被录用。

分析 不要在意你心仪的企业是否在招聘，大胆地敲开它们的大门，它们不会在乎多招一个有胆识、自信的年轻人。面对面地与企业的领导或你希望进入的部门的领导交谈，你就已经同所有的求职者不一样了。求职渠道不是单一的，找一个与众不同的有效的求职渠道，同样也能获得成功。

所谓求职渠道，是指搜索工作信息及求职途径。对渠道进行分析的目的是为了尽可能地抓住一切工作机会，并把自己的资源充分利用起来。上一节中，我们对求职信息的获取进行了简单的介绍，本节将对求职渠道进行详细的介绍。

一、常规求职渠道

1. 招聘会

目前的招聘会主要有两种，一种是大型综合招聘会，另一种是规模比较小的专业人才招聘会。大型综合招聘会一般选址在大型的展览中心、体育馆。众多类型的公司会到现场发布用人信息并与求职者见面。大型招聘会一般每季度或半年举办一次。专业人才招聘会一般由几所学校或一所学校组织，参加的公司都是来自于特定行业。

对于毕业生来说，招聘会可以缩短就业"距离"，对公司情况有更加全面的了解。但是招聘会通常人多拥挤，无法事先知道公司招聘的职位的详情，短时间内也无法展示自己。要提高成功率，参加招聘会要注意以下几点：

（1）全面了解，重点选择。面对众多企业和拥挤的人群，要在全面"透视"后，选择目标企业。

（2）穿着得体，注重礼仪。打扮整洁，把简历等个人资料放在方便取放的文件夹内。在与招聘人员谈话时，要心平气和，不要让嘈杂的环境影响你的心情，要语言文明，正确介绍自己。

（3）简明扼要，直截了当。要在最短的时间内最有效地表达自己。

2. 学校就业服务中心

学校就业服务中心（也称学生就业指导中心）是为高校毕业生提供职位信息的一个重要渠道。它的优点在于针对性强，与专业相关的职位信息丰富，所介绍的企业和学生们的学历、素质、技能联系紧密,岗位适应度高。同时,与招聘会相比,竞争对手相对少一些(多数高校限制外校学生访问本校就业网)。缺点是提供的职位受专业限制较大。

3. 报纸杂志

在报纸和杂志上寻找职位信息是最传统和常见的求职方式之一。刊登求职信息的报刊一般分为三类:一类是专门的人才招聘类报纸,比如人才市场报等;另一类是大众类报纸,比如北京青年报、南方都市报、新民晚报;还有一类是杂志,有些杂志会刊登一些企业用人信息。

4. 网络

网络求职信息量大、成本低、方便快捷,但是竞争对手多。网络求职应注意以下两点:

(1)注意防范网上求职骗局。为了防范网上诈骗,求职者一定要登录正规网站,在可能的情况下,可通过咨询熟人或打电话仔细核对用人信息。一般正规网站在刊登人才需求信息时,都会仔细验证招聘单位的真实性。

(2)注意保护个人信息。网上求职要注意保护私人信息,对一些和招聘无关的信息,毕业生可酌情填写。比如不要在网站上透露家庭地址,求职者只需要留下个人的电话、电子邮箱即可,以防被骗子所利用。

拓展阅读

常用的求职网站

智联招聘网:www.zhaopin.com

中华英才网:www.chinahr.com

前程无忧:www.51job.com

卓博网:www.jobcn.com

528招聘网:search.528.com.cn

全国大学生就业公关服务立体化平台:www.ncss.org.cn

中国人才热线:www.cjol.com

人才职业网:www.rencaijob.com

应届生求职网:www.yingjiesheng.com

易聘网:www.68hr.com

我的工作网:www.myjob.com

5. 社会关系网

毕业生可以通过家长、亲友、学校的教师或校友了解就业信息，这是一种较为有效的方法。

6. 实习单位

通过实习找工作是成功率较高的求职方式之一。学生在进行实习时，要正确展示自己，发挥自己的优势，克服自己的不足和不良习惯，把最优秀的自己展示给实习单位。从实习单位获取就业信息相对来说命中率高，竞争对手相对较少，目标明确，针对性强，但是对个人要求比较高，需要长时间准备及规划。

7. 个人创业

创业是目前解决我国就业问题的一种有效途径，也是国家重点扶持和鼓励的。根据教育部的要求，各地已经开展创业培训，一些学校还制定政策，对创业者给予奖励。

二、"非常规"求职渠道

1. 主动求职

主动求职的竞争对手少，针对性强，一旦获得青睐，则容易成功，但要求求职者具有较强的沟通能力和心理素质，要能经受打击。主动并不是对任何公司都有用，如果拿不准主意，可以事先调查，看该公司的人事部经理是否欣赏主动精神，因为有些人事经理更欣赏踏实、不爱出风头的员工。

2. 团队求职

团队求职，顾名思义就是为了共同的求职目标而组建一个团队，这个团队的成员共享求职信息，共同以一个团队的形式应聘目标单位。

3. 曲径求职

曲径求职，是一些大学毕业生面对目前庞大的就业大军，感到自己的学历不高，综合素质还需提升，便通过继续深造获得更高的学历后再就业，例如高职学生毕业后考入本科院校继续学习。这样由于起点高，就更容易找到较为理想的工作。

4. 博客求职

求职过程中，求职简历（也称个人简历，简称简历）无疑是企业招聘人才的重要依据。于是，求职者往往对自己的简历倾注极大心血，特别是喜欢接受新鲜事物的学生，为了吸引招聘单位的注意，甚至将个人博客链接也写入简历中，有时能收到意想不到的效果。

案例总结

小王在就业形势严峻的情况下还能先后接到 6 个录用通知：三家民营企业的经理，一家国外投资银行国内分公司的经理，一家香港风险投资基金的代理，还有一家国际知名会计师事务所从事管理咨询的经理。他在求职开始时，对自己所要从事的行业和感兴趣的行业进行了有目的的调查，并重点做好简历。他与 4 个同学组成了一个团队，大家信息共享，经常一起分享被拒绝或是被接收的经验，最后他们 5 个人都成功就业。

分析 总结小王求职成功的经验，有 3 点非常重要：第一点是前期准备充分、有目的性，充分了解自己所要从事和感兴趣的行业；第二点是重视简历的制作；第三点是在求职中团体出击，有效地利用信息资源。

活动与拓展

主题 求职渠道讨论

目标 探索更多的求职渠道，开拓求职途径

建议时间 10 分钟

活动过程

1. 分组讨论网络求职和依靠关系网求职的利弊。
2. 结合自身情况，说说自己毕业后的首选及备选就业渠道。

思考与讨论

1. 较为有效的求职渠道有哪些？你知道还有哪些求职渠道吗？
2. 如何科学有效地利用求职渠道？

第三节 求职材料准备

学习目标

1. 掌握求职信的撰写要领，能准确填写就业推荐表。
2. 掌握简历的主要内容和制作方法。
3. 注意其他求职材料的准备。

案例导入

小王是一名大三的学生，专业是舞蹈表演。对于自己的专业水平，他可谓信心满满。临近毕业，有一家用人单位来学校进行招聘，王凯对该单位非常感兴趣。但是，用人单位要求他提供完整简历的要求却难住了他。他平时对就业问题不太重视，一时间不知该怎样制作一份完整、专业的简历。用人单位还希望他能提供一些演出的视频资料，也令王凯非常为难，因为他平时并不注意对这些资料的收集和保存。

分析 很多学生在专注自己专业学习的同时，忽略了对求职简历制作的学习，又不注重资料的收集与整理，导致真正用得上的时候却两手空空。现在的用人单位希望员工不仅有过硬的专业知识，更是一个职业素质全面的人才，而要了解这些信息，阅读求职材料是一个很好的途径。所以，求职材料的准备，是每一个学生必须具备的能力。

一、求职材料简介

毕业生在求职择业时，为了便于用人单位了解自己，必须准备一份介绍自己的书面材料。

这个说明毕业生本人有关情况的个人材料，就是求职材料。它一般包括求职信、就业推荐表、个人简历、学历证明、职业资格证书、获奖证明材料等。

求职材料非常重要，它是毕业生与用人单位之间交流信息的载体。对毕业生来说，可以通过求职材料向用人单位介绍自己的情况和就业意向，表达对用人单位所提供的职位感兴趣的原因和努力工作的决心。这是争取就业机会的重要步骤，是通往就业之路的"敲门砖"。

二、求职信

1. 求职信的分类

（1）有目的地向单位进行自我介绍。这种求职信是在已经知道了某个单位招聘人才的情况下写的，它具有高度的针对性。在求职信中，称呼和内容都要针对特定单位的特定人，主要表述自己的主观愿望和特长，以吸引招聘者的注意，取得面试机会。

（2）广泛适用的求职信。这种求职信不分职业、单位和对象，没有求职的具体目标，带有一定的盲目性，成功率相对较低。它主要向用人单位介绍自己的概况，让单位了解自己并对自己感兴趣，普遍使用在供需见面会和人才市场招聘会上。

2. 求职信的内容和格式

（1）标题。求职信的标题通常只有文种名称，即在第一行中间写上"求职信"三个字。

（2）称谓。称谓是对收信人的称呼，写在第一行，要顶格写单位名称或个人姓名，在称谓后附上冒号。求职信的称呼比日常书信所用称呼要正规。通常，写给国家机关、事业单位时，可以用"尊敬的××处长（或科长等）"称呼；写给外资企业时，可以用"尊敬的××董事长（或总经理等）"称呼；如果写给一般性企业，可用"尊敬的××厂长（或经理等）"；若写给学校，则以"尊敬的××教授（或校长、老师等）"称呼。

（3）正文。正文要另起一行，空两格后写求职信的内容。正文内容较多，要分段写。

首先简要介绍求职者的基本情况，如姓名、年龄、性别、学校、专业等。接着要直截了当地说明从何渠道得到有关信息及写此信的目的。这段是正文的开端，也是求职的开始，介绍有关情况要简明扼要，对所应聘的职务的态度要明朗。为了吸引收信者有兴趣读下去，开头要有吸引力。

拓展阅读

学生甲的求职信正文："我叫李民，现年22岁，男，是一名财会专业的大学专科毕业生。从报上我得知贵公司正在招聘一名专职会计人员，不胜喜悦，我不揣冒昧地毛遂自荐，相信贵公司定会慧眼识人，使我有幸成为贵公司的一名会计人员……"

对所谋求的职务的看法，以及对自己的能力的客观评价，是求职信的重点。要着重介绍自己应聘的有利条件，特别突出自己的优势和"闪光点"，以使对方信服。语言要中肯，恰到好处。态度要谦虚诚恳，不卑不亢，达到见字如见人的效果。要给对方留下深刻印象，进而相信求职者有能力胜任此项工作。文字要有说服力。

拓展阅读

学生乙的求职信正文："我于2012年7月毕业于××职业技术学院财会专业。毕业成绩优秀，在省级会计大奖赛中，获得'能手'嘉奖（见附件），在××杂志上发表过多篇学术论文（见附件）。"

我在有关材料上看到过贵公司的情况介绍，喜欢贵公司的工作环境，钦佩贵公司的敬业精神，也很赞赏贵公司在经营、管理上的一整套切实可行的规章制度。我十分愿意到这样的环境中工作，更愿为贵公司贡献我的学识和力量……"

（4）结尾。求职信的结尾应该包含两部分内容：盼回复和祝福语。例如，先写"期盼得到您的回复"、"静候佳音"等；然后另起一行，空两格，写表示敬祝的话。例如，写下"此致"，然后换行顶格写"敬礼"。这两行均不加标点符号，不必过多寒暄，以免"画蛇添足"。

（5）署名和日期。写信人的姓名和成文日期写在信的右下方，成文日期写在姓名下面。

（6）附件。有说服力的附件是鉴定求职者的凭证，是不可忽视的组成部分。附件不要太多，但必须有分量，足以证明自己的才华和能力，比如自己的外语等级证书复印件（或扫描件）、计算机等级证书复印件（或扫描件）、获奖证书复印件（或扫描件）等。附件可在信的结尾处注明。

3. 撰写求职信的注意事项

（1）篇幅尽量简短。只有篇幅简短、重点突出的求职信才会引起用人单位的注意，才能收到好的效果。

（2）突出个性。面对不同的招聘单位和不同职位，求职信在内容侧重点上要有所不同，必须有很明确的针对性，切忌千篇一律，没有自己的特色。只有突出自己的个性，并很好地找到招聘岗位要求和自身条件的匹配点的求职信，才能被招聘者赏识。

（3）实事求是。要不卑不亢，适度的谦虚会让人产生好感，但过分的谦虚则容易给人留下缺乏自信的印象；与此相反，虚假浮夸的表述很容易被招聘者识破。因此，陈述要客观真实，适度修饰。由于文化上的差异，一般对外资企业需要充分展示自己的能力，充满自信，而对国企、国家机关及国有企事业单位则应适当内敛，着重介绍自己的知识和能力，语气要适度含蓄。

（4）语句通顺，文字流畅。求职信一般要求打印，做到文字工整、美观，不要出现错别字，语句流畅通顺，文字通俗易懂，切忌用华丽的辞藻进行堆砌，少讲大话、空话和套话。

（5）尽量不要谈薪酬。如果没有被要求，不宜在求职信中谈论薪酬待遇。如果招聘者要求自己提供薪酬要求，那么就适度地说明，例如不低于×××

等，或者参照行业薪酬标准的中等水平，并且注明这是可以协商的。

（6）仔细检查。写完后认真阅读修改，然后请周围的人帮助修改，避免有歧义的表述，避免重点不突出或者表述层次不清等疏漏，使求职信更能准确地表达求职者的信息。

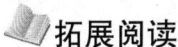拓展阅读

求职信（示例）

尊敬的××经理：

　　您好！

　　我是××职业技术学院××系生化制药专业 2011 届专科毕业生，近期在××网上获悉贵公司正在招聘人才。我拟申请贵公司的"医药代表"职位，我自信符合贵公司的招聘要求。

　　三年的专科教育，为我打下了扎实的药学专业基础，同时使我具备了良好的实践能力和创新能力，大学期间我还担任班长、校围棋协会副会长，通过组织和参与大型的活动，我具备了良好的组织协调能力和团队协作能力，尤其是我热情外向的性格，使我能够更好地面对困难和挑战。

　　此外，在大学期间，我多次获得各项奖学金和荣誉称号，参加过上海世博会志愿者等多项志愿者活动，培养了很强的社会责任感。我的大学英语六级成绩为 504 分，通过了国家计算机水平二级考试，具备了工作所必需的英语和计算机能力。

　　很希望能加盟贵公司，发挥我的特长和潜力，为贵公司的发展贡献自己的一份力量。

　　随信附有我的简历。期待您的回复！

　　此致

敬礼

求职人：×××
2011 年 3 月 25 日

（7）可以用中、英文两种文字写求职信。现在有很多用人单位非常重视求职者的英语水平。因此，用中、英文两种文字写求职信，可以使自己的英语水平得到展示和提高。如果求职的单位是一家中外合资企业或外资企业，那么

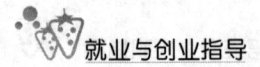

中、英文求职信就更有必要了。

三、个人简历

如何从日益激烈的求职竞争中脱颖而出？首先要制作好个人简历，它是求职者介绍自己、推销自己的"人才说明书"。无论是通过哪一种招聘渠道——招聘会、网络申请或他人推荐，都需要提供个人简历。

通过阅读个人简历，招聘人员可以从以下几个方面来考量求职者：一是求职者的能力。招聘者根据求职者受教育的程度、有无相关工作经历、取得过何种成绩等来判断求职者的基本能力和素质，因此，简历中需列举具体的事实来证明求职者能够胜任招聘岗位。二是求职者的职业诚信。招聘者很看重求职者的职业诚信，会注重求职者工作的稳定性及材料表述的真实性，如果频繁跳槽或经历表述中有隐瞒、欺骗的信息，就会使招聘人员对求职者的职业诚信有所怀疑，影响求职者求职。三是求职者的思维特征。招聘者可以通过简历表述的层次性、逻辑性、准确性及文字写作能力来判断求职者的思维特征。

招聘人员往往先通过阅读个人简历对众多求职者进行初步筛选，精心准备的简历更容易通过初审。

1. 简历的类型

常见的简历一般分为两类：

（1）文字型简历。文字型简历是用文字描述自己的经历，如个人基本情况、做过什么工作、有何成绩、获得过什么奖励等。这是传统的写法，现在一些用人单位往往愿意用有经验、有教训、失败过的人，关键是看应聘者能否从失败中找到原因，是否具有敢于担当的勇气。我们从林肯的简历中可以看到他成功过、失败过、沮丧过、心碎过，但没有放弃过，这种不屈不挠的人正是企业需要的人。

（2）表格型简历。它是以表格的形式分栏目介绍个人情况，比较简练，一目了然。特别是经计算机处理后的表格型简历，非常规范、美观。在 Word 文档中有很多简历模板，基本上可以满足我们的需求。简历的样式不要太花哨，能够突出个人信息即可。针对设计类的职位，则需要花一些时间制作有个性的简历，以充分展示自己的设计水平。

2. 简历的内容

简历通常包括以下方面的内容：

（1）个人基本情况。如姓名、性别、民族、出生年月、政治面貌、籍贯、学校、系别、专业及获得学位情况、照片、爱好、特长等。个人基本情况的介绍并非越详细越好。

（2）联系方式。一定要清楚地标明自己的详细联系方式，如电话号码（写清楚区号）、手机号码、电子邮件地址、通信地址等。

（3）求职意向。简短、清晰地表明本人对什么岗位、什么行业感兴趣。这部分内容必须能够回答"你想做什么"或"你能给公司提供什么价值"。最直接的方式就是写出职务名称。

（4）主修课程。学习情况是必不可少的，但不要写得过多，要突出那些与应聘职位相关的课程，让用人单位感到求职者的学历、知识结构与招聘条件相吻合。

（5）实践活动和社会工作经历。因为大部分毕业生没有工作经验，所以用人单位更看重毕业生在校期间的实践活动情况。这部分可以分为校内和校外两个方面进行说明。校内方面主要是担任班干部，参加学生社团、社会公益组织等。校外方面可将参加兼职活动、寒暑假实习、企业顶岗实习、技能培训项目等情况简要地写出来，说明项目名称、时间、地点、收获、实习单位的评价及所获得的技能等级，以便让用人单位全面地了解求职者的实践技能和工作能力。

（6）获奖情况。包括获得奖学金的情况及获得三好学生、优秀学生干部、优秀团员、优秀党员、社会实践优秀个人、优秀社团负责人等称号的情况。

（7）技能证书。可以列出自己获得的资格证书，如专业技能证、英语等级证书、计算机等级证书、汽车驾驶证等。证书最好与应聘的工作直接相关，或者能证明自己的能力。

（8）自我评价。将自己的知识、能力和素质作简明扼要的总结，列出代表自己核心竞争力的内容，要与自己应聘的岗位相符合，要突出重点，切忌全面罗列。此外，注意描述必须具体，如主持能力、演讲能力、培训能力、领导力、团队合作精神等。

3. 简历制作的注意事项

（1）真实。简历最主要、最基本的要求就是真实。诚实地记录和描述能够使阅读者首先产生信任感，而用人单位对求职者最基本的要求就是诚实。个人简历不能弄虚作假、编造经历。

（2）简练。招聘人员每天要面对大量的求职简历，一般在粗略地进行阅读和筛选时，在每份简历上所用的时间不超过一分钟。如果简历篇幅很大，阅读者缺乏耐心，难免漏看部分内容，这对求职者是很不利的。

（3）突出重点。重点突出才会给人留下深刻的印象。个人的优势部分是整份简历的点睛之笔，是最能吸引人的地方。

（4）自己动手，切勿过度包装。自己的情况自己最了解，简历要亲自动手制作。从实际效果来看，多数用人单位更看重应聘者的真才实学，对过度包装的简历不会有特别的好感。

（5）有自己的特色。用人单位在招聘期间通常会收到大量简历。如何让负责招聘的人对你的简历留下深刻印象，并决定给你一个面试的机会？这就需要我们在简历中针对应聘单位的性质和应聘职位突出自己的特色。

4. 简历的投递

简历制作完成后，下一步就要投递简历。在招聘会、网络这两种求职渠道中，如何投递简历才能使得求职的命中率最高呢？

（1）招聘会。与招聘人员沟通，了解更多信息。毕业生在招聘会现场投递简历时，应搜寻适合自己的岗位信息，并事先准备好问题，与招聘人员积极沟通。建议看到与自身条件相吻合的职位时再投简历，不要在明显不符合要求的岗位上浪费精力。

（2）网络。在信息的筛选上下工夫。要提高网络求职的有效性，首先要选择信誉好的知名网站，尤其是和毕业生求职有关的网站，如本校的就业信息网、社会上专业的人才招聘网站等，这样获得有效信息的概率大，求职效率高。其次要仔细筛选信息，网上的职位信息量大，要学会分类，学会使用职位搜索器等工具，筛选出与自己的目标行业、目标职位相关的信息，并过滤掉那些过期信息。最后，要按照招聘单位要求的方式投递简历，如应聘大公司，最好采用其网上投递简历系统，或按要求给招聘者发送电子邮件，并要注意对方要求发送哪些材料。

投递简历要注意以下几个小窍门：①统一复印装订。简历后面所附的整套求职文件的复印件，如奖学金证书及其他荣誉证书等，复印时最好统一使用白色的A4纸，避免大小不一，同样颜色和大小的纸张会给招聘者一种专业的感觉，还要保证打印和复印的质量。另外，应将各类资料装订在一起，防止这些材料在传递过程中丢失。②写好联系方式，注意在简历和求职信上写好应聘的岗位和联系方式，方便用人单位进行反馈。③将已投递简历的单位建档，包括单位名称、联系人、联系方式及投递的材料等，同时记住已经投递简历的关键单位名称，以免某天接到招聘单位的电话时手忙脚乱。④在打印的求职信上签上自己的名字，以示诚意和尊重。

拓展阅读

个人简历（示例）

★基本信息

姓名：李文　性别：女

出生年月：1988年1月　　籍贯：湖北省武汉市

E-mail：×××@sina.com　电话：××××××××××

地址：×××学院×××邮箱　邮编：430000

★教育背景

时间：2010年9月—2014年7月

院校：××××××学院

专业：软件测试

主要专业课成绩：Java应用软件开发84分，C语言程序设计90分，软件性能测试93分，ASP.NET应用开发87分，数据库原理96分，数据结构与算法92分。

课业成绩优秀：综合测评排名第一，核心专业课成绩排名第二。2011年获得校级二等奖学金，2012年获得校级一等奖学金。

积极参加学院管理，在校期间担任了学院团委组织委员、班级学习委员，具有优秀的沟通管理能力。

★工作经验

2013年7月，在"2013年北京国际电子商务论坛及展览会"上为××××股份有限公司做软件产品展示员，介绍网络应用软件《沟通大师》和《沟通精灵》，以耐心、负责、讲解明晰透彻受到公司的好评。

2013年11月—2014年3月，在××××信息技术有限公司实习期间，独立完成了嵌入式门禁系统的模块测试工作。

★外语水平与计算机应用水平

国家英语四级考试成绩为496分。

具有较强的英文阅读、写作能力，良好的英语听说能力，熟练掌握专业英语。

全国计算机等级考试二级合格，××市计算机应用水平测试成绩优秀。

熟练使用Office套装软件，如Word、Excel、Powerpoint、Frontpage等。精通动画软件，如3ds Max。

★ 自我评价

个性坚韧，能吃苦耐劳，工作认真，有突出的钻研、开拓精神。

为人热情乐观，兴趣广泛，适应性强，人际关系和睦。

有优秀的组织、协调能力，善于沟通，有良好的团队协作精神。

分析 上面这份简历内容不多，分量却很重，以大量的信息来证明自己是一名品学兼优的高素质人才。

四、就业推荐表

现在使用的就业推荐表是由学校毕业生就业指导服务中心统一印制的，其栏目有姓名、性别、民族、出生年月、政治面貌、学校名称、专业、学历、培养类别、外语水平、健康状况、学校地址、特长、奖惩情况、在校表现、院系推荐意见、学校毕业生就业指导中心意见等。

拓展阅读

就业推荐表是毕业生和用人单位达成意向后，毕业生在签订就业协议前递交给用人单位的一份正式文件，用人单位应妥善保存。毕业生如因种种原因和用人单位解除录用关系，应索回就业推荐表，以便与下一个单位签约。就业推荐表遗失后，要及时到学校就业主管部门补办手续，以免耽误求职。

1. 就业推荐表填写的注意事项

（1）不能涂改。就业推荐表具有代表校方的作用，有关部门在上面加盖公章。因此，填表时一定要细心、认真。特别是成绩单、院系推荐意见等部分，一旦有涂改的痕迹，就可能引起用人单位的误解。因此，发现错误时，应当换一张重新填写。

（2）在备注栏中叙述自己的突出优势。自己具有的一些突出优势可以在备注栏中展示，比如发表的重要作品，或者突出的外语能力、突出的工作经历等。

（3）保证推荐表的唯一可信性。推荐表的原件不可仿制，更不可谎称遗失而重新补办。这样做，会影响学校的声誉，从而造成不良影响。毕业生在"双向选择"的过程中可以使用推荐表的复印件进行"自我推销"。只有与用人单位签订协议时，才向用人单位或人事主管部门交出推荐表的原件。同学们一定要保管好就业推荐表。

2. 就业推荐表示例

就业推荐表示例见表 3-1。

表 3-1 ××职业技术学院 2013 届毕业生就业推荐表

基本信息	学号		姓名		性别		照片
	民族		出生年月		培养方式		
	生源地				政治面貌		
	家庭地址						
教育经历	院系			入学时间			
	专业			辅修专业			
	学制		学历		预计毕业时间		
联系方式	手机号码						
	联系地址						
	电子邮件						
外语能力							
计算机应用能力							
个人经历（自高中起）							
奖惩情况							
社会工作与社会实践							
求职意向							
院系推荐意见							
备注							

五、求职材料的制作

求职材料的制作，不是求职信、个人简历、毕业生就业推荐表和各类证书的简单装订，而应当是一份吸引用人单位、展示自我才能的精美手册。

1. 封面设计

封面是个人求职材料的"脸"，封面设计既要美观、有个性，又要突出主要内容,不可过于花哨。成功的设计会给用人单位留下良好的第一印象。

一个好的封面应包括:学校名称(可附上学校的标志性图案)、专业名称、"求职材料"字样、个人姓名、联系方式(包括通信地址、手机号码、E-mail地址等)。

为了不显得单调,可以在封面的右下角设计一个简单的图案。但切不可把图案当成封面的主体,否则就会喧宾夺主。

2. 求职材料制作的注意事项

认真审核以下各类材料:

(1)学历证明,如毕业证书、学位证书、参加过的社会培训的结业证书、第二学位的学位证书等。

(2)学校或政府、社会机构颁发的荣誉证书,如"三好学生"、"优秀学生干部"、"优秀团员"、"优秀毕业生"的证书等。

(3)英语等级证书、计算机等级证书、各类奖学金等级证书。

(4)校级以上社会实践、征文比赛、文艺演出、体育运动会、社团活动等各类活动的获奖证书。

(5)在正式出版物发表过的文学作品、科研论文、美术设计作品、音像作品、摄影作品及各类小制作、小发明、小创作的图像资料等。

(6)达到一定水平的实训成果,如软件产品、手工作品等。

用人单位对能证明毕业生工作能力的材料都会特别重视,如果自己在某方面有特长,一定要以有说服力的材料充分展示出来。

在制作自我推荐材料时,特别要注意做到五个"切忌":一是切忌封面太华丽,美观大方即可;二是切忌太长,能短则短,能说清楚就行;三是切忌假大空,要做到符合实际,诚信是推荐材料的关键;四是切忌谈薪水,能做到按单位要求和国家法定原则定岗定级就行,即使面试人问起,也应巧妙回答;五是切忌个人材料不加分类地堆砌到一起,毫无逻辑性可言,让面试官感觉毫无章法。

案例总结

小刘是市场营销专业大三学生。大三一开学,已进入大学最后实习阶段的他,和众多同学一样开始寻找工作。在9月23日举行的市人才市场大型招聘会上,他瞄准了市内某大型商场品牌家电的销售岗位。为了应聘成功,他利用招聘会前的一周时间,对该品牌的家电产品进行了细致的市场调查,内容涉及市场份额、产品性能、竞争对手情况等,拿出了一份翔实的市场调研报告。最后，他击败了众多高学历的竞聘者而被录用。

分析 用成果证明自己的能力是最有效的。小刘针对目标公司和岗位，结合自己的专业知识，拿出了一份市场调研报告。这份调研报告对他的竞聘成功起到了决定性的作用，因为用人单位最希望的就是招聘到的人能踏踏实实干工作，能给单位创造价值。

活动与拓展

主题 个人简历设计大赛

目标 掌握个人简历的制作技巧，能够设计适合向己的个人简历

建议时间 课外＋课上 30 分钟

活动过程

1. 学生利用课余时间制作个人简历，然后在课堂上展示。
2. 学生投票评选出优秀作品 4 个，制作者走上讲台介绍自己的简历。
3. 其他同学提问和点评。
4. 教师现场颁发奖品予以鼓励。

思考与讨论

1. 求职信息和简历中应该突出自己的哪些优势？
2. 假设你现在是雇主，你在一个求职者的求职信和简历中最想看到的是什么信息？
3. 在填写就业推荐表的时候要注意什么？

第四节　学　习　目　标

学习目标

1. 了解笔试的种类和应答技巧。
2. 了解面试的种类，掌握面试中常见问题的回答技巧。
3. 掌握面试过程中的礼仪。

案例导入

在一次面试中，招聘者先后问两位求职者同样的问题："我们单位是集团公司，下面有很多子公司，凡被录用的人员都要到基层去锻炼，基层条件比较

艰苦，请问你们是否有思想准备？"毕业生 A 说："吃苦对我来说不成问题，因为我从小在农村长大，我很乐意到基层去，只有在基层摸爬滚打，才能积累丰富的工作经验，才能为今后的发展打下基础。"毕业生 B 则回答："到基层去锻炼我认为很有必要，我会尽一切努力克服困难，好好工作，但作为年轻人，总希望有发展的机会，不知贵公司安排我们下去的时间多长？还有可能上来吗？"结果前一个学生被录用。

分析 招聘者通过考察求职者对问题的回答，进而了解求职者对工作的态度。毕业生 A 对下基层态度端正、诚恳，令主考官欣赏；而毕业生 B 思想上明显有顾虑，尽管是人之常情，但他的回答不合时宜。显然，毕业生 A 对应聘技巧的掌握要好于毕业生 B。

一、笔试

笔试是用人单位对应试人员的一种考核办法，目的是考核应聘人员的文字能力、逻辑思维能力、创新能力、知识面和综合分析问题的能力。它通常用于对专业技术要求、对员工素质要求很高的大型企事业单位，如一些涉外部门、对技术要求很高的专业公司及国家机关等。

1. 常见的笔试种类

（1）专业考试。这种考试主要是检验求职者担任某一职务时是否能达到所要求的专业知识水平和相关能力。例如，外资企业要考查应聘者的外语，招聘护士时要考核基本的护理知识和技能，国家机关招聘公务员要考行政管理和法律知识。从答卷中可以看出求职者的文字表达、问题分析和逻辑思维等方面的能力。

（2）心理测试。求职者的心理素质如何，也是招聘者关心的。因此，有的单位会请求职者完成一套心理测试题，来判断求职者的心理素质。

（3）技能测验。技能测验主要是对与某种专业相关或者工作岗位相关的操作能力的考核。例如，招聘护士时，要求演示重症监护仪器的使用、血压测量等。

（4）命题写作。这种考试的目的在于考察求职者的文字表达能力、分析问题能力和逻辑思维能力，比如根据背景材料限时写出一份请示报告、会议通知或工作总结。

2. 笔试的技巧

笔试的主要内容首先是基础知识和专业技能知识，其次是心理及能力测试，最后是与专业知识有关及与用人单位有关的某些知识。求职者在参加笔试时要特别注意以下几点：

（1）增强自信心。笔试怯场，大多是由于缺乏自信心所致。客观冷静地对自己进行正确的评估，就能克服自卑心理，增强自信心。

（2）做好笔试前的准备。提前熟悉考场环境，有利于消除应试时的紧张心理。除携带必备的证件（如身份证、学生证、准考证等）外，一些考试必备的文具（如钢笔、铅笔、橡皮、直尺、中英文字典等）也要准备齐全。

（3）掌握科学的答卷方法。拿到试卷后，首先应通览一遍，了解题目的多少和难易程度，以便掌握答题深度和速度。然后按照先易后难的原则排出答题顺序，先做简单的题，最后再攻克难题。这样就不会因为攻克难题费时太多而没有时间做会答的题目。最后，要尽可能留出时间对易出错的地方进行复查，特别注意不要漏题。

（4）节省时间，争取主动。求职者在笔试过程中应尽量提高效率、节省时间、争取主动。在做完题目并经过仔细复查确认无误后，应迅速上交试卷。因为在答题的准确率基本相当时，谁交卷早就证明谁的反应快、效率高，他就会在众多的求职者中占据主动地位。

二、面试

面试是用人单位招聘时最重要的一种考核方式，是供需双方相互了解的过程，是一种经过精心设计，以交谈与观察为主要手段，了解应试者信息和能力的一种测评方式。多数大学生因为面试经历少，不懂面试技巧，信心不足，常常不知所措。掌握面试技巧，是大学毕业生求职择业面临的新课题。

1. 面试的主要类型

根据面试的实施方式，可将面试分为五类：

（1）一对一的个别面试。常用于第一轮面试，主要目的是排除一些素质相对较差者。

（2）多对一的主试团面试。由多个部门组成主试团，考核应聘者的人格素养、业务素质、行为风格等。

面试场景

（3）多对多的小组面试。面试对象有多个，便于对应聘者进行比较。

（4）小组讨论面试。由应聘者组成一个临时工作小组，讨论给定的问题并且作出决策。目的是考核应聘者的领导能力、组织能力、口头表达能力、说服力、洞察力、处理人际关系的技巧等。

（5）评估中心面试。专业化程度高的外企通常会用一两天的时间通过评估中心进行人才选拔。评估中心将进行一系列综合性的考核，包括在公众人物前发表演讲、无论题的讨论、团队创建游戏、辩论等，目的是考核应聘者的适应能力及在一个全新的、毫无准备的情境中处理问题的能力。

2. 面试前的准备

面试是求职的关键环节，需要事先做好准备，主要包括以下几个方面：

（1）研究用人单位。俗话说："知己知彼，百战不殆"。面试前对用人单位进行充分的了解，对于能否通过面试是非常重要的。求职者要通过多种渠道（如宣讲会、网站、社会关系等）设法了解自己所应聘公司和职位的情况，了解公司所在地、规模、背景、经营状况和发展前景，还要了解公司对员工的工作要求、待遇、培训情况。了解企业文化有助于判断公司的环境是否良好，知道公司需要招聘什么样的员工，可以帮助自己恰当地回答问题。

（2）审视自己。面试最重要的还是充分了解自己，面试前要梳理一下自己的情况，对照应聘岗位的招聘要求，问一问自己：我是否对这个岗位感兴趣？我参与竞争的优势是什么？劣势是什么？如果被问到劣势方面，如何应对？

（3）物品准备。面试前，应把自己准备带去参加面试的文件包整理好，带上必需用品。带好求职简历、求职信、各种荣誉证书和成绩单的复印件等。多带一份简历，有备无患。

（4）面试训练。应届毕业生缺乏面试经验，在面试前有必要进行面试的学习和训练。先了解各种面试形式，学习他人的经验，并可向学长请教，还可以3～5人一组，轮流扮演面试官和求职者，模拟面试的过程，锻炼展示自我的能力，积累面试的实战经验。

（5）心理准备。面试的过程是一个复杂的心理变化过程，成功的关键在于自己优秀的素质及良好的临场发挥。择业前要进行心理调试，克服紧张情绪，并排除心理干扰。面试时要放松，这样才能发挥出最佳的水平，取得理想的面试效果。还要注意保证足够的睡眠，保持良好状态。

3. 面试常见问题的回答技巧

面试前了解一些常见问题的回答技巧是很有帮助的。下面每一个问题有五种可能的答案供选择，请求职者选择答案，然后参考对五种答案的点评。

（1）进行自我介绍（考察表达能力）。

问题：招聘人员引导语结束后，一般会让你简要进行自我介绍。

A. 针对所聘职位要求，重点突出、简要介绍自己。

B. 不过于炫耀自己的学历，要重点介绍自己的应聘优势。

C. 充分准备，突出重点。

D. 不妄自菲薄。

E. 把握时间，不拖沓。

点评 进入房间后，要和考官礼节性打招呼，当考官让自己就座后再坐下。坐姿要占半个左右的椅子，身子要稍微前倾，眼神要直视考官。介绍自己时要把握语音语速，切忌太快或太慢，声调要有变化，要在有限的时间内介绍自己。

（2）考察应聘动机。

问题：你为何应聘我单位？

A. 贵单位在某一方面存在问题，我愿意帮助解决。

B. 我还没有认真思考过，请问下一个问题好吗？

C. 贵单位收入较高，或本人性格内向，或贵单位工作相对稳定。

D. 从该职位的社会功能、本人的专业特长，特别是对该项工作的兴趣和热情等方面回答。

E. 因为看到了贵单位的招聘启事，而且贵单位离我家很近（或专业比较对口等）。

点评 这是很多单位必问的一个问题，应聘者应认真做好充分准备。D 的回答容易得到考官的认同，因为 D 既涉及专业特长，又涉及工作兴趣和热情；A 的回答使自己变得好像一个"救世主"；B 回避问题的回答方式不可取；C 和 E 的回答涉及收入高、工作稳定、离家近、专业对口等，理由不够充分，缺乏对应聘职位的兴趣和热情。

（3）你了解招聘单位吗？

问题：你对我单位有何了解？

A. 我做过一些调查，较详细地了解了贵单位的发展战略、奋斗目标、工作成就及工作作风等，例如……

B. 没有多少了解，但相信工作一段时间后会加强认识。

C. 我了解到贵单位工作条件和效益都很好，自己以后可以充分发挥特长。

D. 有一些了解，但不全面，例如贵单位的主要产品是……贵单位的广告是……

E. 贵单位有住房，还有出国进修的机会，有利于实现我的远大理想。

点评 这个问题的实质是考察求职者是否有诚意。A 间接地表现了对职位的渴求，给人"未尽某某门，便是某某人"的感觉，容易引起考官的关注和好感；C 和 E 容易给人"单向索取"的不良印象，但不排除确有真才实学的人才对自我价值的肯定和实现职业理想、安心工作的意愿；D 则显得求职诚意不足。

（4）你有什么特长？

问题：欢迎你应聘会计职位，你有何优点和特长？

A. 本人的优点是好静、稳重、办事认真，特长是计算机操作能力较强。

B. 我是会计专业毕业生，专业学习成绩较好。

C. 我的特长是英语口语较好，优点是热情开朗，喜欢和人打交道，喜欢旅游和运动。

D. 特长谈不上，优点是心直口快、待人热情。

E. 我比较注重专业能力的培养和提高，无论在实习期间还是在日常工作中都在不断钻研业务。

点评 A 答案符合会计工作的性格要求，而且较强的计算机操作能力正是会计工作所需要的；E 答案强调自己的专业能力强，表现出从事会计工作的长远打算。A 和 E 答案都容易引起考官的关注和好感；B 答案强调自己专业对口，成绩较好，是典型的"学生腔调"，但也具有会计工作的发展潜力；C 和 D 则是答非所问，甚至与会计工作的内在要求相违背，热情开朗、心直口快可能引起用人单位的疑虑和担心。

（5）如何认识自己的缺点和不足？

问题：你有何缺点和不足？

A. 我的适应性较差，不善于处理人际关系。

B. 我的缺点很多，如对自己要求不太严格、纪律性较差等。

C. 缺乏实践经验，而且在知识结构上还需要进一步充实完善。

D. 我的性格外向，办事急于求成，有时忽略细节；或我的性格内向，办事过于求稳，有时效率不高。

E. 我觉得我很适合这项工作，如果有缺点和不足，希望你能提醒一下好吗？

点评 这是每位应聘者都难以回答而又必须回答的问题。因为当招聘者问及这一问题时，一般说来都是对求职者产生了兴趣，所谓"褒贬是买主"，作为应聘者，应做到"人贵有自知之明"，正确认识自己的不足，有改进的愿望和行动。C 答案比较符合这一要求。D 答案比较客观地分析了自己：前者坦诚自己有时急躁，但隐含热情高、办事效率高的优点；后者则包含办事认真、一丝不苟的工作作风。A 和 B 两种答案直率坦诚，但对某些职位来讲，可能是致命的缺点，不能被录用。E 答案闪烁其词，大有"外交家"的风度，但缺乏自知之明，忘记了"金无足赤、人无完人"的道理。职业指导专家提醒求职者在面试前要正确地认识自己，既要认真总结优点和长处，也要客观地认识自己的缺点和不足，并提出改进的措施，还要针对职位要求，有的放矢地回答。

（6）你有工作计划吗？

问题：如果我们单位录取你，你打算怎样开展工作？

A. 希望录用以后再详细谈，好吗？

B. 还没有考虑，希望给我一段时间认真考虑一下。

C. 服从分配、努力工作。

D. 贵单位有很多优势，但也存在一些不足，我愿对此加以改进。

E. 有准备地说明做好某些工作的初步打算或详细计划。

点评　E 答案表现出对工作的热情和追求这一职位的强烈愿望，容易得到考官的赞同，这一点来自事先的认真准备；C 答案直接表达上述愿望，但明显准备不足；D 答案有可能引起用人单位的好奇和关注，但也可能引起反感；B 答案显得求职诚意不足，但也给人留下办事稳妥的印象；A 答案则显得"自视清高，待价而沽"。

（7）你对单位有什么要求？

问题：如果我们录用你，你有何要求？

A. 没有什么要求。

B. 我家在外地，希望解决住宿。

C. 我还没有考虑好，不过要求婚后解决住房问题，工资和福利待遇较为合理。

D. 自己目前没有家庭负担，如果谈要求的话，希望给予更多的任务，在工作中不断提高自己的能力。

E. 希望有较好的工作条件，以便发挥自己的专业特长。

点评　求职择业是一种"双向选择"的过程，应当满足双方的客观需要。A 答案显得缺乏自信，不合实际；B 和 E 答案实事求是地提出自己的要求，无可厚非；而 D 答案则更容易得到用人单位的认同；C 答案虽然也无可厚非，但解决婚后住房问题，可能有些困难。

（8）你要求的薪酬水平。

问题：如果公司录用你，你希望月薪多少？

A. 我是××专业的毕业生，因此每月工资应在 3 000 元以上。

B. 公司无论开多少工资，我都能接受。

C. 希望公司按国家有关规定或公司的惯例发工资。

D. 不能低于 1 500 元。

E. 具体工资多少我不在意，只是希望公司以后能按工作成绩或工作效率合理发放工资。

点评 求职者的薪金待遇是"双向选择"中一个必不可少的话题。C和E答案显然有所考虑，比较理智地回答了这一"难以启齿"的问题，其中E的回答更是具有挑战性，既表现了干好这一工作的自信心，也表现出维护自身权益的意识；相比之下，A、B和D的回答则显得有些轻率。

（9）如何面对失误？

问题：如果你的工作出现失误，给本公司造成经济损失，你认为该怎么办？

A. 如果是我的责任，我甘愿受罚。

B. 我本意是为公司努力工作，如果造成经济损失，我没有能力负责，希望公司帮助解决。

C. 我办事一向谨慎、认真，我想不会出现失误吧。

D. 我想首先找出原因，尽力把损失降到最低，然后总结经验，以免他人重蹈覆辙，最后要勇于承担责任。

E. 我认为首要问题是想方设法弥补或挽回经济损失，其次才是责任问题。

点评 这是一个具有挑战性的问题。A坦诚接受处罚；B企图逃避责任，但是如果损失重大，B也逃脱不了；C则认为自己不会出现这种情况，是一种不切实际的回避；D从发展的角度理智地说出了如何处理问题的想法，并积极实施，同时一切为公司着想，又敢于担当，这是应聘单位需要的人才；E的态度较可取，先尽力挽回损失，表现出较强的责任心。

4. 面试中的应对策略

（1）积极主动，简洁明了。千万不可寡言少语，既不作答又不提问，这样有损自己在招聘者心目中的形象。在回答问题、分析问题时，也要表现出积极主动的态度，以乐观向上的精神面貌出现在招聘者的面前。一般情况下，招聘者不希望应聘者只用"是"、"不是"或仅仅一句话来回答问题。如招聘者问及做过什么社会工作，求职者不仅要举短小的例子，还要简单地介绍工作内容，以及自己得到的锻炼等。

（2）强化自信，沉着冷静。面试中无论遇到什么情况，求职者都不能失去自信心。有时招聘者会提出一个求职者意想不到的问题，目的是考察求职者的应变能力。这时，求职者要保持冷静，千万不可乱了分寸，在情绪上受到大的干扰。

（3）开拓思维，有理有据。面试中，求职者偶尔会被问到一些近乎怪异的非常规问题，这类题目一般都具有不确定性，这也给了求职者发挥想象的空间，要充分利用自己掌握的知识，用例子说服人，以非常规回答应对非常规问题，就能出奇制胜。

（4）把握时间，留有余地。应聘者要注意运用语言表达技巧，留有回旋余地，如回答："我认为这个问题应抓住以下几个要点。"在此用"几个"，而不用具体的数字"3"、"4"或"5"来回答，给自己预留了发挥的空间，可以边回答、边思考、边补充。

（5）目标明确，注重逻辑。回答招聘者关于下一步发展思路的问题时，很多大学生都是只有目标而没有措施。比如当被问及"未来 5 年的职业发展目标是什么"时，求职者应回答"我希望 5 年之内达到……为了实现该目标，我的具体措施是……"这样的回答具有较强的逻辑性。

5. 面试案例分析

下面介绍两个面试的小案例。

案例 3.1　艳丽着装，适得其反

小李是某职业学院文秘专业应届毕业生。在同学们的眼中，她的择业优势太多。一家著名大公司要招聘文秘人员，小李递交了个人简历，很快公司通知她面试。小李面试时选定了时下最流行的那套"韩装"，精心地搭配了一副同样是时下最流行的金光闪闪的耳环，连她自己都觉得镜中的人太酷了！小李满怀信心地走进面试间，镇定地回答了几位招聘者的提问，她觉得自己势在必得。但她万万没有想到，正是那套"韩装"和那副金光闪闪的耳环令她应聘失败。

分析　面试时，穿着职业装能给人留下良好的印象，但如果过于注重打扮，就会适得其反。多数公司都不喜欢员工在上班时间"摆酷"，面试时保守一点的着装更加有利。

案例 3.2　闲谈面试

小蓝在参加面试时，觉得凭借自己刻苦学习所掌握的专业知识和一年多的实习经验，一定会在面试中有较好的表现。

令小蓝始料不及的是，面试时，面试官并没有问她所精心准备的专业知识，而是问了一大堆好像与应聘职位无关的事情。例如："你在实习的一年中有没有遇到非常难忘的事？""你喜欢怎样安排业余时间？"面试后，小蓝心里一点底儿都没有。

分析　许多单位在面试时，不仅要考查一个人的专业能力素质，还要根据职位的需要，考察应聘者的沟通能力、交往能力、责任心、自信心等。因此，要保证面试的成功，应聘者一定要做多方面的准备。

三、职业形象设计

塑造良好的仪容形象，有助于建立好的人际关系，在职业发展中也将助你一臂之力。特别是在面试过程中，职业化的形象和得体的举止能反映求职者良好的素养，会赢得招聘者的好感。所以，求职者的化妆与发型很重要，面试前要整理好自己的仪容。

1. 塑造良好仪表形象

整洁美观的服饰是人们能用以改变自己或烘托自己的最好的、使用最频繁的"武器"。

（1）男士面试的仪表。

①西装。男士的西装首先要合身，颜色应当以黑色、灰色或深蓝色为主，在价格上符合学生身份即可。西装上衣可以敞开穿，但双排扣西装上衣一般不要敞开穿。在扣西装扣子时，如果穿的是两个扣子的西装，不要把两个扣子都扣上，一般只扣上面一个；如果有三个扣子，则只扣中间一个或上面两个。西装裤兜内不宜放沉重的物品。

②衬衫。以白色或浅色为主，这样较好配领带和西装，面试前应熨平整。衬衫在西装袖口露出少许，显得很专业。

③皮鞋。以黑色为宜，要擦亮。穿皮鞋要配上合适的袜子，不要穿白色或颜色特别浅的袜子。

④领带。男士参加面试通常要在衬衫外打领带，真丝材质为好，要干净整洁。领带的长度要适当，以达到皮带扣处为宜。如果穿毛衣或毛背心，应将领带下部放在毛衣领口内。系领带时，衬衫的第一个纽扣要扣好，如果佩带领带夹，一般应在衬衫的第四、第五个纽扣之间。

职场箴言

仪表是面试中一个重要的测试要素。招聘者面试中最先看到的就是求职者的外表，俗话说"人靠衣服，马靠鞍"，服饰能反映出一个人的涵养，它是重要的仪表标志。

（2）女士面试的仪表。

①套装。女式套装的花样可谓层出不穷，每个人可根据自己的喜好来选择，但原则是必须与准上班族的身份相符，切忌过于花哨。如果选深色西服套装，会给招聘者留下职业化的印象。

②衬衫。如选西服套装，建议选白色衬衫。

③皮鞋。鞋跟不宜过高，夏日最好不要穿露出脚趾的凉鞋。面试时，不要穿长而尖的高跟鞋，中跟鞋是最佳选择。

④袜子。袜子不能脱丝。时装设计师们普遍认为，商务着装中肉色袜子是最合适的。为保险起见，应在包里放一双袜子备用，以便袜子脱丝时能及时更换。另外，不论腿有多漂亮，男士和女士面试的仪表示例都不应在面试时露着光腿。

⑤皮包。女士的皮包最好是挎肩包。在多数面试场合，携带公文包比手提小包更能体现权威。可以在手提包中放进一个无带小提包，但不要把包塞得满满的。如果个子较矮小，则包不宜过大，否则会极不协调。

⑥首饰。面试时佩戴首饰要符合学生身份的打扮，切忌太夸张。首饰尽量少戴。耳环应当小巧且不引人注目。

⑦眼镜。眼镜会使一些人外表增色，也可能显得不协调。尽量选择适合自己的镜框，式样较新为好。另外，千万不可戴太阳镜去面试，当然更不能戴反光镜。

⑧围巾。一条漂亮的围巾或丝巾有画龙点睛的妙用。一些女士喜欢蓝灰色服装，但穿蓝灰色衣服往往会使面部发暗，如果配上一条色彩浓郁、风格热烈的尼龙围巾，就能达到生机勃勃的效果。

2. 应聘中的体态

仪态，又称"体态"，是指人的身体姿态和风度。人的姿态能透露和传递出各种各样的信息。从人的姿态可以看出一个人的心态、修养、素质、文明水准等，所以不可忽视。

（1）站姿。人一般的站姿为立正、稍息与跨立。站姿的基本要求是头端、肩平、胸挺、腹收、身正、腿直、手垂。男士站姿：一般应双脚平行，大致与肩同宽，全身正直，双肩稍微向后展，头部抬起，双臂自然下垂伸直，双手贴放于大腿两侧。女士站姿：女士在站立时，通常应当挺胸、收额，目视前方，双手自然下垂，叠放或相握于腹前，双腿基本并拢，不宜叉开。

（2）坐姿。就座，即走向座位直到坐下来等一系列过程，它是坐姿的前奏，也是其重要的组成部分。在就座过程中要注意四点：注意顺序，就座时要讲究先后顺序，礼让尊长；讲究方位，在正式场合一定要遵守"左进左出"的原则；落座无声，在就座的整个过程中都不应发出嘈杂之声；离座谨慎，离座时要注意礼仪顺序,不要弄出声音。坐定:在正式场合和有尊者在的情况下,坐下之后不应坐满位子,大体占据 2/3 的位置即可。挺直上身,头部端正,目视前方,不可身靠座位的背部。在正规场合,上身与大腿、大腿与小腿应当均为直角。男士就座后双腿可张开一些,

男士和女士的坐姿示例

但不应宽于其肩宽;女士就座后,特别是身着短裙时一定要并拢大腿。正坐时应掌心向下,叠放于大腿之上;侧坐时,双手以叠放或相握的姿势放置于身体侧向的那条大腿之上。

(3)走姿。对于走姿的总体要求是轻松、矫健、优美、匀速。行走时,应以正确的走姿为基础,并且要全面、充分地兼顾六个方面:全身伸直,昂首挺胸;起步前倾,重心在前;脚尖前伸,步幅适中;直线前进,自始至终;双肩平稳,双臂摆动;全身协调,匀速前进。

坐姿示例

(4)手势。垂放:垂放是最基本的手姿。其做法有二:一是双手自然下垂,掌心向内,叠放或相握于腹前;二是双手伸直下垂,掌心向内,分别贴放于大腿两侧,多用于站立之时。背手:多见于站立。鼓掌:以右掌心向下,有节奏地拍击掌心向上的左掌。

3. 应聘中的表情姿态

(1)学会微笑礼仪。在面试中,保持微笑有以下几个方面的作用:

①表现心境良好。面露平和欢愉的微笑,说明心理愉快、充实满足、乐观向上,这样的人才会产生吸引别人的魅力。

②表现充满自信。面带微笑,表明对自己的能力有充分的信心,以不卑不亢的态度与人交往,使人产生信任感,容易被别人真正地接受。

③表现真诚友善。微笑反映自己心底坦荡、善良友好、待人真心实意,而非虚情假意,使人在与其交往中自然放松,不知不觉地缩短了心理距离。

微笑礼仪示例

④表现乐业敬业。能在工作岗位上保持微笑,说明热爱本职工作、恪尽职守。在面试中,要把握每个机会展露自信而自然的笑容。

(2)学会倾听。参加面试,一定要集中精神,细心地听对方讲话。倾听对方说话的神情也很重要,听招聘者说话时,眼睛望着地下,或嘴巴微张,甚

至重复发问好几次,都会给人不好的印象。有人常会轻率地问:"刚才这个问题,能解释一下吗?"或者说:"我不太明白刚才这个问题的意思。"这些对面试者都是不利的。可以聪明一点地表示:"据我听到的,你的意思是否是这样?"即便真的没听懂,或听漏了一两句,也千万别在对方说话时突然提出问题,必须等到他把话说完。

(3)学会用眼睛说话。眼睛是心灵的窗口,在面试时,一定要注意眼神的交流,这不仅是相互尊重的表示,更是坦然无惧的一种表现。在一对一的面试当中,无论是回答问题还是自我介绍,都应该与招聘者进行眼神交流。在一对多的面试中,如果是自己在进行自我介绍,主要看居中的招聘者,兼顾旁边的招聘者;在回答问题的情况下,谁提问题则以看谁为主,兼顾其他人。

无论是看谁,目光都要自然、柔和、亲切、真诚。切忌眼神游离不定、带有攻击性,或者太过深情,给人很不自在的感觉。

四、面试基本礼仪

(1)较强的时间观念。提前10～20分钟到达面试地点,既表示诚意,又可调整自己的心态。

(2)出入场要有礼貌。应试者应先敲门,在得到允许后才可以进入面试现场。应向用人单位问好致意,并作自我介绍,此时可以顺手递一份自荐材料,用人单位许可后方可入座。坐姿要端正,不要有小动作。离去时应说"再见"。

(3)认真聆听。在交谈过程中要认真聆听,不要左顾右盼,不要随意走动,提前关掉手机。不要因为自己的不注意而影响面试效果。举止要文雅大方,谈吐谦虚谨慎,态度积极热情。

(4)面试时的打扮要大方得体。勿穿新衣,勿浓妆艳抹,不要标奇立异。整洁最重要,头发和指甲要干净,衣服要整齐,皮鞋要擦亮。

(5)握手应有技巧。注意姿势、伸手的顺序、握手的力度。

(6)恰当运用肢体语言。一颦一笑,一举手一投足,这就是肢体语言。相关调查表明,在面试者给人的印象中,用词内容占7%,肢体语言占55%,剩下的38%来自语音语调。因此,在面试中,不妨谨记以下这些小细节:与面试官对视时,切忌目光躲闪;仔细聆听;面带微笑;措辞严谨;回答简洁明了;精神风貌乐观积极。

(7)在面试后的一两天内,可给某个具体负责人写一封电子邮件,感谢他提供面试机会和为自己所花费的精力,再简短地谈谈自己对这个职位的兴趣和特长等。

(8) 如果两个星期之内没有收到任何回音，可以给主试人打个电话询问。一般不宜直接问自己是否被录取之类的问题，而应婉转地问结果是否已经出来了。这个电话可以表示出自己的兴趣，还可以从他的口气中听出自己是否有希望入选。

案例总结

小李经历的第一次面试是失败的，后来又参加了一个大型国企的面试。这次，是进行无领导小组讨论，发言时小李慷慨陈词，表述很有条理，并指出了一个同组的求职者发言中的不当之处，尽管他觉得自己表现得很出色，可最终还是落选了。事后，他询问招聘者才知道，对方更看重团队协助精神。小李汲取教训，做足功课，参加了另一个单位的面试，不仅很好地回答了考官的问题，还就产品性能谈了自己的见解。最后，小李顺利得到了该单位的录用函。

分析 面试前不仅要总结自己各方面的情况，熟悉常见的面试形式，而且要研究、了解用人单位的情况，做到有的放矢。同时，要不断总结经验，为下一个面试机会做好准备。

活动与拓展

主题 模拟面试

目标 掌握面试的技巧并体验面试

建议时间 90 分钟

活动过程

1. 活动环节。

（1）自我介绍：每人用 3 分钟的时间进行自我介绍。

（2）结构化面试：选手从组织方准备好的问题中随机抽取一个问题进行回答，限时 3 分钟。

（3）情景面试：选手根据评委提出的问题进行作答，意在考验选手的反应能力，限时 3 分钟。

2. 模拟面试环节的具体操作事项。

（1）会场布置。可分为选手演讲台、评委席、观众席三大部分。评委席应设置 5～8 名评委，由学生担任。可以邀请相关领导、老师现场指导。

（2）对评委的要求：身着正装，普通话流利、标准，有一定应变能力，可以为选手的表现给出客观合理的评价与建议。

（3）面试所包含的细节问题，由工作人员共同商讨决定。

(4) 发动宣传力量，制作海报，打印分发传单。鼓励尽可能多的同学前来参与活动。

3. 评分标准（满分 100 分）。

姓名	语言表达	举止仪表	应变能力	综合分析能力	优点	缺点	总评

4. 面试结果。最终评出本次面试的前 3 名，并颁发纪念品。
5. 教师点评与总结。

思考与讨论

1. 常见的笔试种类有哪些？
2. 面试的常见形式有哪些？如何准备？
3. 面试应注意的问题具体包括哪些？

第五节　就业心理调适

学习目标

1. 了解常见的就业心理障碍。
2. 掌握心理压力的缓解方法。
3. 了解求职的动态心理定位。

案例导入

晓莉性格腼腆，面对一次次的招聘活动，晓莉都没有参加。老师找到了晓莉询问她未来的打算，刚说两句她竟然哭了起来。原来，晓莉非常想尽快找到一个好工作，可是她总是觉得自己的学习成绩一般、长相一般，其他同学表现得都那么优秀，最关键的是总怕自己发挥不好，万一失败了怎么办，以至于自己连报名的勇气都没有，可不报名就又一次地错过机会，心里更加焦虑。如此恶性循环，她甚至已经患上了失眠症，整个人几近崩溃。

分析　晓莉的情况集中反映了个别毕业生在求职择业过程中的众多问题，如对自己缺乏客观的认识、缺乏自信心、害怕挫折、不敢竞争等。这类学生应

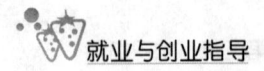

尽快进行心理调试，寻求教师、朋友的帮助，轻装上阵，增强自信心。

一、常见就业心理障碍

毕业生常见的就业心理障碍如下：

(1) 盲目自信。有的同学认为自己在就业中具备种种优势，如学习成绩优秀、政治条件好、学校牌子响、专业需求旺、求职门路广等，因而盲目自信、好高骛远，对就业薪酬、福利等要求较高，他们往往会由于对自己估计过高，对困难估计不足而在就业中受挫。

(2) 自卑畏怯。有的同学在大学的学习和生活一直很顺利，也具备了一定的实力和优势，面对激烈的竞争，却觉得自己这也不行，那也不如别人，缺乏竞争勇气，缺乏自信心，走进就业市场就心里发怵，一参加招聘面试心里就忐忑不安。

(3) 急功近利。有些同学在就业时过分看重地位，过分看重实惠，一心只想去沿海发达地区，到挣钱多、待遇好的单位，而不去分析单位的发展前景，不去制订自己的事业发展规划，不考虑是否能发挥自身的优势等。这些心理可能会使求职者得到一些眼前的利益和满足，但从长远发展看，并非明智的选择。

(4) 患得患失。职业的选择往往也是对机遇的一种把握，错过机遇将会与成功失之交臂。当断不断，患得患失，这山望着那山高，也是导致许多毕业生陷入就业误区的原因之一。

(5) 过分依赖。依赖心理在求职择业中具体表现为两种倾向：一种是依赖大多数的从众心理，自己缺乏独立的见解，不是从自己的实际情况作出切合实际的选择，而是人云亦云，见别人都往大城市、大机关挤，自己也跟着凑热闹；另一种是依赖政策、依赖他人的倾向，不主动选择、积极竞争，与激烈竞争的社会现实格格不入。

职场箴言

　　卓越的人一大优点是在不利与艰难的遭遇里百折不挠。

——贝多芬

二、心理压力的缓解方法

缓解心理压力的方法主要有:

(1) 自我反省。在面对矛盾和冲突时不要冲动,冷静、理智地进行思考。一方面客观地分析就业环境,把面临的情况搞清楚;另一方面思考自我,找到自己的准确位置。

(2) 松弛练习。这是一种通过练习,在心理上和躯体上放松的方法。放松训练可以帮助人们减轻或消除各种不良的身心反应,如焦虑、恐惧、心理冲突、入眠困难、血压升高、头痛等,见效较快。毕业生遇到心理压力时,可以在有关人员的指导下做一些放松练习。

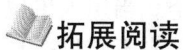拓展阅读

腹式呼吸法

边听班得瑞的《Golden Wings》,边做腹式呼吸法:

1. 深吸气3～5秒,吸气深长而缓慢,腹部慢慢鼓起。请注意一定是用鼻吸气。

2. 屏息1秒。

3. 慢慢呼气6～10秒,同样是深长而缓慢,腹部逐渐凹进去。呼气可以用鼻也可以用口。

4. 再次屏息1秒。如此循环,每次进行10～15分钟。

(3) 心理测验。通过心理测验,了解自己的心理特点和问题,从而有针对性地调节情绪,克服心理弱点,发挥优势。例如,毕业生可以进行智力测验、人格测验、职业心理测验、能力测验,根据测验的结果来决定自己的职业选择或调整自己的情绪,使之达到良好的状态。

(4) 自我转化。有些时候不良情绪是不易控制的,这时可以把自己的情感和注意力转移到其他活动中去。例如,学习一种新的技能、参加有趣的活动、进行郊游,都可使自己没有时间沉浸在不良情绪中,以求得心理平衡。

(5) 聊天和写作。解除苦恼的最好办法便是找人聊天,及时疏导,排遣郁闷。毕业生有一个优势,就是身边有一群拥有相似经历和目标的同学,他们会帮助消除烦恼。当一个念头在脑海里影响睡眠的时候,不妨试试把纠缠自己的想法写下来。

（6）专家咨询。人的心理出现矛盾，特别是有较大的心理负担之后，内心冲突激烈，自我调节难以奏效，外来力量的帮助就显得非常重要。毕业生可以求助于心理咨询专家，帮助消除择业挫折带来的焦虑、烦恼、抑郁等不良情绪。

三、求职的心理定位

（1）正确认识自我。大学生要对自己所学专业、工作能力、爱好特长、优劣势有一个完整的认识，对自己有个准确定位，这样才能在就业中发挥优势、击败对手，做到人岗相适，找到自己较满意的职业。

（2）积极调适自己的职业意向与职业抱负。有些学生职业期望过高、不切实际。在找工作过程中，他们往往觉得自己是最优秀的，好的单位就应选择自己。他们选择单位的条件是薪酬高、福利好、离家近、是名企。当用人单位没选择他们时，就怨天尤人、心理失衡。毕业生在就业过程中，应不断调适自己原有的不切实际的就业取向，使自己的心理定位与择业目标要求相适应。

（3）适时调整就业心理。找工作往往不能一蹴而就，要随时调整自己的心理状态，保持平和心理，总结上次竞争失败的教训，做好充分的准备。也可以和心理专家、朋友、家人、老师一起探讨一下自身失败的原因和竞争中存在的问题。

（4）用发展的眼光看待职业和企业。学生由于缺乏就业经验，往往只看眼前，只考虑企业的薪酬待遇。事实上，有些职业目前发展较好，但从长远看，实际上已经是"夕阳职业"，而有些职业却相当有发展潜力。所以，应对企业进行动态分析，对职业及单位的发展前景有准确的认识。

> **职场箴言**
>
> 你之所以感到巨人高不可攀，只是因为自己蹲着。不信你站起来试试，你会发现自己并不比别人矮一截。许多事情别人能做到，自己努力了也能做到。

案例总结

小许性格内向，不敢与用人单位交流，每次匆匆放下简历就走。她在面试前更是紧张得睡不好觉，在现场也不能很好地发挥。眼看毕业临近，她的就业问题还没解决，由于心理压力过大，只好去心理咨询中心寻求帮助。

老师听了她的倾诉后，首先教给她一些舒缓情绪的方法，然后帮她一起分析、挖掘自身的优势，告诉她吃苦耐劳的品质、朴实无华的内在素质，是不少企业看重的。老师的话给她很大启发，回去后她在同学面前演练，解决面试紧张的问题。一周后，重新有了自信的小许又开始参加招聘会，最后终于顺利签约了。

分析 就业成功的关键是要能够正确地评价自己。有时要纠正过低的自我评价，大胆地去尝试。不要觉得谁都比自己优秀，要克服自卑心理，树立自信，要知道"天生我才必有用"，不要总将自己的弱项和别人的长项比，要发挥自己的优势，最终到达胜利的彼岸。

活动与拓展

主题 观看就业相关视频

标建议时间 120 分钟

活动过程

1. 观看俞敏洪在中央电视台"我们"栏目中关于大学生就业的访谈视频。
2. 分享自己印象最深刻的一句话，结合自身经历，谈谈自己对这句话的理解。

思考与讨论

1. 面对当前严峻的就业形势和激烈的求职竞争，你认为毕业生需要具备怎样的心理素质？
2. 在校期间提升自己的心理素质，你是如何安排的？
3. 如果即将面临就业，你在心理方面需要做哪些准备？
4. 求职遇到挫折时，你认为该如何应对？了解就业过程中常见的心理问题，学会正确地对待就业问题

第六节 求职陷阱规避

学习目标

1. 了解毕业生常见求职陷阱。
2. 了解求职陷阱的危害和应对措施。

案例导入

赵海上个月看到了一家有名的网络公司招聘网络管理员岗位的信息，招聘启事中提到"无经验也可"。他不假思索就到这家公司填写了登记表，并对招

聘公司和那家网络公司是否是同一家公司也没问清楚。面试人员在面试过程中提出要收取报名费、培训费等一系列费用，由于急于得到这份工作，小赵便交了钱，听从面试人员的话，回家等消息。但等了一个月，该公司仍然没有给他任何回音。他想到公司要求退钱，但该公司已不存在了。

分析 不少毕业生求职心切，疯狂"海投"简历，对于所应聘单位的背景资料了解不详细，缺乏自我保护意识，盲目前往。甚至不少学生为了表示自己应聘的诚意，对一些公司提出的一些近乎苛刻的要求也一概满足，结果陷入就业陷阱。

毕业生求职陷阱是指违法人员或犯罪分子利用毕业生求职心切而采用非法手段，侵害毕业生财产权益和人身权益的非法活动。毕业生求职陷阱通常表现为骗取毕业生的财物、个人信息、低廉或者免费的劳动，甚至侵害毕业生人身自由或者其他人身权益等。

一、常见求职陷阱

1. 上岗前培训需交纳培训费

等费用以各种名目收取费用是求职陷阱惯用的伎俩。不法分子往往利用毕业生急切的求职心态，以各种理由收取费用，进行诈骗，包括培训费、服装费、风险押金、建档费等。比如以新人培训后才能上岗、培训时需交纳相关费用等为借口，骗取毕业生的财物。

> **拓展阅读**
>
> 求职路上"陷阱"多，我们需要一双"火眼"、一个理智的大脑，才能度过重重难关取得"真经"。

拓展阅读

杨小雪在网站上发现了某 IT 公司的招聘信息，于是和同学一起参加了面试。出乎意料的是，她们很快通过了面试。然后，公司的负责人告诉杨小雪和她的同学，要交 300 元的服装费。

他们觉得钱不是很多，于是就交了。交钱之后，公司负责人与杨小雪等人约好一周后签订协议。一周之后，杨小雪和同学来到这家公司所在的写字楼，发现已经是人去楼空。

这类打着招聘旗号的收费需要警惕，不能因为有些收费不高就接受了，一些不法公司往往采用这种手段诈骗钱财。按照有关规定，招聘单位不得以招聘为由向求职者收取任何费用。

2. 传销陷阱

传销是国家明令禁止的行为，特征是发展"下线"，通过骗取他人加入，交纳各种形式的费用来榨取钱财。传统非法传销公司，一般是以欺骗文化程度不高的人群为主，但现在非法传销组织有向大学毕业生渗透蔓延的趋势，利用大学生文化水平相对较高，具有较强的沟通和宣传能力，发展更多的"下线"，榨取更多的钱财。

📖 **拓展阅读**

一天张某接到朋友周某从某地打来的电话，希望他来公司工作。张某来到该地后，周某让他签订了一份合同书，并让他交押金3千元，还承诺如辞职离开公司，押金随时如数退还。

张某认为对方是朋友，又有合同和承诺，便拿出3千元交了押金。当天下午，周某就带他开始岗前"培训"。"培训"的内容主要是介绍怎样赚钱、怎样暴富、怎样发展"下线"等。经过几天"培训"后，公司让他"上班"，就是打电话、动员蒙骗认识的人来"工作"。大学生被非法传销组织所骗受困的原因主要有：一是大学生自身防范意识薄弱，轻信他人而上当受骗；二是对同学、朋友的介绍过于信任，没想到熟人还会骗自己；三是就业压力过大，择业时放松了必要的警惕，轻信以用人单位身份出现的非法传销公司；四是个别学生存在不劳而获的思想，被非法传销组织宣传的高额回报引诱。

3. 扣留毕业生的证件

《中华人民共和国劳动法》（简称《劳动法》）规定：用人单位招用劳动者，不得扣押劳动者的居民身份证和其他证件，不得要求劳动者提供担保或者以其他名义向劳动者收取财物。

而在现实中却普遍存在着一些用人单位扣留毕业生证件的情况，理由是防止求职者干一段时间就跳槽。无论用人单位给出何种理由，这种行为都是违法的。

📖 **拓展阅读**

小吴毕业后通过应聘进入一家公司上班。签订合同时，公司称有内部规定，要求小吴将毕业证交给公司管理，不了解情况的小吴只好照做。谁知道工资及待遇和开始说的都不一样，但是证件被扣押，小吴想离开都不行。

相关劳动法规及条例明确规定，用人单位与劳动者签订劳动合同，不得扣押劳动者的身份证和其他合法证件。因此，毕业生在遇到类似的情况时，可以拿劳动条例的相关规定与用人单位进行交涉，或向劳动监察部门求助，切不可盲目地将自己的有效证件交给用人单位。

4. 不法中介骗局

一些非法或违规经营的职业介绍所，与一些小公司串通，或自行安排招聘骗局，或发布虚假的就业信息，骗取求职毕业生的中介费、资料费等。惯用的伎俩有三种：

（1）用美丽谎言骗取求职者的信任。不少不法中介往往承诺求职者能很快找到工作，"保证一周内上岗"等，目的就是引诱求职者上钩，骗取中介费。有的中介将骗取的钱财与合伙公司分赃，骗完就走；有的中介是以各种理由把择业者拒之门外，还编出各种理由，让被骗者无法要回钱财。

（2）打着咨询公司等旗号，以"直聘"来引诱求职者上当。求职者去应聘时，以为该公司工资高，所以对着装、技能要求很高，需要培训后上岗，需交纳培训费、服装费、资料费、上岗费等，然而却迟迟不能上岗。

（3）假体检，真诈骗。一些不法中介与不法医院勾结，以招聘体检为名，假装按照正常的招聘程序，告诉毕业生需到指定医院体检。当毕业生交纳高额的体检费用后，却会因"体检不合格"而被拒绝。

拓展阅读

小林去应聘某房地产中介公司的会计职位，广告上写明了是招聘会计。经过简单面试后，小林被录取了。他报到时却被告知，按照公司的规定，所有员工必须在一线锻炼一段时间，熟悉整个公司的运作流程后方可回到本职岗位。于是小林被分派到街区当业务员，每天的工作十分烦琐，而且公司迟迟不肯确定何时让小林回到会计工作岗位上。一段时间之后，小林无法忍受，只好提出辞职。公司以违反合约为由，要求小林支付违约金。

一些招聘单位在招聘信息中经常对招聘职位的工作内容进行模糊化处理，玩弄"文字游戏"，用一些听起来很诱人的职位招聘学生当业务员。在面试的过程中以及与招聘单位的具体接触中要多留心，免得上岗后发现实际工作与预期的有出入，使自己陷入困境。专家认为，招聘职位与实际工作内容明显不符时将构成欺诈，可以向当地劳动监察部门举报。

5. 骗取毕业生廉价劳动力

一些用人单位让毕业生先顶岗实习，并提出岗位急需用人，要求最好提前一年上岗实习，承诺实习期满考核合格者留用。但在学生实习一年后，以各种理由辞退毕业生，其实是为了长时间使用无偿或廉价的劳动力。

6. 剽窃毕业生作品

大学生作为文化水平较高的人群，在校期间，为完成学业或参加各种比赛，经常会完成一些优秀作品。这些学生在求职时，又将作品作为求职的砝码。殊不知，一些用人单位正是以招聘为借口，将学生的作品复印留下，然后据为己有，它们不用找人开发研究，就能拥有一些创新作品。

拓展阅读

林力在上大学期间自学成才，成为一个手机铃声制作人。在应聘一个工资待遇和福利都不错的公司时，这家公司要求他在正式上班之前制作一套指定的铃声作为最后考核。林力在一天内就完成了，他很有把握地发了过去，但那家公司却以他做的铃声不能令公司满意为由而拒绝了他。林先生在另外一家公司工作了一段时间之后，才知道有些制作手机铃声的公司，通过招聘来骗取那些应聘者的作品。由于应聘者得到的测试曲目都是各不相同的，而其为了能进入公司，个个竭尽全力，所以每人能完成很大的工作量，一些公司就这样骗取应聘者的劳动成果。

7. 滥用试用期

试用期是指包括在劳动合同期限内，劳动关系还处于非正式状态，用人单位对劳动者是否合格进行考核，劳动者对用人单位是否符合自己要求进行了解的期限。劳动合同期限三个月以上不满一年的，试用期不得超过一个月；劳动合同期限一年以上不满三年的，试用期不得超过两个月；三年以上固定期限劳动合同和无固定期限的劳动合同，试用期不得超过六个月，且试用期包括在劳动合同的期限中。

试用期的人员与正式人员的工资、福利待遇都有很大差别，往往低很多。一些不法用人单位正是为了降低用人成本，减少赔付成本，以滥用试用期为手段，规避法律，侵犯毕业生的合法财产权益。

拓展阅读

小夏应聘一家小型出版社的工作，该出版社表示，如果可以在出版社实习三个月并且表现得令人满意的话，双方就可以正式签约。小夏一直在出版社中忙项目、整理资料，十分认真。三个月后，出版社并没有与小夏签约。后来，小夏听说，出版社只是这段时间的工作比较多，需要她帮忙，并没有打算正式聘用她。这种口头合约充满了极大的不确定性，求职者们一定要当心，如果因此错过了招聘的黄金时期，接下来再找工作的话可能会存在一定的困难，因为很多单位可能都已经招到人了。

8. 以招聘为由进行暴力犯罪活动

有的不法分子以公司招聘的名义通知毕业生前往某偏僻之处面试，再以公司位置偏僻为由主动派车接送，在偏僻处抢夺毕业生财物，或者进行其他暴力犯罪活动。

拓展阅读

郑敏被一则招聘软件开发员的启事吸引，该公司的李经理在简单询问后，表示郑敏比较适合这个岗位，要求她第二天可直接到公司办公室面试。这个软件开发公司非常偏僻，她还没走到约定的地点，从旁边的巷子里就窜出一个人，一把就将她的包抢走了。待她反应过来时，那人已消失在小巷子里了。后来她才知道，那个所谓的李经理就是抢她包的人，有好几个求职者都遇到了相同的事情。毕业生应增强自我保护意识，在参加面试时，最好与他人同行，或事先了解招聘单位背景，以免受到伤害或损失财物。

二、求职陷阱的危害

我国处在社会发展的转型期，随着毕业生数量的增长，就业形势严峻，求职陷阱也会随之增多。求职陷阱对毕业生危害很大，如果不能有效防范各种求职陷阱，可能会造成财产损失，人身权益受到伤害。大学生心理尚不成熟，一旦掉进求职陷阱，往往难以自拔，处理不当会激化矛盾，甚至会产生过激想法。

三、求职陷阱的应对措施

1. 防范求职陷阱的根本：防范意识的增强

（1）切莫急功近利、急于求成。毕业生在求职前或求职过程中，应主动学习劳动法规和相关政策，提高自己的求职素质和独立思考的能力，切莫急于求成、急功近利。

（2）把握底线。扣押证件、收取费用的行为一律不合法。用人单位在招聘时无论以何种名义向劳动者收取保证金、服装费、风险金、报名费、抵押金等都是不合法的。毕业生遇到此类情况时要拒绝交纳，可向劳动监察部门举报，确保自己的合法权益不受侵害。

2. 防范求职陷阱的关键：防范能力的提高

（1）从招聘广告开始防范风险。招聘广告包含用人单位的招聘信息。对于毕业生而言，应当首先从信息中识别可能存在的陷阱，如果招聘广告中未附公司简介，未提出应聘要求，毕业生就应当多加防范。一些骗子公司在写字楼租个房间，打出提供高薪而岗位要求却很低的"招聘启事"诈骗钱财。实际上，天上不会掉馅饼。面对高薪，我们要冷静分析：一看单位的实力；二看岗位特点；三看高薪的条件；四看同类人员的薪金水平。在招聘信息的选择上，多考虑从学校就业指导中心或专业教师、辅导员等途径获得就业信息，也是加强防范的重要措施之一。

（2）验证用人单位相关资质。应想方设法加强对用人单位的了解。在收到招聘单位的面试邀请电话时，利用网络或其他途径核实该用人单位的资料。毕业生应认真确认面试地点，正规单位招聘一般会将招聘地点设在单位的办公室、会议室，对于一些以租用房间作为招聘地点的单位则要警惕。

（3）在应聘过程中防范风险。一方面，在面试提问、面试测试等环节，毕业生不要透露与就业无关的个人信息、家人信息，以防用人单位侵犯个人隐私，或者利用这些信息进行诈骗等违法活动。另一方面，用人单位在招聘过程中负有告知义务，应当告知毕业生与劳动合同履行相关的全部事项，比如工作内容、工作条件、工作地点、职业危害、安全生产状况、劳动报酬等。如果用人单位在招聘过程中提供虚假信息，构成欺诈的，劳动合同无效或者部分无效；给应聘者造成损害的，用人单位应承担赔偿责任。

（4）谨慎面对体检。入职体检是招聘入职中的一个重要环节，体检应由用人单位统一组织，并在正规的医院或体检机构进行，而且由用人单位承担全部体检费用。如果在就职体检中，用人单位以各种理由收取费用或在体检中含有涉嫌就业歧视的内容，毕业生就应该高度警惕。同时，对于体检结果，毕业生应当进行妥善处理，注意保护自己的隐私。

（5）谨慎面对外地上岗。对外地用人单位或外地分公司、分厂、办事处的高薪招聘，不论其待遇多么好，毕业生都要保持清醒的头脑和高度的警惕，不能轻信口头的承诺。碰到这样的情况，最好先核实情况再前往，以免受骗。

3. 遭受侵害时充分利用法律武器

（1）保存好招聘信息、录用通知书、就业协议等证据。录用通知书、就业协议等就业资料中包含录用条件、录用岗位、工资待遇等毕业生权益内容，这也是用人单位与毕业生解决争议的法律依据，毕业生应当妥善保存这些证据，以便在解决争议时处于有利地位。

（2）权益受到侵害时及时举报。当遇到用人单位在招工时以种种名目向毕业生收取风险基金、保证金、抵押金等时，毕业生应当立即向劳动监察部门举报。毕业生在求职过程中，一旦发觉上当受骗，要及时向招聘单位所在地的人力资源和社会保障局、劳动监察大队或公安局派出所报案，寻求法律保护。由于劳务诈骗往往涉及公安、工商、劳动监察等部门，毕业生应该根据情况选择最有效的投诉部门。若被投诉对象为合法机构，毕业生可以找劳动部门；若求职受骗情况特别严重、诈骗金额大，可以到公安部门进行报案；当遇到劳动合同纠纷或争议，自己合法权益受到侵害时，可向当地劳动仲裁机构申请仲裁。

案例总结

2012年3月初，某职业技术学院一位毕业生接到高中同班同学的电话，称外地有一家公司要招聘人员，待遇丰厚，要其前往应聘。3月23日该生被通知到公司参加面试。

该生到达后被控制起来，手机被收缴，其人身自由受到限制。每天都要写计划，有"专家"给他上课（"洗脑"），读"励志书籍"，听如何做新时代的直销、如何两年变成百万富翁、如何赚大钱的课程。4月3日，该生用欺骗的方法让母亲汇去3 800元，以获得"公司"的会员资格。4月10日，该生母亲因一直无法与其正常联系，来到学校求助。最后学校报警，该生被成功解救。该生一共被传销组织骗去4 900余元，被控制26天，精神受到严重摧残。

分析 这是典型的传销陷阱。尽管当前就业形势严峻，但大学生在求职过程中一定要提高警惕，增强防范意识，规避求职陷阱。

活动与拓展

主题 校友就业经验交流分享会
目标 了解常见求职陷阱及其应对措施，掌握求职面试技巧
建议时间 120分钟
活动过程

1. 邀请3～5位已工作两年以上的优秀毕业生回学校进行主题演讲，分享就业经验和教训，深度剖析常见求职陷阱及其应对措施，介绍面试的关键技巧。

2. 演讲后，毕业生和在校学生进行互动，就业指导中心教师进行点评

分析。

思考与讨论

1. 就业过程中有哪些求职陷阱？
2. 你认为应从哪些方面来防范求职陷阱？
3. 求职过程中若受到侵害，你懂得运用法律来保护自己吗？

参考文献

求职请带两份简历去应聘 iCIBA 汉语站．http：//hanyu.iciba.com/wiki/390 862.shtml．

第四章　就业法规与流程

我国实行"市场导向、政府调控、学校推荐、学生与用人单位双向选择"的就业机制。近年来,社会上一些非法机构利用大学毕业生对就业相关法律、法规、政策知识的不熟悉和就业焦虑心理,采取欺骗手段,使一些毕业生上当受骗。同时,在高校学生毕业之时,由于自身法律概念的模糊和对相关概念理解得不准确,对就业流程不了解,直接影响了就业效率。本章对大学生毕业、就业的基本概念进行了梳理,对不同的去向选择给出了流程图,对我国现行就业政策和法规中涉及毕业生权利、义务方面的知识进行了介绍。

学习目标

1. 掌握毕业、就业、肄业的相关概念。
2. 熟悉毕业去向选择、就业报到等有关流程。
3. 熟悉劳动法、劳动合同法等相关内容。
4. 了解毕业生首次就业及建立劳动关系后的维权注意事项。

学习指南

一、学习方法

1. 通过搜索互联网、听讲座等方式了解就业的法规和流程,与往届毕业生以及即将毕业的学长多交流,了解就业时的注意事项。
2. 根据对就业领域、所学专业及自身情况的了解,从职业发展的角度出发,初步确定自己的毕业去向,并做相关准备工作。

二、注意事项

学习过程中要注意将理论知识与本地区、本校、本人的实际情况相结合,多听取教师、学长的意见和建议。

第一节 就业流程

学习目标

1. 掌握毕业、就业、肄业的相关概念。
2. 熟悉毕业去向选择、就业报到、出国（出境）留学、自主创业等有关流程。

案例导入

2011年6月，王小龙从沈阳某职业技术学院顺利毕业。在毕业前，他已经与沈阳市某公司签订了由教育部门统一印制的就业协议书，并由用人部门签署了意见，加盖了公章，并口头商议了工资及福利待遇。7月1日，他到该公司报到后，被分配到后勤服务中心，并签订了劳动合同。这份劳动合同规定，王某的服务期限为3年，3年未满而离职，要承担1万元的违约责任金。王小龙发现，劳动合同中对工资及福利的规定比当初口头商议的要少。那么，就业协议书与劳动合同哪个更能帮助王小龙主张权利呢？

分析 这个案例中涉及大学生毕业、毕业时间、就业协议书、劳动合同等概念，还涉及王某毕业就业的流程和岗位待遇的认定。应该说，了解必要的法律概念和就业流程，能够很好地帮助大学生维护自身权益。

一、毕业（就业）相关事宜

1. 毕业、结业和肄业

毕业是指具有正式学籍的学生，在规定的时间内完成全部教学计划规定的课程，并且考试合格，准予毕业。毕业证书由学校颁发，报教育主管部门备案登记。

结业是指具有正式学籍的学生，在规定的时间内完成全部教学计划规定的课程，但其中有一门（含）以上主要课程不及格。结业生由学校颁发结业证书。取得结业证书的学生一般可在结业后1年内向学校申请补考，补考及格者可换发毕业证书（具体见各校规定）。结业也可以办理就业手续，但必须在《就业报到证》上注明"结业生"字样。

肄业是指具有正式学籍的学生，在未完成教学计划规定的课程情况下中途

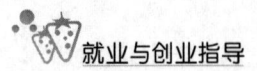

退学。肄业生由学校发给肄业证书和学习经历证明。对肄业生,国家不负责为其办理就业手续,由学校将其档案和户口转回其生源所在地,自谋职业。

2. 生源地和生源地变更

生源地是指学生参加高考时的户籍所在地。生源地与在什么地方上的大学、现在的户口所在地没有任何关系。生源地不随户籍的改变而改变。对于多次以不同户籍参加过几次高考的学生来说,以最后一次参加高考时的户籍所在地为生源地。生源地变更是指学生在校就读期间,其父母双方或一方的户籍迁转到另一省市,毕业生要向所在学校提出申请,由学校上报教育主管部门,经审核同意后可办理生源地变更手续。生源地变更情况适用于户口和档案关系的转移,尤其是对于毕业时未落实工作单位、二分回省的学生,要进行生源地变更,以便将户口和档案转回现家庭所在地。

职场箴言

不管你去往何方,不管将来迎接你的是什么,请你带着阳光般的心情启程。

---

3. 就业推荐表和就业协议书

就业推荐表是由毕业生所在省市教育主管部门统一印制并通过高校发放给毕业生的就业推荐制式表,是学校正式推荐毕业生的书面材料,具有很高的权威性和信誉度。表中所填内容反映了学生的个人信息、学习成绩、奖惩情况、社会实践经历等方面的情况,是用人单位选择人才的重要依据。该表一般由三部分组成:毕业生本人的情况介绍;毕业生所在院系的推荐意见;毕业生所在学校就业主管部门的推荐意见。就业推荐表是毕业生具有派遣资格的证明文件,是毕业生申请户口、报考公务员等的必需材料。

就业协议书俗称"三方协议",是由教育部高校学生司统一制订,各省市(自治区)教育主管部门统一印制、统一编号,由毕业生、学校、用人单位三方签订、明确三方权利义务关系的书面凭证。就业协议书一式三份,内容包括:

(1)由毕业生本人填写的本人基本情况和就业意见。

(2)由用人单位填写的单位基本信息、毕业生档案转寄地、户口迁移地等。用人单位要填写意见并加盖公章。

(3)由学校就业主管部门填写的学校两级就业部门意见、毕业生培养方式、毕业生就业部门联系人等,并加盖公章。

就业协议对三方当事人具有同等的法律约束力,具有民事法律上的合同效力,需要三方当事人严格遵守执行。

第四章 就业法规与流程

📖 **拓展阅读**

就业协议的签订注意事项及解除

关于违约金。目前国家有关部门对就业协议中的违约金数额没有明确规定，学生应该在协商中力争将违约金降到最低。要向用人单位交纳违约金的，由毕业生和签约单位在协议中约定。

利用好"备注"。现行的就业协议属于"格式合同"，但备注部分允许三方另行约定各自权利义务。毕业生可将签约前达成的福利待遇（如休假、保险等）在备注中加以说明。如发生纠纷，可以及时向法庭举证，维护自己的合法权益。

就业协议的解除分为三方解除和单方解除。三方解除是指毕业生、学校、用人单位之间经过协商，同意消除原先订立的协议，此类解除因三方当事人真实意思表示一致，三方均不承担法律责任。三方解除应在就业计划上报主管部门之前进行，如在就业派遣计划下达后解除，还须经教育主管部门批准办理调整改派手续。单方解除包括单方擅自解除和单方依法或依协议解除。单方擅自解除协议属违约行为，解约方应对另两方承担违约责任。

单方依法或依协议解除就业协议，是指一方解除就业协议有法律上或协议上的依据，如学生未取得毕业资格，用人单位有权单方解除就业协议，此类单方解除，解除方无须对另两方承担法律责任。

4. 就业报到证

就业报到证是《全国普通高等学校本专科毕业生就业报到证》的简称，由教育主管部门统一印制并签发，是毕业生签订了就业协议书后经过上报审批而核发的毕业生就业报到的书面通知。

就业报到证是毕业生户口迁移、档案转接、干部身份认定、工龄计算的重要凭证，它可以证明持证学生是纳入国家普通高等教育统一招生考试计划的毕业生。毕业生凭就业报到证到用人单位报到，或到生源地毕业生就业人才服务机构办理就业代理手续。

5. 毕业去向类别

毕业去向类别直接决定了毕业生人事关系转接手续的办理方式。一般来说，毕业去向类别主要有：就业派遣、待分、二分和升学（接本或考研）、出国（出境）留学、应征入伍、自主创业等。

6. 统分、定向和委培

统分是指通过全国普通高等学校招生考试，按照高考招生办法的规定制订招生标准并统一录取本专科学生，以及通过全国研究生入学考试，按照国家确定的分数线统一录取研究生的培养方式。

定向是国家为帮助边远地区、少数民族地区和艰苦行业培养人才而制订的一项招生政策。定向培养的高校毕业生要严格履行所签订的定向就业协议。

委培一般是指某单位为满足对专业人才的需求，委托高校或科研单位对人员进行培养。毕业生要履行委托培养协议约定的责任义务。

7. 派遣和改派

派遣是指毕业生在毕业离校前落实接收单位，签订三方协议，办理就业报到证，毕业后将其人事档案关系转入接收单位或人才服务机构的就业形式。

改派是指学校上报了就业方案并由教育主管部门核发了就业报到证后，但毕业生本人提出申请进行单位变更的一种做法。

8. 违约责任

违约责任是指就业协议书无法正常履行，分为用人单位违约责任和毕业生违约责任。用人单位违约应该承担相应的责任，并为毕业生出具正式声明或书面退函等。用人单位违约的原因一般包括：因单位经营困难导致的裁员；因用人计划发生重大变动导致的岗位撤销。毕业生违约的原因一般包括：对用人单位工作条件不满意而单方违约；私自与其他单位达成就业意向；准备继续升学或出国等。毕业生违约也应承担协议书约定的违约责任。因此，建议毕业生在签订就业协议书时要慎重考虑毕业去向，避免违约。

9. 灵活就业

灵活就业是一种非正规就业形式，是指大学毕业生在劳动力市场中从事动态性、非固定性的就业活动。一般来说灵活就业雇佣双方签订的劳动合同关系是临时的，劳动者的工作岗位不固定或为多个雇主打工。

10. 试用期和见习期制度

试用期是用人单位与毕业生约定的相互适应的一个时间段，适用期的开始也是劳动关系的开始。《中华人民共和国劳动合同法》（简称《劳动合同法》）第十九条对试用期作出明确规定："劳动合同期限三个月以上不满一年的，试用期不得超过一个月；劳动合同期限一年以上不满三年的，试用期不得超过两个月；三年以上固定期限和无固定期限的劳动合同，试用期不得超过六个月。同一用人单位与同一劳动者只能约定一次试用期；以完成一定工作任务为期限的劳动合同或劳动合同期限不满三个月的，不得约定试用期。"见习期制度一般存在于行政事业单位和国有企业，用人单位对刚毕业的大学生进行一定时期的考察，进而在思想、业务等方面给予针对性的指导和帮助，使毕业生尽快适应工作岗位的要求。

拓展阅读

试用期和见习期的区别：

1. 期限不同。试用期根据劳动合同签订时长，一般在 1～6 个月之间。通常本专科学生的见习期是 1 年。

2. 法律效力不同。试用期不具有强制力，毕业生与用人单位之间可以约定试用期长短，也可以没有试用期。见习期具有强制性，毕业生必须经过见习期才能转为国家干部编制。

二、就业相关流程

1. 毕业去向选择流程

毕业去向选择流程大学生毕业去向选择流程如下图所示。

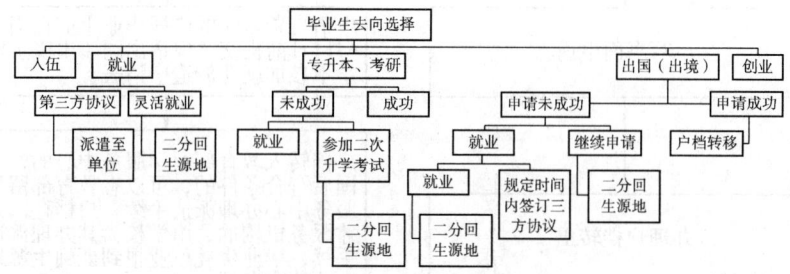

大学生毕业去向选择流程

2. 毕业生办理就业手续流程

毕业生办理就业手续流程大学毕业生办理就业手续流程如下图所示。

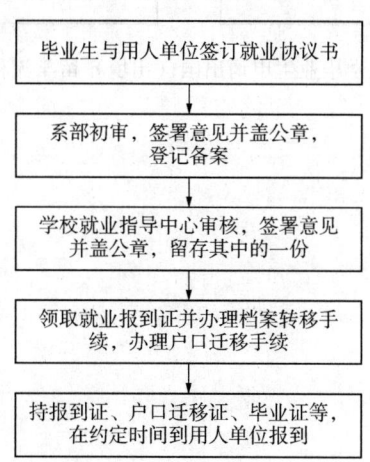

大学毕业生办理就业手续流程

3. 毕业生申请出国（出境）留学流程

申请出国（出境）留学流程大学毕业生申请出国（出境）留学流程如下图所示。

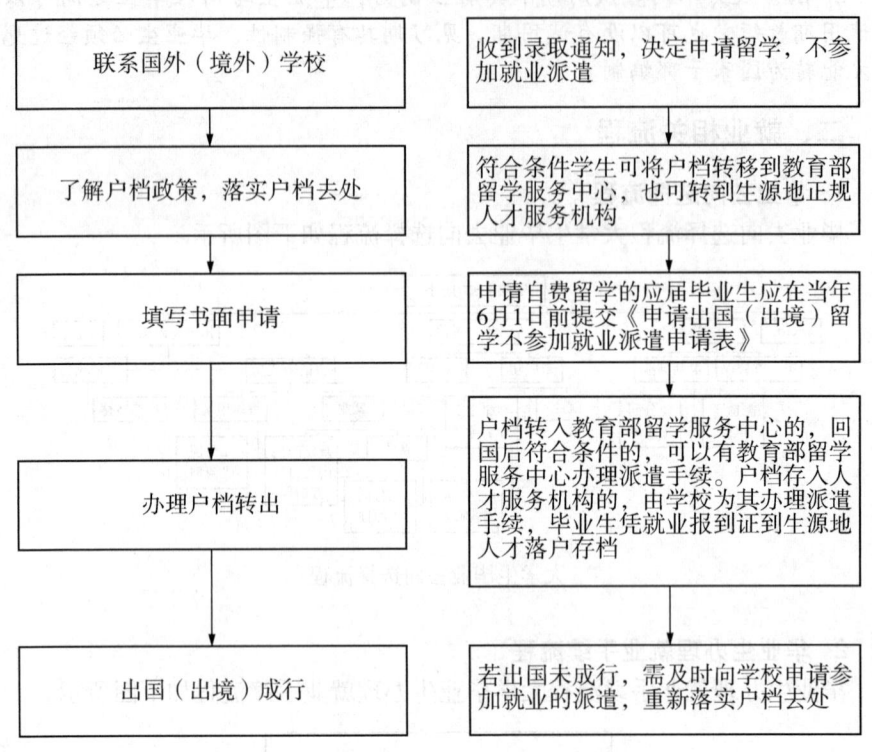

大学毕业生申请出国（出境）留学流程

4. 毕业生自主创业流程

自主创业流程大学毕业生自主创业流程如下图所示。

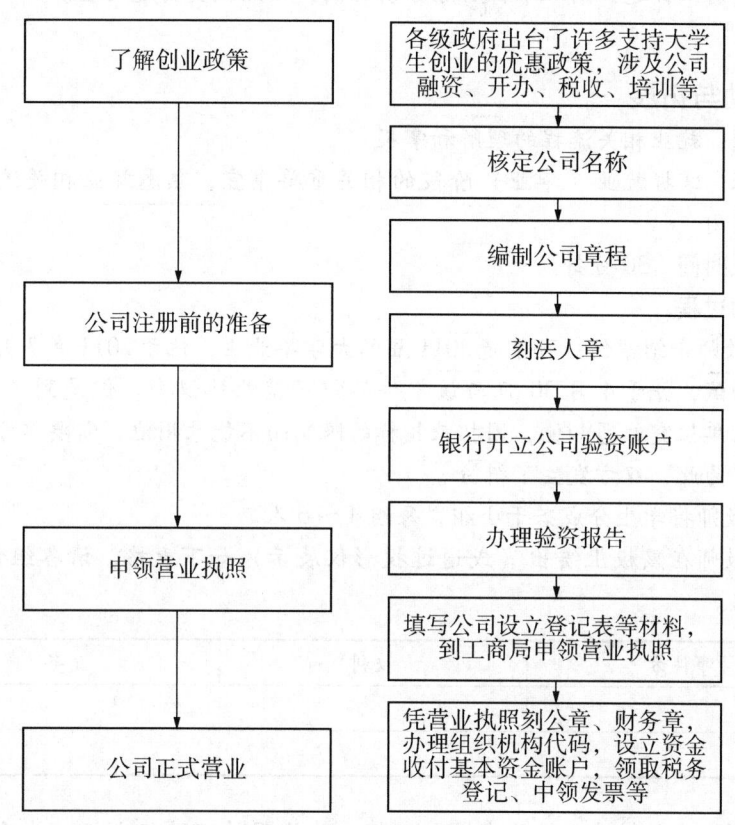

大学毕业生自主创业流程

案例总结

小钱是无锡某职业技术学院2013届毕业生，在一个招聘会上与一家电子企业初步达成了就业意向。双方签订了普通高等学校毕业生就业协议书，约定服务期为3年，试用期从2013年4月1日开始，期限2个月。协议书中约定了5 000元的违约金，双方均签字确认。

小钱到该公司实习两周后，发现公司的工作环境并不理想，希望在毕业前重新找一份工作，于是向负责就业工作的老师咨询是否需要支付5 000元的违约金。该老师告诉他不需要支付违约金。

分析 毕业生钱文华已经按照就业协议的约定，在约定的时间到岗。到岗

后，试用期就自动起算。两周后他希望离开用人单位，属于在试用期内与用人单位解除劳动合同。根据我国的《劳动合同法》，劳动者在试用期内，可以在离职前提前三日通知用人单位解除劳动合同，而无须支付违约金。

活动与拓展

主题 就业相关流程的理解和掌握

目标 掌握就业（毕业）阶段的相关重要事宜，熟悉就业相关流程，并能灵活运用

建议时间 30分钟

活动过程

1. 教师介绍案例：孙某是2011届的大学毕业生，他于2011年3月1日到某国企面试，并于4月30日与该单位签订了就业协议书。但是到了5月20日，用人单位突然通知他，因招录指标的限制而不能录用他，需要单方解除就业协议。为此，双方发生了纠纷。

2. 教师将学生分成若干小组，每组4～6人。

3. 教师在黑板上绘出（或通过投影仪展示）如下表格，请各组讨论后，填写表格。

事件方	权利	义务

4. 每个小组选出一个代表进行汇报，其他同学可进行点评，最后由教师进行总结。

提示：这个案例涉及该生的毕业时间、签订就业协议书、就业协议解除、违约责任等一系列概念，签订就业协议书的三方为毕业生本人、学校和用人单位。

思考与讨论

1. 签订就业协议书时，如果求职者无法按时取得学位证书，应该怎么办？
2. 如果用人单位不解决存档问题，应该怎么办？

第二节 就业权益保护

学习目标

1. 熟悉劳动法、劳动合同法、就业促进法的相关内容。
2. 了解劳动者权益保护的相关知识。
3. 了解毕业生首次就业及建立劳动关系后的维权注意事项。
4. 了解劳动安全和劳动保护的相关知识。

案例导入

小赵是一名2012届普通高等院校大学毕业生。2011年12月,他通过校园招聘会得到了一家公司的青睐并被要求到公司实习。公司的招聘负责人告诉小赵,要等他2012年6月毕业后才能与他签订劳动合同。小赵听说过由于没有及时签订劳动合同而自身权益受到侵害的事例,他担心如果公司不与自己签订劳动合同,那么2012年6月前这段时间自己的社会保险怎么办呢?

分析 我国现行的劳动用工制度和档案管理制度大多数是一一对应的模式。小赵从入学到2012年6月毕业前的身份是全日制在校大学生,他的档案在学校。他在毕业期间以实习生的身份在企业工作,但无法与用人单位建立劳动关系,企业也无法为其交纳社会保险,因为社会保险是基于建立劳动关系基础上的。只有当小赵从学校毕业后,才可以与用人单位签订劳动合同,这样社会保险、公积金等才可以开户交纳。

一、就业权益保护相关法律法规

1. 劳动法

《中华人民共和国劳动法》是1995年1月1日起施行的,是为了保护劳动者的合法权益,调整劳动关系,建立和维护适应社会主义市场经济的劳动制度,促进经济发展和社会进步而制订的。《劳动法》分为13章,具体包括总则、促进就业、劳动合同和集体合同、工作时间和休息休假、工资、劳动安全卫生、女职工和未成年工特殊保护、职业培训、社会保险和福利、劳动争议、监督检查、法律责任、附则。

2. 就业促进法

《中华人民共和国就业促进法》（简称《就业促进法》）是自 2008 年 1 月 1 日开始施行的。

大学毕业生是我国青年就业群体的重要组成部分，事关社会安定、国家发展。这部法律将就业工作纳入法制化轨道，从法律层面形成了更有利于大学生就业的社会环境。内容涉及转变就业观念，提高就业能力；强化依法管理，加大资金投入；规范就业市场，打击违法行为；鼓励自主创业，加强就业援助；反对就业歧视，营造公平环境等几个方面。因此，大学生在就业中遇到用人单位的就业歧视，既可以向相关政府部门反映，也可以直接向人民法院提起诉讼。下面介绍《就业促进法》应用的典型案例。

（1）乙肝病毒携带者可以平等就业。

毕业生小汪找到了一份满意的工作，但入职体检剥夺了他的工作机会，因为他是乙肝病毒携带者。小汪是国际贸易专业的学生，学业很优秀，选择从事进出口贸易工作是他的理想。他疑惑的是，因为他是乙肝病毒携带者，用人单位是否就可以拒绝录用他？

《就业促进法》虽然没有提到乙肝病毒携带者的具体字眼，但在第三十条作了概括性规定：用人单位招用人员，不得以传染病病原携带者为由拒绝录用。但是，经医学鉴定传染病病原携带者在治愈前或者排除传染嫌疑前，不得从事法律、行政法规和国务院卫生行政部门规定禁止从事的易使传染病扩散的工作。

据统计，我国目前有 1 亿多人是乙肝病毒携带者。有关医学资料显示，一般的乙肝病毒携带者传染性很小，对健康危害也不大。按照《就业促进法》的有关规定，除了前述规定情形外，任何机关或单位设置禁止录用乙肝病毒携带者的规定都是无效的，用人单位不得以小汪是乙肝病毒携带者为由拒绝录用。

（2）职业中介机构不得向大学毕业生收取押金。

小郭毕业离校后还没有找到工作，他来到了一家职业介绍中介机构。工作人员表示可以给小郭联系一家专业对口的单位，条件是需交 200 元押金，成功则交中介费 100 元，失败则只需交 10 元服务费，押金退回。小郭面试时发现工作环境差，而且待遇较低，于是没有与单位签约。但当他到中介机构索要押金时，工作人员只退给他 100 元，理由是已经按照他的意向为其找好单位，是他自己不愿意去，介绍工作已经成功。

《就业促进法》规定了职业中介机构未经许可和登记，不得从事职业中介活动。此外，还特别规定了职业中介机构不得扣押劳动者的居民身份证和其他证件，或者向劳动者收取押金。如果扣押劳动者居民身份证等证件，由劳动行政部门责令限期退还劳动者，并依照有关法律规定给予处罚。如果向劳动者收取押金，由劳动行政部门责令限期退还劳动者，并以每人500元以上2 000元以下的标准处以罚款。因此，大学毕业生在求职时要规避一些职业中介机构设置的陷阱，促使其按照法律规定兑现承诺。

（3）就业困难人员和家庭将得到就业援助。

小周和妹妹已经大学毕业，但一家四口的生活依然举步维艰，父母双双下岗，在街头给路人擦皮鞋。由于严峻的就业形势，小周和妹妹毕业后始终没有找到合适的工作。父母曾多到有关部门寻求帮助，但因提供的岗位不合适而始终没有进展。

《就业促进法》第五十六条规定，县级以上地方人民政府采取多种就业形式，拓宽公益性岗位范围，开发就业岗位，确保城市有就业需求的家庭至少有一人实现就业。法定劳动年龄内的家庭人员均处于失业状况的城市居民家庭，可以向户籍所在地街道、社区公共就业服务机构申请就业援助。街道、社区公共就业服务机构经确认属实的，应当为该家庭中至少一人提供适当的就业岗位。

3. 劳动合同法

《中华人民共和国劳动合同法》自2008年1月1日起施行。适用范围：中华人民共和国境内的企业、个体经济组织、民办非企业以及国家机关、事业单位、社会团体等组织。《劳动法》和《劳动合同法》的区别在于：《劳动法》是大法，《劳动合同法》是专门规范用人单位与劳动者建立劳动关系，订立、履行、变更、解除、终止劳动合同的法律法规。

新修订的《劳动合同法》自2013年7月1日起施行。其中明确规定了"临时工"享有与用工单位"正式工"同工同酬的权利，并赋予人力资源与社会保障部门依法开展经营劳务派遣业务行政许可的权利。新修订的《劳动合同法》强化了对大学生就业的法律保护，其作用主要有：一是签订劳动合同构建起大学生就业的维权基础。《劳动合同法》强调了劳动合同签订的强制性，并明确了用人单位是签订劳动合同的责任主体；明确了用人单位对劳动条件、劳动内容、工资报酬、职业危害的告知等法定义务，指导用人单位与劳动者签订内容规范的劳动合同。二是有利于维护职业稳定，促进大学毕业生的人权保障。《劳动合同法》有助于制约合同短期化行为，防止滥用试用期，限制随意设置违约金，增加解雇成本。三是规范劳务派遣用工形式，保护大学生权益。《劳动合同法》严格限制劳务派遣的岗位范围，提高劳务派遣单位的准入门槛，劳务派遣违法行为将受到处罚。

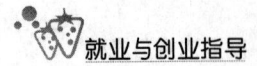

拓展阅读
劳动合同订立的主要内容

根据《劳动合同法》的有关规定，劳动合同订立双方应当遵循合法、公平、平等自愿、协商一致、诚实信用的原则。劳动合同应当具备以下条款：

1. 用人单位名称、地址、法人代表或主要负责人；
2. 劳动者姓名、住址、居民身份证或其他有效证件号码；
3. 劳动合同期限；
4. 工作内容和工作地点；
5. 工作时间和休息休假；
6. 劳动报酬；
7. 社会保险；
8. 劳动保护、劳动条件和职业危害防护；
9. 法律法规规定应纳入劳动合同的其他事项。

下面介绍《劳动合同法》应用的典型案例。

（1）试用期工资有保障，不签合同每月付双薪。

小李是2011届大学毕业生，他于2011年6月应聘到一家电子集团公司工作，但直到2012年11月，上班已经5个多月的他始终没能与单位签订正式劳动合同。单位每月发给小李实习工资，理由是小李仍在试用期。

《劳动合同法》第七条规定："用人单位自用工之日起即与劳动者建立劳动关系。"同时第二十条规定："劳动者在试用期的工资不得低于本单位相同岗位最低档工资或者劳动合同约定工资的百分之八十，并且不得低于用人单位所在地的最低工资标准。"第八十二条规定："用人单位自用工之日起超过一个月不满一年未与劳动者订立书面劳动合同的，应当向劳动者每月支付二倍的工资。"这就意味着即便用人单位未与小李签订劳动合同，但实际上双方已建立了劳动关系，可以适用《劳动法》和《劳动合同法》的相关规定。

（2）跳槽赔偿金额有限制。

小王2010年6月毕业后在一家IT公司当市场运营助理。2012年3月，他选择跳槽进入一家传媒公司。原公司认为小王是公司培养出来的业务骨干，跳槽后可能对公司不利，便向小王索赔10万元。

《劳动合同法》第二十二条规定，劳动者违反服务期约定的，应当按照约定向用人单位支付违约金。违约金的数额不得超过用人单位提供的培训费用。

用人单位要求劳动者支付的违约金不得超过服务期尚未履行部分所应分摊的培训费用。第二十三条规定，劳动者违反竞业限制约定的，应当按照约定向用人单位支付违约金。也就是说，《劳动合同法》对劳动者支付违约金的情况作了严格的限制，即仅限于违反服务期协议以及竞业禁止协议两种情形，其他情况下对劳动者解除劳动合同收取违约金是不允许的。因此，对于用人单位来说，要依靠违约金来约束劳动者跳槽的时代已经结束，如希望留住人才，防止员工跳槽，用人单位应在管理方式和理念上进行相应调整。

拓展阅读

毕业生违约的不良后果

一些毕业生在毕业季往往同时联系多家单位，为了保险起见，常常勉强与不太满意的单位签订就业协议。但是，一旦遇到自己中意的单位，就纷纷毁约。这往往会带来一些不良的后果，主要表现在：

1. 对于学校而言，会影响用人单位对学校教育工作的信任，进而影响学校和用人单位的长期合作关系。

2. 对用人单位而言，毕业生解约后，用人单位需要重新物色其他毕业生，浪费宝贵的时间和相关资源。

3. 对其他毕业生而言，当初希望到该用人单位的其他毕业生由于毁约毕业生的缘故，错过了录用时间，造成就业信息的浪费，影响了他们的就业。

因此，毕业生在就业过程中不仅要考虑自身利益，也应考虑学校、用人单位和其他毕业生的利益，务必慎重选择、认真履约。

（3）单位无权收取毕业证和担保金。

2011年7月，小夏到用人单位报到，人力资源部负责人告诉她，要把毕业证书原件交给单位保存或者交纳1万元的就业保证金，双方才能签订劳动合同。小夏问过同事之后发现，大家的毕业证书原件都放在单位的人力资源部，这是单位的传统做法。

《劳动合同法》第九条规定，用人单位招用劳动者，不得扣押劳动者的居民身份证和其他证件，不得要求劳动者提供担保或者以其他名义向劳动者收取财物。第八十四条规定，用人单位违反本法，以担保或者其他名义向劳动者收取财物的，由劳动行政部门责令限期退还劳动者本人，并按照每人五百元以上二千元以下的标准处罚；给劳动者造成损害的，应当承担赔责任。劳动者依法解除或者终止劳动合同，用人单位扣押劳动者档案或者其他物品的，依照前款规定处罚。建议毕业生遇到类似情况，可按照《劳动合同法》的相关规定拒绝用人单位，或向劳动仲裁部门求助，不可盲目将自己的有效证件交给用人单位。

（4）劳动者有择业自主权。

小张是2009届法学硕士毕业生，毕业后应聘到某化工集团公司法务部工作，并与公司签订了5年的劳动合同。小张非常喜爱法律事务工作，于2012年考取了法律顾问资格证书。2012年12月，公司借口工作需要，未经小张同意变更了他的工作岗位，安排小张到公司统计部门工作。小张认为公司的法务部岗位并未撤销，自己历年工作考核均为合格，没有不胜任工作的表现，公司强行变更工作岗位是违法的。于是他向当地劳动部门提起劳动争议仲裁，要求公司按劳动合同约定履行义务。

显然，该公司的做法侵犯了小张的择业自主权。劳动者的劳动权包括就业权和择业权，劳动者有权根据自己的爱好、能力等自主选择职业、工种。该公司如确实需要变更小张的工作岗位，应与其协商，未经协商即强行变更小张的工作岗位是违法的，应承担相应的法律责任，应按劳动合同约定继续履行义务。

4. 社会保险法

《中华人民共和国社会保险法》自2011年7月1日起施行。该法是新中国成立以来第一部社会保险制度的综合性法律，它从法律上明确了国家建立基本养老、基本医疗和工伤、失业、生育等社会保险制度，并对确立基本养老保险关系转移接续制度，提高基本养老保险基金统筹层次，建立新型农村社会养老保险制度、城镇居民养老保险制度和新型农村合作医疗制度等作出了原则规定。

与大学毕业生就业有关的社会保险，主要是就业后涉及的"五险一金"问题。"五险"包括养老保险、医疗保险、失业保险、工伤保险、生育保险；"一金"是指住房公积金。需要注意的是"五险"是法定的，"一金"不是法定的。

拓展阅读

聘用合同是事业单位与职工按照国家的有关法律、政策，在平等自愿、协商一致的基础上，订立的关于履行有关工作职责的权利义务关系的协议。只有事业单位和拟聘用人员双方意思表示一致、自愿达成协议时，聘用合同才成立。聘用合同具有一般合同的法律特征，是广义劳动合同的特殊形式。

5. 税法

税收是国家为满足社会公共需要，凭借社会公权力，依照法律所规定的标准和程序，参与国民收入分配，强制性、无偿性取得财政收入的一种方式。与大学生就业、创业相关的税法主要有《中华人民共和国个人所得税法》、《中华人民共和国企业所得税法》等。

国家鼓励大学毕业生自主创业，并实行税费优惠。各地区相继出台鼓励政策，例如符合条件可免收行政事业性收费、小额担保贷款享受政府贴息、享受社会保险补贴政策等，具体内容可在当地教育部门的协助下向银行、工商、税务、社保等部门咨询。

二、劳动维权注意事项

1. 毕业生首次就业维权注意事项

（1）端正求职态度，调整良好心态。毕业生在首次就业过程中，往往会出现焦急、急迫和盲目的心态。求职时，或不惜委曲求全，或不敢"斤斤计较"，或被花言巧语诱骗。虽然首次就业不是"一次定终身"，但如果首次就业就使得身心受到伤害，势必会给自己未来的职业发展带来不小的负面影响。因此，时刻保持清醒的头脑，了解和掌握就业方面的政策和流程，并严格按照程序办事，将会使自己的合法权益得到充分的保障。

（2）学习法律法规，掌握政策流程。毕业生在求职、择业、签约之前，要全面了解和掌握毕业生就业政策和流程，做好相关法律法规的知识储备。这样才可以做到思路清楚、条理清晰、有的放矢，及早识破不法单位设下的陷阱，懂得通过合法途径解决就业过程中出现的问题，最大限度地保护自己的正当权益。

（3）了解用人单位，查找背景材料。在求职面试的过程中，尽量多方面了解用人单位的行业背景、运营状况、招聘信誉、岗位职责及企业文化等，还可以去实地考察工作环境。

（4）慎重签订协议，敢于据理力争。在签约时，要仔细阅读就业协议书及其补充条款，重点关注试用期及违约责任条款的约定，尽量不要在协议书中留下空白。对用人单位的口头承诺，要尽可能在补充协议中予以注明，并明确在签订劳动合同时予以确认。如果在求职应聘和签订协议的过程中发现权益受到侵害，不要因为害怕失去就业机会而忍气吞声，要学会运用法律武器力争自

己的合法权益。

（5）善于虚心请教，多方征求意见。毕业生在就业的过程中遇到问题，要及时咨询有关专家、老师和家长。大学生求职的过程，也是从学生向社会人转化的过程，大学生的社会阅历还很少，而法律专家的视角、老师家长的指导、往届校友的经验，对于毕业生来说是一笔宝贵的财富。

2. 建立劳动关系后的维权注意事项

进入职场的大学生面对纷繁复杂的社会，在职业适应方面还有很多事情要做，但也不要忽略了自身合法权益的保护，以保障自己的职业生涯发展顺利。

（1）重视学习劳动法规。我国的《劳动法》、《劳动合同法》、《劳动争议调解仲裁法》及各地方性的劳动管理规定，是大学毕业生签订劳动合同、调整劳动关系、解决劳动争议的最常用的法律法规。毕业生在就业之前应对这些法律常识有所了解，不使侵权者有机可乘。

（2）重视劳动合同签订。签订好劳动合同，是毕业生在实际工作中合法权益得到充分保障的前提。毕业生在成为职业人的过程中，应当学会依法保护自身的劳动权益。了解劳动合同订立的原则，应当具备的条款，合同变更、解除、终止的情形，以防止合同短期化、滥用试用期、随意设置违约金、不支付解雇补偿金等情况出现。依法签订劳动合同，不仅可以帮助毕业生顺利就业、愉快上岗，也将提高毕业生服务社会的主动性和积极性，并为他们的职业发展提供坚实保障。

3. 劳动安全和劳动保护

劳动安全是指劳动者享有的在职业劳动中人身安全获得保障、免受职业伤害的权利，又称职业安全。狭义的劳动安全涉及人身安全，广义的劳动安全则包括人身安全和健康两部分内容。安全是人类生存与发展的基本要求。安全生产是保护劳动者安全健康、保证国民经济持续发展的基本条件。伴随着经济发展而频繁发生的安全生产事故，不仅造成了国家财产和公民生命的巨大损失，也严重制约了我国经济的平稳发展，还与我国当前构建和谐社会的目标相悖。

劳动保护是国家和单位为保护劳动者在劳动生产过程中的安全和健康所采取的方法、组织和技术措施的总称。劳动保护的目的是为劳动者创造安全、卫生、舒适的劳动工作条件，消除和预防劳动生产过程中可能发生的伤亡、职业病和急性职业中毒，保障劳动者以健康的劳动力参加社会生产，促进劳动生产率的提高，保证社会主义现代化建设顺利进行。为了减少和解决职工在劳动中因生理特点造成的特殊困难，保护女职工健康，2012年我国公布实施了《女职工劳动保护特别规定》。

第四章 就业法规与流程

案例总结

2011年6月1日,小张与某科贸公司签订了为期一年的劳动合同。其中,约定试用期从2011年6月1日开始,2011年8月31日结束。合同中还约定小张试用期工资为每月2 000元,转正后工资为每月3 000元。

入职3个月后,小张从该公司辞职。随后小张向仲裁委员会提起申诉,要求公司支付2011年6月和7月两个月的工资差额共计800元,以及2011年8月试用期工资与转正工资之间的工资差额1 000元。

仲裁裁决支持了小张的申诉请求,判决该公司支付小张2011年6月至8月工资差额共计1 800元。

分析 法院作出如此判决的依据:首先,劳动者在试用期的工资不得低于劳动合同约定工资的80%;其次,用人单位与劳动者签订的劳动合同期限在一年以上不满三年的,试用期不得超过两个月。本案中,科贸公司与小张约定了转正后每月工资3 000元,则科贸公司应按照每月2 400元的工资标准支付小张2011年6月和7月的工资报酬;另外,科贸公司与小张在一年期的劳动合同中约定了期限为三个月的试用期,已超过法定期限,科贸公司应该按照3 000元的工资标准支付小张8月份的工资。

活动与拓展

主题 部分行业准入法律法规的整理

目标 初识部分行业的准入法律法规,以便了解自己的条件适合哪些行业、不适合哪些行业,为就业做好准备

建议时间 60分钟(课外)

活动过程

教师简要介绍我国的就业准入制度,请学生课后通过查阅图书、搜索网络等途径,完成下表。

职业名称	相关法律法规名称	准入资格	职业特殊要求
警察			
律师			
教师			
医师			
( )			
( )			

提示：就业准入制度是政府或行业组织对从业者的从业资格提出的明确要求，并实行就业准入控制的一种劳动制度。其关键要素是培训、考核、持证上岗。为规范某些职业的从业人员资格，国家还专门颁布了一些法律法规。例如，为建立和推行公务员制度，2006年1月1日颁布施行了《中华人民共和国公务员法》，使我国公务员制度建设迈上法制化、规范化道路。了解行业准入的法律法规，有助于同学们做好就业前期准备，明确资格准入的条件，做到有的放矢。

思考与讨论
1. 劳动合同与聘用合同有什么区别？
2. 简述如何防范试用期的法律陷阱？

参考文献

胡高崇．"试用期权利"知多少．人民法院报，2012-8-26（3）．

第五章　职场适应与发展

经过十余载的寒窗苦读，大学毕业生们开始进入社会，开始职业生涯之旅。我们在踌躇满志、憧憬着美好前景的同时，也迎来了人生中又一次严峻的考验。对于大学毕业生而言，将如何迎接新的挑战、新的发展契机呢？能否顺利度过职业适应期，早日适应职业环境呢？为此，毕业生必须清醒地思考和认识学校和职场、学生与职业人之间的差别，尽快完成角色转换，正确地面对社会，处理好职场中的诸多问题，迎接挑战，创造精彩人生。

学习目标

1. 正确认识校园与职场的区别。
2. 注意离校、报到、入职的相关问题。
3. 初步了解职场环境。
4. 了解职场相关规则与制度。
5. 了解职场必备的职业素养。
6. 掌握自我管理技能的提升方法和途径。

学习指南

一、学习方法

1. 通过对案例的解读和分析，了解相关知识以及职场中存在的各种问题。
2. 在相关活动中体会校园与职场的区别，了解职场守则和法规，培养团队精神和职业素养，提高自我管理技能。

二、注意事项

1. 在解读案例时，应注重把握问题的实质，从中汲取经验，避免进入职场后出现类似错误。
2. 在参加相关活动时，应积极参与讨论，勇于说出自己的观点，虚心听取别人的意见。

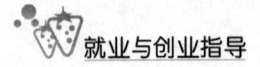

第一节　角色转换与组织认同

学习目标

1. 正确认识校园与职场的区别。
2. 掌握尽快适应职场环境的要点。

案例导入

张小同从某医科大学药学专业毕业后,进入昆明一家大型医药连锁企业工作。与她同时进入公司的同事要么学历没她高,要么学的专业没她对口,这使她产生了较强的优越感。面试时她自身表现也非常出色,公司领导也很想将她作为一名骨干来培养。刚参加工作的小张缺乏工作经验,公司领导安排她先从基层做起。小张觉得这实在是大材小用,加之初进公司就得到领导赏识,她在随后的工作中经常自以为是,不听取老员工的建议,同事关系不好,工作上也出了不少差错。不到一年,小张就被公司辞退了。这让小张很郁闷,在她看来,应该是她"炒公司鱿鱼"才对,可现在却是公司在"炒她鱿鱼"。

分析　正是由于小张对自己没有清醒的认识,认为自己水平高,理应担任更高的职务,理应受到公司领导的重视和同事的尊重,缺乏必要的谦虚精神,导致被辞退。初入职场不懂得向老员工学习,不懂得团结同事并尊重同事,不能将所学理论知识与实际工作相结合,不能使自身优势与公司文化很好地融合,势必影响自己的发展,甚至被公司所淘汰。由此可见,正确地认识职场、合理地为自己定位是十分重要的。

一、初入职场

毕业生迈出校园走入职场,就迈出了人生至关重要的一步,开始了从学生到职业人的角色转换。成为职业人,就是要利用自己掌握的知识与技能,为社会创造物质财富与精神财富,与此同时,获得合理的报酬,满足自身的需求。在职场中,两类人才最受用人单位的重视与青睐,也容易在工作岗位上干出成绩,即通才与专才。通才,是指掌握多个领域的知识与技能,能适应多个工作岗位不同的要求,在工作单位能发挥多方面的作用;专才,是指在某一方面有出类拔萃的知识与技能,能在该领域的工作中独当一面,发挥重要的作用。不论是通才还是专才,走上工作岗位后都要对自己在职场的角色有清晰的认识,逐步完成向职业人这一全新角色的转变,进而确定自己在工作岗位上的准确定位。

初入职场,毕业生没有太多的工作经验,无论在校期间各方面取得过多好的成绩,都需要从头做起、从零开始。在参加工作之初,就应该对职场与校园的不同之处有清醒的认识。

与校园相比,职场的人际关系要更加复杂,利益基础以合作共赢为主,又暗含博弈与竞争,整个工作目标着眼于商业利益,考核指标主要以团队取得的业绩为主。表5-1所示为校园与职场的环境差异分析。

表5-1 校园与职场的环境差异分析

项目	校园	职场
人际关系	简单,稳定	复杂,变化
利益基础	互利,没有冲突	合作共赢,又暗含博弈与竞争
主要目标	学生的成长	商业利益
考核指标	学习成绩	团队业绩

除了面临职业环境的变化之外,毕业生还要完成从学生到职业人的角色转变。这两者存在着巨大的差异,在任务、权利、思维、立场等多方面有很大的区别。毕业生参加工作后,就要树立角色意识,主动转变自己的思想,对自己的职责有清晰的理解。

二、从学生到职业人的转变

凡事预则立,不预则废。职场新人在树立正确的职场认知后,还要积极地调整自己,做好各方面的准备,以适应职场的挑战。

1. 降低姿态,调整心态

毕业生最忌自视甚高,将学习成绩和学生心态带到工作单位。实际上,不论自己在学校有多么优秀,成绩都只代表过去,在新的平台上还没经过实践检验。因此,应该调整心态,以平常心投入工作,以新人的身份虚心请教前辈,以积极的心态面对困难。只要有工作机会,就要全心投入,是金子总会发光的。

2. 适应环境,融入团队

每个人的职业生涯都是从新人做起的。作为新人,就要主动适应环境,而

不能等环境适应自己。每个单位、每个团队、每个领导都有各自的特点，新人都要主动适应，尽快地融入团队，与同事和谐相处。

表5-2所示为学生与职业人的主要角色差异。

表5-2 学生与职业人角色差异对照表

项目	学生	职业人
主要任务	理论学习与探索	实践工作
思维方式	被动思考	主动解决问题
担当角色	学生	领导、员工、客户等多个角色
社会权利	接受教育	劳动，并获得报酬
工作（学习）方式	单独学习	团队协作
生活内容	简单，寝室—食堂—教室	丰富，多方沟通
立场地位	接受服务	提供服务为主

3. 少说多做，树立威信

新员工在新的工作单位，应慎言慎行，不要空谈，立足岗位创造实际成果，让业绩说话。应树立责任意识，在工作中尽职尽责，赢得同事的信任，然后在工作实践中谨慎发表意见，以展示自己的知识与能力。

4. 积极进取，志存高远

走上职场，只是一段全新的人生旅程——职业生涯的开始，前面的道路还很长。当前市场竞争激烈，但成功的机会也很多，要树立进取意识，不断加强学习、充实自己，适应职场的竞争，从一个成功走向另一个成功。

三、明确岗位职责，做好本职工作

不同的工作岗位，有不同的岗位职责。岗位职责，是某一工作岗位的职务所决定的职权范围以及相应需承担的责任。规范的岗位职责包括：部门名称、直接上级、下属部门、部门性质、管理权限、管理职能、主要职责等。明确岗位职责，可以规范工作流程，提高工作效率，减少工作中出现的摩擦、推诿与事故有着十分重要的意义。毕业生初入职场，更应该明确自己的岗位职责，认真履行自己的职权，做好本职工作。

1. 重视岗前培训，尽快进入角色

岗前培训对于新员工是非常重要的，主要包括介绍单位的成长历程、企业文化、发展理念、机构设置、规章制度、工作流程等多方面内容，是了解工作单位的整体情况和具体的岗位职责的最佳途径，有利于新员工尽快进入工作角色。

> **职场箴言**
> 一个人若没有热情，他将一事无成，而热情的基点正是责任心。
> ——列夫·托尔斯泰

2. 勤于学习，善于学习

在新的工作岗位上，要学习的知识和技能很多。只有勤于学习、善于学习，才能在较短时间内适应工作的要求。特别是要学习规章制度及与岗位相关的操作规范。

3. 树立责任意识，认真履行职责

既然来到单位，从事这份工作，就要热爱这份工作，树立高度的责任意识，以主人翁的姿态对待自己的工作，这样才能让工作更轻松，也会让事业更成功。

4. 换位思考，尊重同事

同事和同学一样是我们重要的人生伙伴。工作中我们要能够做到换位思考，经常从别人的角度思考问题，体谅领导、同事的难处。同事们之间应增进理解，学会共享与分担，能使大家都分享到团队的温暖，工作协作也会更融洽。

5. 学会聆听，加强沟通

不论工作多么繁忙，心情多么烦躁，都一定要专心地倾听同事的意见，这样才能做好沟通工作，也才能让同事感觉到自己是被重视的。简单粗暴的交流方式只会制造冲突，不利于团结。

6. 提升执行力，不找借口

执行力指的是贯彻战略意图、完成目标任务的实际操作能力。实践胜于空谈，任何企业都非常看重员工的执行力，也就是实践能力，好的设想只有实践完成了才有意义。

四、自觉做到组织认同

组织认同是指组织成员在行为与观念等方面与其所加入的组织具有一致性，觉得自己在组织中既有理性的契约感和责任感，也有非理性的归属感和依赖感，以及在这种心理基础上表现出的对组织活动尽心尽力的行为结果。公司是组织的一种形式，进入一家公司，就是加入一个组织。做好组织认同，既有利于个人的职业发展，也有助于实现公司的长远发展。职业人的组织认同包括如下四个方面：

(1）认同企业的核心价值理念以及经营宗旨，并在实际的工作中，自觉地实践这些价值理念。
(2）积极主动地了解、适应企业文化。
(3）培养主人翁意识，关心企业的成长和发展。
(4）积极主动地与同事交流、沟通，融入团队。

案例总结

艺术设计专业的小梅刚毕业便在一家著名的设计公司找到了一份满意的工作，薪水高，但压力大，工作很辛苦。在刚开始的几个月里，她一直无法适应公司的工作方式。

一次在将要下班时，老板突然交代了一项设计任务，要求必须在第二天下午3点前将任务完成。她不能拒绝执行任务，只好硬着头皮答应下来。

当天晚上，小梅熬夜加班，但由于太过劳累，在凌晨7点终于睡着了。等其他同事来上班时，她才惊醒，继续工作，终于在下午3点之前完成了任务。一年后，小梅成为办公室工作最出色的人，职位也获得了提升。

分析 现代企业很重视执行力，员工应在规定时间内完成任务，不管遇到的困难是什么，都要想办法克服它，而不是找各种借口和不停地抱怨。只有这样，才会在工作中迅速成长，成为成功的职业人！

活动与拓展

拜访一位已工作两年以上的毕业生，通过交流，了解他从学生到职业人的角色转换和关于职场适应的感想，并写出自己的心得体会。

思考与讨论
1. 毕业后，如果你将踏入职场，你有哪些困惑？
2. 你将如何完成从学生到职业人的角色转换？

第二节 入职策略

学习目标

1. 注意离校、报到、入职的相关问题。
2. 了解企业需求，做到有的放矢。
3. 为入职做好充分准备，走好职场第一步。
4. 初步了解职场环境。

案例导入

小江和小郑是某艺术院校表演系的同班同学，一同应聘到一家公司上班。该公司非常重视员工的职业形象。上班的第一天，小江穿着一套崭新的蓝色西装，看起来非常职业。而小郑还是以前学生时的打扮，一套非常休闲的外套，脚上穿一双运动鞋。第一天所有新员工到培训部接受培训，十几名新员工只有小江一人穿了正装。培训经理把新员工打量了一下，就指派小江担任新员工的班长，并让他在员工大会上代表新员工发言。以前在学校代表全班发言的都是小郑，小郑心里不服气，感觉论能力自己绝对在小江之上。

分析 对于刚刚毕业的学生来说，着装细节可能影响职业的发展。上班着正装，是对工作的重视，同时也会给人职业化的感觉。可能小江在能力方面不及小郑，但他注意了职场中的角色要求，给用人单位留下非常好的印象，为今后的发展打好了基础。

一、离校、报到及入职准备

从学生到职业人，无论过去曾经获得过什么荣誉，站在工作的起跑线上，都应该忘记一切光环与荣誉，告诉自己要从零开始。刚进入工作岗位，一切要从严要求，了解各项注意事项，做好必要的准备。

1. 办全有关手续

毕业生在离校之前应该按照学校的有关规定办理离校手续，主要包括以下几个方面：

（1）还清所借图书、体育器材、实验用品等。
（2）还清所欠学杂费，移交公共财物。

（3）领取毕业证书或结业证书。

（4）领取毕业生报到证。

（5）领取户口迁移证。

（6）办理转移党、团组织关系的介绍信。

（7）办理校方规定的其他手续。

学校一般在规定的时间内集中办理离校手续，这时各单位现场办公，方便快捷，省时省事。毕业生在办理有关手续的时候要特别注意认真检查核对，报到证上的姓名必须和户口本上的完全一致，单位名称也不能有误，如发现差错，要及时请有关部门予以更改。办完手续后，要将所有材料妥善保管，如果遗失，补办起来非常麻烦。对私人之间的财物往来，毕业生也应该在离校之前进行清理，以免相互之间造成不必要的误解。此外，可在离校之前将自己的联系方式告诉有关老师或者同学，以便遇到特殊情况时学校能够及时通知到本人。

2. 报到时应注意的事项

毕业生领取报到证离开学校后，应在规定期限内到工作单位报到。报到时应注意以下事项：

（1）按时报到。一般报到证上注明了报到的规定期限，原则上期限内的任何时间都可以前往。通常第一次就业的毕业生心情非常迫切，用人单位也希望尽早了解新人的情况以便工作的顺利开展，故报到时间宜早不宜晚。另外，各个单位的性质、组织形式各不相同，应避开单位的节假日、休息日，事先通过电话联系后，确定确切的时间、主管部门、经办人等。

（2）准备必需的报到证件。到单位报到时，需要携带报到证、党（团）组织介绍信、毕业证、身份证、户口迁移证、就业协议书等证件。用人单位以报到证为依据，接收安排毕业生工作，并接转毕业生的人事档案等手续。其他证件平时也要注意保管，报到前检查是否齐全。如果发现遗漏，及时到相关部门补办或采取补救措施，以免影响报到手续的办理。

二、了解企业用工需求

1. 最受企业欢迎的人

（1）把自己完完全全视为是企业的主人。

（2）不轻视企业，也不轻视自己的工作。

（3）任何时候都把企业的利益放在第一位。

（4）对工作负责，对企业忠诚。

（5）积极主动工作。

（6）拥有良好的人际关系及团队协作精神。
（7）在工作中注重细节，明白工作中无小事。
（8）不会找借口推卸责任，只会把工作做到更好。
（9）能够立即执行上级交代的任务。
（10）工作中遇到困难会主动在第一时间解决。
（11）没有依赖思想，拥有独立做事的能力。
（12）时刻不忘提高自己，与企业共同发展。
（13）时刻不忘给企业提好的建议。
（14）时刻不忘维护企业形象。
（15）能够与企业共命运。

2. 最不受企业欢迎的人
（1）没有丝毫危机感。
（2）对企业充满抱怨。
（3）不思进取，工作效率低。
（4）不遵守规定，工作浮躁，自以为是。
（5）没有工作激情，传递消极思想。
（6）不尊重上级及同事。

3. 最优秀员工的标准
（1）能够处理及化解企业深度隐藏的问题或危机。
（2）能够利用自己的能力去创造价值。
（3）知道自己需要什么。
（4）知道企业需要什么。
（5）会争取每一次好的机会。
（6）能够团结同事。
（7）懂得尊重自己。

三、走好职场第一步

1. 赢在职场第一战

求职者通常会面临新单位的试用期和入职培训。试用期其实就是个人和公司的一个双向选择的过程，新人的入职培训不仅能让新人快速融入到团队中，而且是企业考量新人的重要途径。对于初入职场的毕业生来说，试用期是"痛苦"的，因为首先要面对职场的"挑战"，要面对很多在学校不会遇到的挫折及障碍，但这也是关键的，因为它是职业生涯发展的第一步。在试用期和入职培训期间，大学生一定要用良好的心态冷静处理情绪上的波动，一定要摆正自己的位置，明确自己的定位和目标，实现从学生到职业人的顺利转变，培养良好的工作习惯和积极、乐观的合作态度，建立和谐的人际关系，自觉成为企业大家庭的一员。

（1）目标定位。首先要解决目标定位问题，根据职场目标的层次，实现"生存、积累、发展"三个职业阶段的划分。试用期的目标就是生存，更高的目标预期是危险的。有人想要一鸣惊人，这种与新人身份不符的愿望和举动是不合适的。

（2）降低心理预期。许多职场新人在参加工作前对未来是抱着很大的抱负的，对工作期望值较高，但对现实估计不足。实际参加工作后，尤其是最初的一段时间，由于对工作不熟悉，老板一般不会安排实质性的或是重要的工作给新人，很多新人最初只是做些"打杂"工作，因此，在心理上会形成很大落差，感觉这份工作埋没了自己的才华。职场新人在走上工作岗位后，首先要降低心理预期，根据现实的环境调整自己的期望值和目标，面对角色转换，心态要放平和，目光要放长远，尽快适应新环境，争取厚积薄发。

（3）尽快找到与企业的契合点。"经验和成熟度"是不能催生的。部分新人到了单位之后，才发现"专业不对口"、"学不到东西"等，于是仅仅工作几个月就萌发了跳槽的念头。毕业生应把考虑"工作适合不适合"放在求职前面，在选择工作时就要进行考量。职场新人到了工作单位后，最主要的是要尽快地熟悉环境和进入工作状态。此时，不妨多听一些老员工的意见。毕业生若感觉这份工作实在不适合自己，可选择离职，但不建议频繁跳槽。据悉，一些企业在招聘人员的时候，若发现应聘者频繁跳槽，它们就会排除此人。

（4）要学会主动。工作单位与学校不同，新人要学会主动，不会的就要主动去问，不要等别人告诉你该怎么做。刚到公司的前几天，很多新人不知道该做什么，其他同事都忙得热火朝天，自己却闲得发慌，不妨主动地去帮同事做一些自己力所能及的工作。

> **职场箴言**
>
> 学历代表你的过去，财力代表现在的努力，学习能力代表将来的成就。大多数人都想要改造这个世界，但却罕有人想改造自己。无论你在好单位还是一时不得志，都请你保持学习，这是你未来立足之本。
>
> ——申晨

2. 树立良好的"第一印象"

毕业生刚到一个工作单位，往往是同事关注的焦点，因为其他人对新同事还缺乏足够的了解，即使是已经接触过新员工的人事部门员工和个别领导，对新员工的了解和认识多半是浅层次的。因此，同事试图通过观察、接触，更多地了解、认识新来者。在大多数情况下，同事不会直截了当地询问打听，一切都有赖于新员工的自我表现。要树立良好的"第一印象"，必须注意以下六个方面。

（1）衣着整洁，仪态大方。衣着是一个人文化素养的外在表现，一定要和身份相符，不能过于花哨。可适当体现个性，但不能和周围同事反差太大。女士的发型、化妆应简洁大方，切忌矫揉造作。

（2）待人接物，举止得体。待人热情坦诚，说话做事文明礼貌。与人交谈时，应注意发现别人感兴趣的话题，不要过多地谈论自己，同时要善于倾听别人的言论，尤其注意不要随便打断别人的谈话。与人相处应不矜持，不卑不亢，并注意倒茶、让座之类的不可少但又容易被忽略的日常礼节。

（3）工作认真，踏实肯干。切忌懒散、浮躁、漫不经心，做事要善始善终，切忌丢三落四、虎头蛇尾。对必须从事的体力劳动，不能因为太脏、太累、太苦、太单调而轻视。

（4）讲究信用，遵守纪律。自觉遵守各项规章制度和工作纪律，不迟到，不早退。为人处世一定要守信用，答应过别人的事情务必要做到，如确实因客观原因而未能做到，一定要通过合适的方式使对方理解，避免发生误会。

（5）从小事做起，不以事小而不为。主动承担打扫卫生、整理办公室、打开水等琐事，有人说这是毕业生走上岗位的第一课、必修课，这不无道理。往往就是这类看似不起眼的日常小事，给人留下的印象最深。

（6）注意小节，不要因小而失大。不要长时间地接打私人电话，尽量不要在办公室接待亲友、同学。不要随便串岗，影响他人工作。不要随意翻看他人办公桌上的公文、信件。不传闲话，不随便打听别人的事情，尤其是不能"打破沙锅问到底"。如住集体宿舍，还应注意遵守作息时间和保持寝室的整洁卫生，除节假日外，尽量不要在寝室内饮酒、打牌、打麻将等。

以上要求并不高，但要成为自觉的行为，并非一日之功。实际上，这是一个人的综合素质在日常生活中的反映。因此，尽管"第一印象"在程度上只是暂时的、初步的表面现象，但只要坚持不懈地努力，就能够建立一种更为深层、更富于实际意义的长期印象。

四、熟悉职场环境

在大多数人的一生中，有三分之一的时间是在工作中度过的。从事何种职业、如何从事该职业，对于每一名员工来说都是要认真考虑的问题。对于初涉职场的新人，他们所面临的社会角色发生了变化，面对新的环境和新的人群，只有尽快地熟悉职业环境，才能让自己适应工作，从平凡变得优秀。

（1）了解本职工作。进入职场，首先要清楚自己的本职工作是什么，这是融入职场的第一步。详细了解自己具体的工作内容、步骤和过程，争取早日上手。

（2）了解工作环境。了解公司内部及周围的自然环境，譬如公司各部门办公室的分布情况、卫生间的位置、公司附近的超市、商场、车站情况等。这些也许都是不起眼的小事，但准备工作的好坏会对做事的效率产生很大的影响，当上司让你去某个部门传送文件，你却问他该部门的位置时，上司脸上的诧异表情可想而知。

（3）了解企业情况。了解并严格遵守公司的规章制度。每个公司都会有员工手册，这是新员工认识公司规章制度最直接的途径。但要想迅速融入这个新环境，得到新同事的认可，了解员工手册上的规定远远不够，还必须多看、多想、多向身边的人请教。比如，有些公司明文禁止办公室恋情，有的公司不允许在上班时间接打私人电话。

（4）了解同事情况。了解公司的人际关系情况，新人要多观察、多请教，多从同事的谈话中了解同事的基本信息，在别人不经意间，给别人惊喜或帮助，从而使自己的职业之路更加顺畅。

案例总结

小张现任某四星级酒店的客服部经理，说起这样的成就，他全归结于自己的"狼性追求"：敢作敢为，勇于争取。刚来部门时，虽然只是普通小职员，但他事事力求尽善尽美。

有一次，部门开会讨论一个假期客服计划，有公司高层参加，部门主任汇报了计划后，大家都表示认可，小张却"不知天高地厚"地提出意见，他觉得有想法就要讲出来，是为了把工作做得更好。小张的态度赢得了高层的赞许，在此后的两年里，由于业绩突出，他被提升为客服部经理。

小蔡也是这家酒店的员工，是出名的"小绵羊"，经常面带微笑，同事请她帮忙，她都是有求必应，人缘也极好。可是，领导却对她的工作颇有微词，感觉她虽然工作中没什么大错，但总体来说处于弱势，缺乏一股冲劲。

分析 每一个企业都有自己独特的风格，不同的企业环境造就不同的企业文化。在企业初创时期，很多企业将"狼文化"作为自己的标杆；可是到了企业的发展时期，则开始倡导比较温和的"羊文化"。因此，在求职时，一定要明白自己的个性特质是否和这家企业的文化相匹配。这家酒店的企业文化是"狼文化"，因此，有着"狼性追求"的小张能很快适应这里的企业文化，而

"小绵羊"小蔡则明显不适应。

活动与拓展

主题 职场竞争适应程度测试
目标 初步了解自己的职场竞争适应程度，通过各种努力，提高职场竞争力
建议时间 20分钟
活动过程

独立完成如下测试题，然后与同学讨论如何提高自己的职场竞争力。

如今，竞争可以说是无所不在。无论是在学校还是在职场，你都要面对各种各样的竞争。下面这套测试题，能帮你初步测试自己的竞争指数有多高，能否应对日趋激烈的职场竞争。在下面括号中填入代表选项的字母。

1. 我喜欢和大家一起工作，可以互相帮助。（　　）
　　A. 完全不是　　B. 不太一样　　C. 一般　　D. 很像　　E. 完全一样
2. 看到别人开好车，会让我想要超越对方，想要买部更好的车。（　　）
　　A. 完全不是　　B. 不太一样　　C. 一般　　D. 很像　　E. 完全一样
3. 我总想比同事穿戴得更好。（　　）
　　A. 完全不是　　B. 不太一样　　C. 一般　　D. 很像　　E. 完全一样
4. 看到老朋友比我成功，会激励我更加努力。（　　）
　　A. 完全不是　　B. 不太一样　　C. 一般　　D. 很像　　E. 完全一样
5. 我不会拿自己和别人相比来衡量是否成功。（　　）
　　A. 完全不是　　B. 不太一样　　C. 一般　　D. 很像　　E. 完全一样
6. 有人向我提问时，即使不懂也要装懂。（　　）
　　A. 完全不是　　B. 不太一样　　C. 一般　　D. 很像　　E. 完全一样
7. 我不希望与比我强的人一起共事。（　　）
　　A. 完全不是　　B. 不太一样　　C. 一般　　D. 很像　　E. 完全一样
8. 对于我了解的事，最讨厌有人不懂装懂，在我面前班门弄斧。（　　）
　　A. 完全不是　　B. 不太一样　　C. 一般　　D. 很像　　E. 完全一样
9. 我最得意的是有个吸引众多同事眼光的异性与我关系密切。（　　）
　　A. 完全不是　　B. 不太一样　　C. 一般　　D. 很像　　E. 完全一样
10. 我最讨厌别人说："凡事不必太要强，不必凡事都争出头。"（　　）
　　A. 完全不是　　B. 不太一样　　C. 一般　　D. 很像　　E. 完全一样
11. 我认为比我成功的人不会事事都称心如意，所以不以为然。（　　）
　　A. 完全不是　　B. 不太一样　　C. 一般　　D. 很像　　E. 完全一样

12. 如果能获得特别的肯定,我乐意做个工作狂。(　　)
A. 完全不是　　B. 不太一样　　C. 一般　　D. 很像　　E. 完全一样

13. 即使周遭的人都想表现,我也觉得做好本职工作就可以了。(　　)
A. 完全不是　　B. 不太一样　　C. 一般　　D. 很像　　E. 完全一样

14. 当事情变得越来越棘手时,我会考虑争强好胜是否值得。(　　)
A. 完全不是　　B. 不太一样　　C. 一般　　D. 很像　　E. 完全一样

15. 如果觉得不可能获胜,我会选择放弃参与。(　　)
A. 完全不是　　B. 不太一样　　C. 一般　　D. 很像　　E. 完全一样

16. 人生有太多比争强好胜更重要的事情。(　　)
A. 完全不是　　B. 不太一样　　C. 一般　　D. 很像　　E. 完全一样

17. 我不认同把别人踩在脚下而获得成功的做法。(　　)
A. 完全不是　　B. 不太一样　　C. 一般　　D. 很像　　E. 完全一样

计分方法:A=5分;B=4分;C=3分;D=2分;E=1分。将以上题目的得分累加,得到总分。

25~35分:你的职场竞争心不强,并强烈地害怕失败。这种害怕和伴随而来的焦虑,很可能就是你不愿意竞争的原因,也将成为你职业发展的最大障碍。建议你放开手脚,从实现眼前的小目标开始,一步步达到最后的成功。

36~49分:你觉得参与竞争太过辛苦,所以尽可能避免职业上的竞争,这只是你的惰性。你应该把自己的竞争优势拿出来,仔细分析是否有实力参与竞争,你会发现,自己还是有潜力的。

50~65分:你在职场上不会事事与人竞争。通常视情况来决定是否参与竞争。如果成功足以吸引你,如获得报酬、奖赏、荣誉等,就会让你想参与竞争。参与竞争的原因并不重要,关键在于你如何把握,不要有太多功利心。

66~79分:你性格开朗,见解独特,好胜心强,喜欢受人关注,喜欢追求成功。对你而言,竞争是一种生活态度。因此,你通常很注意自我形象,有坚定的信心,也愿意为成功而努力,而且成功率较高。

80分以上:你是竞争爱好者。对你来说,竞争的过程比赢得胜利更为重要。这种好斗的性格,虽然能使你在职场竞争中获得强大的动力,但也容易因此失去朋友。

思考与讨论

1. 到单位报到的时候,需要注意什么?
2. 企业对员工有什么需求?
3. 为尽快适应职业环境,毕业生应该从哪几方面入手?

第五章　职场适应与发展

第三节　职场规则与制度

学习目标
1. 了解职场的相关规则。
2. 了解职场的相关制度。

案例导入

小夏 2012 年 7 月毕业后就职于一家建筑监理公司，平时酷爱足球运动，经常熬夜看球赛。2012 年 8 月，恰逢伦敦奥运会男子足球比赛，小夏为看球赛，通过网络购买了一张病假证明，并向单位请病假一周。公司人事部门经核实，发现小夏提交的病假证明是伪造的。考虑到建筑监理工作对员工诚信度的高要求，公司负责人决定依据规章制度与小夏解除劳动关系。

分析　规章制度是用人单位开展企业管理的重要依据，包括考勤制度、薪酬制度等。在劳动者入职之初，企业一般会进行规章制度培训并签订遵守协议。职场新人务必重视企业的规章制度，尤其是涉及调岗降薪、辞退、解聘等内容的"红线条款"，因为违反这些条款的规定，极有可能导致劳动关系的变更和解除，关系到劳动者的核心利益。同时，诚实、讲信用是劳动者的基本职业操守，不诚信行为不仅会导致用人单位对劳动者职业素养的消极评价，严重时员工还有可能被解聘或辞退。

一、恪守职场规则

俗话说"没有规矩不成方圆"，职场也有职场规则，这是每个职业人都必须遵守的。

1. 职业道德准则

松下幸之助开创了日本管理新理念，他的人生信条很简单：做一个端端正正的商人，勤勉礼让，安分守己，屈己厚人。这也就是我们平时所说的道德准则。管理企业，实质就是管人，而道德准则是做人的最根本准则。德行职场，才造天下。一个人如果有德，在职场上可以赢得别人的信任和爱戴；如果一个人有德且有才，那么将干出一番事业。诚信、善良、努力、信任、感恩、孝顺、尊重、热情、专注、认同等是多数用人单位重视的职业道德准则。因为人们坚信：诚信是力量的源泉，善良是处世的真谛，努力是提升的捷径，信任是忠诚的基石，感恩是幸福的源泉，孝顺是德行的根本，尊重是交往的前提，热情是卓越的动力，专注是成功的保障，认同是团结的关键。只有遵守职业道德准则，顺利度过职业适应期，才能在职场上有所收获。

2. 职场适应规则

（1）尊敬和服从上级。职场之中，上下级关系的存在是为了保证一个团队或组织工作的顺利开展。上级开展工作必须掌握一定的资源和权力，考虑问题往往从一个团队或组织的整体出发，很难兼顾到每一个人。对于下级来讲，在资源允许的情况下，配合上级共同完成自己负责的工作是首先要考虑的。下级尊敬和服从上级是确保一个团队或组织能够实现目标的重要条件。作为员工，不能站在团队或组织的高度思考问题，而只是站在自己的角度去找上级的麻烦，甚至恃才傲物，不服从管理，那么这样的员工将很难在一个团队或组织里生存，更不用谈发展。

（2）如果你的工作暂时还不能达到上级的要求，一定要及时和上级沟通，要让他知道你的工作进度及努力方向。在实际工作中，有的工作需要较长的时间，可能在一定时期内你的工作还没有让别人看到显著成绩。这时不要和你的上级距离太远，你一定要创造一定的条件去和他进行沟通，让他知道你在努力工作，并让他知道你的工作进度和计划及将要取得的成绩。如果你这样做了，上级一般不会责备你，而且他还会利用他所掌握的资源给你提供一些帮助和建议，这样就会加快你工作的进度，使你提前取得工作成绩。

（3）对于团队或组织依照一定程序所作出的决定，一定要服从，如果认为不合理，则可以通过合适的途径去反馈，并给上级留出一定的时间。一个团队或组织为了工作的正常开展，会依照一定的程序作出决定。当然这些决定有可能是对的，也有可能暂时不太合理或不尽完善。新员工必须要明白：既然决定是团队或组织依照一定程序作出的，就具备一定的权威性和强制力，就要服从。如果这些决定有不合理的地方或不尽完善的地方，就要依照正常的程序和方式提出，如果可能的话，就提出自己的合理化建议，等待回复。在决定还没有得到修改之前，只要这些决定没有触犯法规，作为员工还是应该无条件服从的。如果一开始就采取消极的态度或直接与团队或组织的决定进行对抗，结果受伤的只会是自己。

（4）切忌煽动同事、公开与团队或组织进行对抗来解决问题。作为一个员工，在一个团队或组织里，受到委屈甚至不公平的待遇并不罕见。此时，员工可以选择通过一定的程序和方式提出，甚至可以选择到相关的执法部门寻求帮助。但是采取煽动闹事、公开对抗来解决问题，往往容易把自己推到一个更加不利的境地，因为这种方式是一个团队或组织绝对不能容忍的，结果可能会是问题没有得到解决，自己已经被辞退了。

（5）如果不能为一个团队或组织创造一定的价值，起码不要去制造麻烦而成为不和谐因素。一个团队或组织里，成员的个性各异，这属于正常现象。但有的员工却喜欢耍小聪明、耍小手腕，通过制造麻烦、造谣惑众、煽风点火等方式来达到一些个人目的，结果往往引火烧身。一个人的为人和能力大家都会有一个判断，小聪明、小手腕可能会让一个人得到短期利益，但一旦其他成员对此有所了解，他便很难立足。

（6）对于上级安排的临时性工作，一定要及时反馈。在职场中，有时上级会给你安排一些临时性的工作，这些工作可能会非常紧急和重要，并且会设置完成和反馈的期限。作为下级，在接到上级安排的临时性工作时，如果能够完成，最好不要推托。另外，不管上级是否要求完成和反馈时间，都应该按照工作的性质和紧急程度向上级及时反馈。不可工作安排后，自己将其抛到九霄云外。如果是这样，不但可能使上级不敢相信你，而且今后也可能丧失许多机会。如果感到自己没有能力完成，也应在接到工作时向上级提出，以便上级能够找其他人来完成。

（7）成就上级从而成就自己。工作使大家走到一起，同事之间首先是一种合作关系。如何和上级合作好，对任何一个身在职场之中的人都是极其重要的。这是因为上级手中所掌握的资源和影响力对一个人在职场的发展会起到至关重要的作用。通过对那些在职场上能够快速发展的人进行分析后，人们发现，这些人无疑都是善于和上级进行合作的。他们在做好自己本职工作的同时，都会积极去帮助上级分担一些工作，替上级排忧解难。时间一长，上级就会把更多的锻炼机会提供给他们，而且愿意去培养他们，把自己的一些经验传授给他们。另外，由于能够替上级去分担工作，他们自己就会逐步熟悉上级的工作内容和技巧，而这些往往都是一个人能够得到快速发展的重要条件。当上级由于工作出色得到进一步提升时，首先会考虑把升迁的机会提供和推荐给他们。

（8）把事做好的同时把人做好。一个人一进入职场，就要塑造自己的"品牌"。把事做好、把人做好，是品牌塑造的重要条件。

3. 职场交往规则

（1）不批评、不责备、不抱怨、不攻击、不说教。批评、责备、抱怨和攻击等行为都不利于沟通，只会使事情恶化。

（2）讲出来，尤其是坦白地讲出你内心的感受、感情、痛苦、想法和期望，但绝对不是批评、责备、抱怨和攻击。

（3）互相尊重。只有互相给予对方尊重才能实现沟通。

（4）情绪不稳定时不沟通，尤其是不要作决定。

（5）耐心。要有足够的耐心，有志者事竟成。

（6）承认错误。承认错误是沟通的"消毒剂"，可改善与转化沟通的问题。

（7）说"对不起"。"对不起"是一种软化剂，使事情终有转圜的余地。

（8）不说不该说的话。如果说了不该说的话，往往要花费极大的代价来弥补，正是所谓的"病从口入，祸从口出"。

二、遵守职场制度

1. 职场制度简介

纪律是胜利的保证。现代企业从管理的角度出发，日益重视建立健全各种管理制度。毕业生们参加工作，成为企业员工，理应严格遵守企业的各项规章制度。因此，毕业生们上岗后一定要熟悉企业的规章制度，并在实际工作中严守规章制度，自觉培养和增强自律性。要成为一名守法遵规的员工，就必须在工作、学习中坚持做到自省、自警、自励，踏踏实实，尽职尽责，廉洁奉公，纪律严明，敬业爱岗。

规范和制度是组织正常运营的最基本保证。公司的每一个部门，都会依据本部门的职能制订相应的规章制度，以保证本部门工作顺利而高效地进行。生产部门制订的规章制度，是为了提高公司的生产效率和保证产品的质量，以提升公司的形象；人力资源部门制订的规章制度，是为了更好地为公司招募和培训人才等，以提高公司的人员素质……所以说，作为企业中的一员，作为一名职业人，都应该严格遵守企业规章制度。制度面前人人平等，只有这样才能提升个人的职业素质，企业才能做大做强。

2. 遵守职场制度

要做一名合格的员工，就要严格遵守企业的规章制度。具体说来，就是要做到以下几点：

（1）了解、遵守企业制度。员工进入公司后，首要的任务就是尽快熟悉公司的各项规章制度，并了解它们的目的。每家公司都有自己的规章制度，不同公司的规章制度会存在很大的差异。职场新人应该尽快了解所在公司的规章制度，没有人欢迎一入职就破坏规矩的人。

（2）快速熟悉每一位同事。进入一个完全陌生的环境，应该花上一番工夫，尽快和同事们熟悉起来，从中找到几位兴趣相投、价值观相近的同事，与之建立友谊，打造自己在公司里的社交圈。这样，一旦在工作中遇到困难，他们就会帮助你。不过要注意，与同事搞好关系应把握一个度，千万不要钻进某个狭隘的小团体里，拉帮结派只会引起"圈外人"对你的对立情绪。

📖 **拓展阅读**

工作中的不良习惯

1. 经常迟到、早退。
2. 衣冠不整，发式怪异。
3. 长时间打私人电话或聊天。
4. 上班时间做小动作，如玩笔、玩手机。
5. 警察心态，总喜欢盯着别人。
6. 发电子邮件不写"主题"，不写姓名。
7. 客户、领导到访，不主动起立，不打招呼。
8. 推卸责任，经常为自己找借口。

（3）不要标新立异。有些职员为了引起老板或他人的注意而故意标新立异。要记住的是，中国的文化强调中庸之道，新员工入职后应谦虚谨慎，尽快适应新环境，而不应标新立异，引起他人的反感。

（4）要从小事做起。早到办公室、打扫卫生、擦桌子，甚至倒水，这是很多人不愿干的事。但在有些企业，这些小事是老员工考察新员工的标尺。

3. 职场制度举例

某公司的人员管理制度如下：

××××公司人员管理制度

1. 工作人员须在规定时间内签到。

员工上午上班时间为8：00—11：30（8：20前打卡），下午上班时间为13：30—17：30（14：00前打卡）。

行政人员8：00点前打卡，职能科室人员8：20前打卡。

2. 工作人员进入公司须按照要求打卡签到。一人一卡，不允许代替他人签到，违者给予警告和每次50元的经济处罚。上班不签到者，视为旷工，无故旷工三天以上（含三天）的员工，视为自动离职。

3. 工作人员须积极参加公司组织的各种培训，不断更新业务知识，提高业务水平，适应业务发展的要求。

4. 工作人员因故不能按时上班或参加公司统一安排的活动时，应该提前或及时向主管领导请假，不请假或请假未经批准的不出勤者，公司视为旷工。

5. 工作人员未在工作规定时间内签到者，公司视为迟到。迟到一次扣款10元，此条适用于公司所有员工。

6. 工作人员进入公司后，应着职业装，简洁、大方、得体。如果不按照公司要求着装，行政管理人员有权将其劝出公司，该员工将按照旷工处理。

7. 工作人员在公司内必须严格遵守职场制度，不抽烟、不喝酒、不打牌、不吃东西、不嚼口香糖等；不大声喊叫，不随意窜科室；上班期间中午一律不允许喝酒，特殊情况须经过总经理批准。

8. 工作人员不碍无故进入行政部门和高管办公室，如有事（客户要求）须请示主管领导。员工非特殊情况，一律不得越级汇报、请示工作。

9. 工作人员须爱护公司的财物，包括电脑、音控设备设施、办公用品等，凡无故损害公物者，一律照价赔偿。工作人员要求养成随手关灯、节约用水的好习惯。不准用公司的电脑上网聊天、打游戏、观看娱乐节目等，违者每次罚款50元。

10. 任何人不得在公司内办理与公司业务无关的其他业务，一旦发现立即开除。

11. 骑自行车和驾车上班的员工应按照规定将车停放在停车位置上。

12. 公司员工如违反国家法律法规，严重损害公司声誉及利益时，公司视为自动离职，并保留追究其法律和经济责任的权利。

13. 本规定自2012年1月1日起开始执行。

××××公司
2011年12月20日

案例总结

星光公司是一家民营企业。赵总是星光公司的创始人，今年已经60多岁。他最骄傲的是星光公司就像一个大家庭，他一向在公司中以"家长"的身份自居，公司各级主管之中有不少人是老员工，其中有些人虽然岁数大、能力有限，但仍在公司中担任很重要的职位。

2012年1月20日，赵总宣布聘任一位刘先生担任星光公司的常务副总经理，负责公司的全盘经营责任。但是过了一年，刘副总经理感到公司的许多制度形同虚设，而自己又无力改变，虽然星光公司这一年的经营业绩不错，他还是主动辞职了。

分析 星光公司是一家民营企业，它的管理明显是一种家族式的管理。赵

第五章　职场适应与发展

总想通过引进刘副总经理，引入先进的管理机制，使公司获得更好的发展，但结果却事与愿违。这家公司的管理制度其实是靠关系维系着的，一个人的加入是无法撼动这个制度的，所以刘先生感到与其在这家公司无用武之地，不如及早离开。

活动与拓展

主题　公司的规章制度初探
目标　初步了解几类公司的规章制度
建议时间　课外＋课上10分钟
活动过程
1. 学生在课外通过搜索网络、询问家人和朋友等，了解几类（三类以上）公司的规章制度，找出它们的异同点。
2. 课上交流各自的收获，相互学习。

思考与讨论
1. 谈谈你对职业道德准则的认识，并举一些坚守职业道德准则的实例。
2. 职业人为什么要遵守职场制度？

第四节　职业素养修炼

学习目标

1. 了解职业素养的含义和内容。
2. 重视职业素养培养的意义。
3. 了解职场必备的职业素养。

案例导入

小美刚刚参加工作，在一家通信科技公司担任设计师助理，从事智能手机的研发工作。在小美入职之初，公司曾专门进行过商业保密培训，同时在劳动合同中约定，一旦泄露公司核心商业机密，公司有权解除劳动关系并要求赔偿损失。小美平时爱玩微博，2012年8月，小美将自己在实验室的自拍照片上传至微博，照片背景中有一款公司新研发的智能手机实验模型。照片被大量转发，该款智能手机实验模型被提前曝光，影响了公司的商业推广计划。为此，公司将小美辞退，并通过诉讼向小美索要赔偿。

分析 依据《劳动合同法》的规定，用人单位与劳动者可以在劳动合同中约定保守用人单位的商业秘密和与知识产权相关的保密事项，违反保密义务给用人单位造成损失的，劳动者应当承担相应的赔偿责任。现在的职场新人是伴随着网络技术发展成长起来的一代人，网络技术的普及对企业商业秘密的保护提出了挑战，很多企业的商业信息通过网络被泄露。因此，职场新人要提高保密意识，避免因一时疏忽给用人单位造成损失，同时也给自己的职业生涯带来不利影响。

一、职业素养的含义

职业素养鼻祖圣·费朗西斯科（San Francisco）在其著作《职业素养》中这样定义职业素养：职业素养是人类在社会活动中需要遵守的行为规范，是职业内在的要求，是一个人在职业过程中表现出来的综合品质。职业素养具体量化表现为职商（Career Quotient，简称 CQ），体现一个社会人在职场中成功的素养及智慧。职业素养是劳动者对社会职业了解与适应能力的一种综合体现，是劳动者通过不断学习和积累，在职业生涯中表现并发挥作用的相关品质。

二、职业素养的基本内容

人的素养，体现在职场上就是职业素养，它包括专业能力（职业能力）、敬业（职业态度）和道德（职业道德）、职业意识、职业行为、职业技能等方面的内容。在表现形式上，职业素养分为内化素养和外化素养。内化素养是职业素养中最根本的部分，包含个人的世界观、价值观、人生观等范畴；外化素养指计算机、英语等属于技能范畴的素养，通过学习、培训可以获得，在实践运用中会日渐成熟。

职业素养教育是一种养成教育。圣·弗朗西斯科认为，职业素养的修炼需要经历以下七道关：

(1) 印象关——初入职场形象管理。
(2) 心态关——学生向社会人转变。
(3) 道德关——职场安身立命之本。
(4) 沟通关——打造职场"人气王"。
(5) 专业关——从生手变成熟手。
(6) 诚信关——取得职场长期居住证。
(7) 忠诚关——走进高层核心圈。

打通了这"七道关"，一个人就具备了良好的职业素养，进而实现人生价值。

三、职业素养培养的意义

职业素养不是以这件事做了会对个人带来什么利益和造成什么影响为衡量标准，而是以这件事与工作目标的关系为衡量标准。良好的职业素养是衡量一个职业人成熟度的重要指标从个人的角度来看，适者生存，个人缺乏良好的职业素养，就很难取得突出的工作业绩，更谈不上建功立业；从企业角度来看，唯有集中具备较高职业素养的人员才能实现求得生存与发展的目标，可以帮助企业节省成本、提高效率，从而提高企业在市场中的竞争力；从国家的角度看，国民职业素养的高低直接影响着国家经济的发展，是社会稳定的前提。因此，职业素养教育显得尤为重要。

职场箴言

我公司聘请人的标准是敬业，当然，辞退的原因就是不敬业。我认为，一个人的工作是他生存的基本权利，有没有权利在这个世界上生存，要看他能不能认真对待工作。

能力不是最主要的，能力差一点，只要有敬业精神，能力会提高的。

如果一个人本职工作做不好，应付工作，最终失去的是信誉，再找别的工作、做其他的事情都没有可信度。如果认真做好一个工作，往往还有更好的工作等着你去做，这就是良性发展。

——张朝阳

四、职场必备的职业素养

职场必备的职业素养主要包括良好的职业道德素质、文化素质、心理素质、身体素质、职业意识、职业能力、职业习惯、职业态度、职业形象等。

1. 职业道德素质

职业道德素质是企业人才最重要的素质之一，越来越多的企业首先看重人才的职业道德素质。职业道德包括爱岗敬业、诚实守信、办事公道、服务群众、奉献社会等方面的内容。在市场激烈竞争的今天，一个有学问、有能力的人，如果道德品质不好，将会对企业造成极大的损害。现在许多公司在招聘员工时，要求应聘者出示原单位的工作表现证明，以了解他们在以往工作中的职业道德素质水平。

职业道德的基本职能是调节职能。一方面，它可以调节从业人员内部的关系，即运用职业道德规范来约束职业内部人员的行为，促进职业内部人员的团结与合作。另一方面，职业道德可以调节服务人员和服务对象之间的关系。职业道德还有助于维护和提高本行业的信誉，促进本行业的发展，进而提高全社会的道德水平。

2. 文化素质

文化素质是指人们在文化方面所具有的较为稳定的、内在的基本品质，表明人们在这些知识及与之相适应的能力、行为、情感等综合发展的质量、水平和个性特点。优秀的企业人才一必须具备一定的基础理论知识、较深厚的专业知识和广泛的邻近学科知识。良好的文化素质可以加快新员工在职业适应期对企业文化的认同，与企业战略协调一致，更好地为企业工作。

3. 心理素质

心理素质是以生理素质为基础，在实践活动中通过主体与客体的相互作用，而逐步发展和形成的心理潜能、特点、品质等的综合，即人适应和应对职场生活、学习、工作要求所形成的稳定的个性品质及其发展水平。它包括人的认识能力、情绪和情感品质、意志品质、气质和性格等个性品质方面。

社会的高度发展突出了相应心理素质的要求，人们在观看竞技比赛时常感到高水平的大赛不仅是技能的较量更是心理素质的比拼。企业也需要具有优异心理素质的人才。在职场中，人们势必会遇到各种各样的困难和阻力，是否具备良好的心理素质，也是一个人能否胜任工作的重要检验标准。通常一个优秀的员工，要具备这些方面的心理素质：强烈的自信心，追求目标实现的必胜信念，积极果断、坚忍不拔、处变不惊的意志品质。

4. 身体素质

员工的身体素质对企业来说是非常重要的。面对繁重的工作、复杂的关系，身体健康的人工作起来精神焕发、活力充沛，而不致因体力不济半途而废。由于社会的发展，经济竞争的日益激烈，人们常常需要在各种关系中周旋，产生过度的疲劳和压力，这就需要人们保持身体的健康，科学地释放压力，注意锻炼身体。

5. 职业意识

职业意识又称主人翁精神，是人们对职业劳动的认识、评价、情感和态度等心理成分的综合反映，是支配和调控全部职业行为和职业活动的调节器。它包括诚信意识、创新意识、团队协作意识和奉献意识等方面。

职业意识既影响个人的就业和择业方向，又影响整个社会的就业状况。职业意识由就业意识和择业意识构成。就业意识是人们对自己从事的工作和任职角色的看法；择业意识是人们对自己希望从事的职业的看法。职业意识的形成不是突然的，而是一个由幻想到现实、由模糊到清晰、由摇摆到稳定、由远及近的过程。

（1）诚信意识。古人曰："人无信不立。"市场经济是信用经济，一个企业、一个职业人的市场信誉是可以用价值来度量的，即信誉度。名牌、品牌可以作为无形资产、产权进行交易，就是这个道理。每一个人要想使自己有所成就，首先必须诚信，才可能得到别人的认可，继而实现人生价值，获得职业生涯的成功。

（2）顾客意识。顾客是商品的接受者、选择者、购买的决定者。对待顾客的态度，实质上就是对待自己"饭碗"的态度。

（3）团队协作意识。个人与社会、团队、整体的利益是对立统一的。一个企业就是一个独立的社会经营团队，是由所有员工组成的一个利益共同体。它由大家来维护、创造，又给每个人带来经济利益与精神生活。维护团队的声誉和利益，不说诋毁团队的话，不做损害团队的事，是每个成员应尽的义务。一个有凝聚力的团队，各级之间相互支持、通力协作，既有分工，又有合作，充分呈现较强的工作合力。

> **职场箴言**
>
> 在一家具有整体高智商的公司里工作的雇员能够有效协作，结果所有在同一个项目里工作的主要人员都能很好地相互激励。一种团队协作的文化，在信息流的增强之下，就会使公司的聪明人彼此发生可能的联系。当你拥有一定数量的高智商人才并能良好协作时，其能量水平就能冲出一条路。交叉的激励产生新的思想——那些不太有经验的雇员也会因此被带到一个更高的水平上。
>
> ——比尔·盖茨

（4）自律意识。分清职业与业余的不同，在扮演职业角色时，能够克制自己的偏好，克服自己的弱点，约束自己的行为。

（5）学习意识。社会发展突飞猛进，新的知识不断出现。每个人都想使自己有所成就，只有具备良好的学习心态、意识，不断学习，才能使自己跟上时代步伐，才有可能实现人生价值，取得职业生涯的成功。

（6）创新意识。创新是一个组织的灵魂，是组织兴旺发达的不竭动力。只有不断创新，才能有所发展。始终保持与时俱进的精神状态，学习最新的科技创新、管理创新和服务创新理念，掌握新本领，摸索新方法，为事业的发展注入强劲的动力。

6. 职业能力

职业能力是人们从事某种职业的多种能力的综合。例如，一位教师只具有语言表达能力是不够的，还必须具有对教学的组织和管理能力、对教材的理解和使用能力、对教学效果的分析和判断能力，以及对现代化教学手段的驾驭能力等。

职业能力是多种能力的综合,包括一般职业能力、专业职业能力和综合职业能力。

(1) 一般职业能力。主要是指一般的学习能力、文字和语言运用能力、数学运用能力、空间判断能力、形体知觉能力、颜色分辨能力、手的灵巧度、手眼协调能力等。此外,任何职业岗位的工作都需要与人打交道,所以人际交往能力、团队协作能力、对环境的适应能力以及遇到挫折时良好的心理承受能力,都是职业活动中不可缺少的。

(2) 专业职业能力。主要是指从事某一职业的专业能力,即是否具备胜任岗位工作的专业能力。

(3) 综合职业能力。主要是指国际上普遍注重培养的"关键能力",包括跨职业的专业能力、方法能力、社会能力和个人能力。①跨职业的专业能力是指一个人既要具有运用数学和测量方法的能力,也要具有相应的计算机应用能力和运用外语解决技术问题和进行交流的能力。②方法能力是指信息收集和筛选能力、制订工作计划、独立决策和实施的能力等。③社会能力主要是指一个人的团队协作能力、人际交往和沟通的能力。在工作中能够协助他人共同完成工作,对他人公正宽容,具有准确的判断力和自律能力等,是胜任岗位和在工作中开拓进取的重要条件。④个人能力是指求职者要明确自己的能力、优势以及胜任某种工作的可能性。可以由专业职业指导人员帮助分析,根据本人学历状况、职业资格、职业实践等来确定个人职业能力。必要时,可以进行相关测试作为参考。

7. 职业习惯

良好职业习惯的养成有利于求职者顺利度过职场适应期,同时为今后的发展和成功打下坚实的基础。良好的职业习惯主要包括如下几点:

(1) 计划工作,及时总结。
(2) 工作分级,量力执行。
(3) 反馈信息,善始善终。
(4) 检查验证,不留错误。
(5) 不断学习,勤于请教。

8. 职业态度

职业态度是指个人对职业选择所持的观念和态度,包括选择方法、工作取向、独立决策能力与选择过程的观念。

个人的职业态度会对其职业选择的行为产生影响,观念正确、心理健全的人,对职业的选择较积极、慎重,做出正确选择的机会较大;相反地,观念不正确、心理不健全的人，对职业的选择具有推诿搪塞、轻忽草率及宿命论的倾向。因此，养成正确的职业态度非常必要。

9. 职业形象

职业形象要与个人职业气质相契合，与个人年龄相契合，与办公室风格相契合，与工作特点相契合，与行业要求相契合。良好的职业形象是从着装、装扮、言谈、举止等多个方面体现出来的，而这些细节都是职业形象的重要组成部分。社会对于职业人的要求是打扮得体，说话斯文，举手投足适度，外在和内在的统一，也就是我们说的"表里如一"。

职场礼仪是塑造职业形象的重要途径。根据工作场所，大体可将职场礼仪分为办公室礼仪、工厂规范礼仪和公共区域礼仪三大类。

（1）办公室礼仪。在现代社会中，办公室已经成为职业工作的基本场所。人们在办公室要与同事、领导发生各种人际交往。因此，办公室礼仪也就构成了现代职业礼仪的重要组成部分。在办公室里，要按照待人以诚的原则与人相处，不过于谦卑也不倨傲，快乐地融入团队之中。

（2）工厂规范礼仪。在被工厂录用后，需要全面了解工厂的各项规章制度，特别是一些安全事项需要认真牢记，并严格遵守。同时，要积极地了解管理各项业务工作的负责人姓名及职责，在自己有困难的时候，能够直接找到负责人帮助解决问题。工作过程中，要养成良好的卫生习惯，严禁向窗外抛物、倒水、吐痰、扔烟蒂，维护良好的生产环境。下班时，应做到"善始善终"，将工作服放入个人储物箱内，整理好个人用品，为第二天的工作创造美好的环境。

（3）公共区域礼仪。在公共场合，每个人都代表了所从事职业的形象，这就需要我们注意自身的行为。要做到文明言行、尊重他人、与人为善，做到自身发型服饰、气质、言谈举止与职业、场合、地位及性格相吻合，给人留下美好的"第一印象"。

良好职业形象的基本要求如下：

（1）职业形象要与自己的工作相符。从职业发展的角度来看，一个人的着装不应该仅仅符合当前工作的要求，而应该更进一步。也就是说，在遵守规则的情况下，超前地树立起自己良好的职业形象。比如，当你还是普通职员时，就以主管或经理的职业形象标准来要求自己，让自己在外表和举止上都达到更高的标准，为以后的职业前途作好铺垫，从而更快地实现职业晋升或职业转型。

（2）职业形象应与个人职业和企业文化相符。职业形象具有多元化的特点，不同职业要求的职业形象也不同，这就需要职业人根据岗位和企业文化的不同来设计自身的职业形象。例如，教师的职业形象应该是整洁、庄重、大方。

（3）职业形象应满足和谐的原则。职业形象应与自己的年龄、身份、体形、肤色、性格等和谐统一。人际交往中，职业形象应与场合、交往目的相协调。工作过程中，职业形象要与环境风格、企业文化、行业要求相协调。在展示自我的同时尊重别人，达到整体的和谐统一。

拓展阅读

注重职业形象的意义

著名形象设计公司CMB公司曾对300名金融公司决策人进行调查，结果显示，成功的形象塑造是获得高职位的关键。职业形象对于人们职业发展的重要意义主要表现在以下三个方面：

1. 职业形象对于人的第一印象的形成非常重要。很多人力资源专员在招聘员工时，对应聘者职业形象非常重视，他们认为实际工作中那些职业形象不合格、职业气质差的员工不可能在同事和客户面前获得高度认可，工作效果也无疑会打折扣。

2. 职业形象不仅可以影响个人的心态和情绪，还会影响到一个人的自信程度和角色扮演。良好的职业形象能够得到客户和他人的尊重，也会使自己表现得从容自信，进而提高个人的工作效率。

3. 职业形象直接影响着企业的工作业绩和个人发展。如果自己的职业形象不能体现出应有的专业性，不能给客户带来信赖感，得不到客户的认可，就会影响企业的发展，同时也会影响个人晋升。

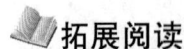案例总结

某天，上海师范大学的全体女教师收到了一封名为"绿叶行动"的倡议书，其主要内容是三条非常普通的要求：衣着端庄，准时上课，劝阻上课打瞌睡的学生。短短几天内，两百多名女教师积极响应倡议书。根据倡议，教师的衣着打扮无疑成为了女教师们承诺的重点：杜绝穿背心、超短裙、拖鞋进课堂。"教师毕竟是教书育人的，衣着问题不得不引起足够重视。"在此次倡议发起人之一的上海师范大学妇委会常务副主任钱建萍看来，讲台上的女教师们要维护教师尊严，首先要从得体的衣着打扮开始。钱建萍说，除了拖鞋、超短裙外，吊带衫、无袖上衣等"局部暴露"的服饰也都被列入女教师"禁穿"

的行列。上海师范大学法政学院青年女教师吴文艳表示,最近学校推出的"绿叶行动"其实并未引起轩然大波,因为传统教师的职业形象早已深入每位教师心中,"得体"和"端庄"作为教师的着装标准,一直以来都未随着时代的变迁而改变。

分析 作为教师,日常的职业形象对学生的影响很大。教师穿着得体,不仅是对课堂的尊重,也是对学生的尊重。规范女教师的衣着,也有助于形成教师自身良好的职业形象。

活动与拓展

主题 背摔

目标 锻炼个人的心理素质和团队协作能力

建议时间 40分钟(户外)

活动过程

1. 教师将学生分成若干小组,每组9人。

2. 一名组员站在一座1.6米高的矮墙上,背朝墙下,身体站直。为了防止摔下去时手臂伤人,要将双手交叉放在自己胸前。

3. 其他8位组员面对面站成两排,将自己的双手搭在对面组员的肩上。

4. 站在矮墙上的组员直挺挺地向后倒下,下面的8位组员将其接住。

5. 下面的8位组员轮流上墙,重复动作。

6. 完毕后,每个组员说出从墙上倒下和在墙下接人的感受,懂得相信同伴的道理。

思考与讨论

1. 什么是职业素养?

2. 职业人为何要具备职业素养?

3. 职业素养主要包括哪些内容?

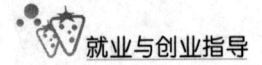

第五节　跳槽、辞职与失业

学习目标

1. 了解职业转换的模式。
2. 正确地看待跳槽。
3. 了解辞职的步骤及辞职信的主要内容。
4. 了解失业的含义及应对方法。

案例导入

1990年出生的小梁大学阶段所学的专业是市场营销。2012年9月，小梁经过层层选拔成为一家奢侈品销售公司的管理培训生。培训结束后，小梁被派到公司下属专卖店当店员，并被告知如果连续两年销售业绩较好，可以被推荐为店长乃至区域经理。小梁觉得公司品牌虽好，但要从基层做起，起点太低，于是在工作了两个月后，小梁离开了这家奢侈品销售公司。2013年1月，小梁应聘进入一家IT公司销售部，但在工作了三个月后，又嫌工作环境不好而再次离职。

分析　这种入职时间较短还频繁"跳槽"的行为，常被称为"闪辞"。缺乏成熟规划的"闪辞"给职场新人的职业生涯带来很多消极影响：大部分用人单位很看重员工的工作稳定性，频繁"闪辞"会降低用人单位对应聘者职业忠诚度的评价；同时，频繁更换岗位，可能导致社会保险断缴，影响医疗保险报销及养老保险的缴费年限；再者，如果劳动者与用人单位签订了服务期限协议，可能会因为"跳槽"而导致承担违约金。

一、职业转换

职业转换是指劳动者放弃一个职业角色而获得另一个职业角色的过程。职业转换是一种特殊的职业选择形式，是职业流动的一种具体方式。职业转换的范围比较广。它不仅包括不同职业种类之间的变换，也包括同一职业领域内的不同职业活动方式，即职系、职位之间的变换，还包括部分劳动力的流动。"跳槽"、"辞职"是劳动者实现职业转换的方式。

简单地说，职业转换的模式由职业名称的变化和职业领域名称的变化两种因素构成，由此，可以衍生出三种具体的职业转换模式。

1. X-Y职业转换模式

这是一种只改变职业领域而保留职业名称的职业转换模式。职业名称没有变换，也就是所从事的职业工作没变；职业领域变了，也就是工作环境改变了。表明这个劳动者职业转换

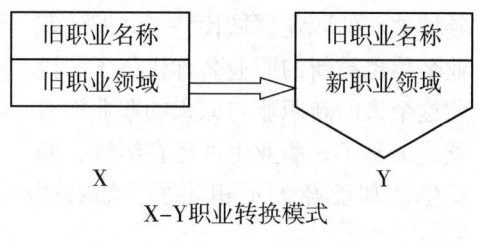

X-Y职业转换模式

的方式不是变更职业工作，而是选择进入一个新的职业领域，如上图所示。

图中从X到Y的职业转换，上半部分的旧职业名称没有变化，下半部分的职业领域由旧变新了，从旧职业领域到新职业领域，就是这类职业转换的全部内容。

比如，报社的编辑辞职以后到出版社当编辑，这种行为就是一种典型的X-Y模式职业转换行为。因为原来从事的职业名称是编辑，职业领域是新闻系统；职业转换以后，职业名称虽然还是编辑，职业领域却变成了出版系统。劳动者的职业身份，由新闻界人士变成了出版界人士，职业形象和职业规范也发生相应变化。

2. X-Z职业转换模式

这是一种只改变职业名称而不改变职业领域的职业转换模式。职业名称改变，是最典型的职业转换，说明这个人已经放弃了原来从事的职业工作，开始从事一种全新的职业工作

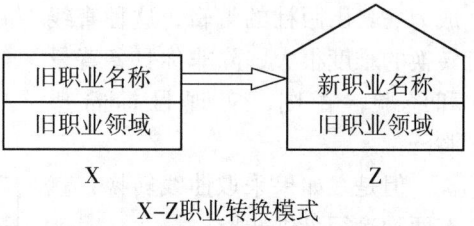

X-Z职业转换模式

了。但是，职业领域没有改变，说明他并没有离开原有的职业领域，属于只变换职业工作、不变换职业身份的职业转换，如上图所示。

图中从X到Z的职业转换，上半部分的旧职业名称，被新职业名称取代了，下半部分的职业领域，却没有丝毫改变。这种在同一职业领域中改变职业工作的现象很常见。

比如，饭店服务员当经理，企业工程师当厂长，都属于只改变职业名称而没改变职业领域的职业转换。前者是服务领域，改换职业后，仍属于服务领域的从业人员；后者是工业生产领域，改换职业后，仍属于工业企业员工。

职业名称的改变，意味着职业性质、规范、工作方式的变化，尽管还在同样的职业领域，其职业地位等已发生变化。

3. X-N职业转换模式

这是一种职业名称和职业领域都作出改变的职业转换模式。毫无疑问，这

是最彻底的弃旧从新行为。旧的职业领域被新的职业领域代替了，旧的职业名称也被新的职业名称代替了，说明这个人的新职业与原来的职业没有丝毫瓜葛了，职业生涯还在继续，职业生活却已经大不相同了，如右图所示。

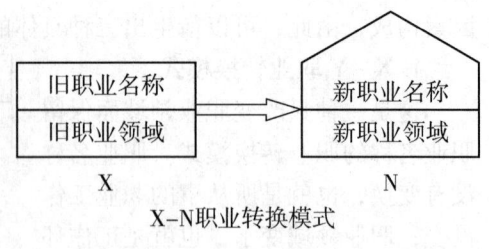

X-N职业转换模式

图中从X到N的职业转换，是一种完全性的职业改变方式。这种转换显然比前两种职业转换更难，因为任何职业及职业领域都有其自身的独特性，所谓隔行如隔山，就是这个道理。放弃原来的职业和职业领域，选择全新的职业和职业领域，等于是一切从头再来，最大的障碍是缺少相应的职业经验，很难被新的职业领域或单位接纳，就是自己创业，也会受到经验不足的影响。

在现实生活中，这类职业转换分为直线转换和曲线转换两种：直线转换是由此到彼一次性完成，曲线转换是逐步完成。

例如，在右图中，从X到N一跃完成，即从一所学校的会计转换成为一名出版社的编辑，这种直线转换的难度很大，除非你具备背景和经验，否则，实现目标希望渺茫。

但是，如果采取曲线转换，就有两种途径可供选择：

第一种是先从X到Y，即仍做会计员，只是改换职业领域到出版社去工作，在那儿工作两三年，然

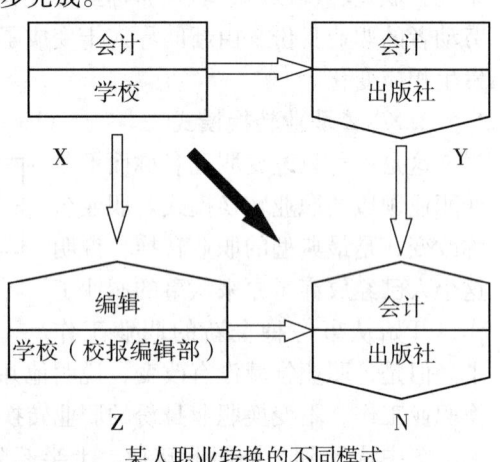

某人职业转换的不同模式

后设法在出版社做一名编辑，或者努力让另外一家出版社聘你做编辑。

第二种是先从X到Z，即到学校校报编辑部去当一名编辑，改变职业不改变职业领域，然后想办法调到出版社当编辑，这样从X到N就容易多了。

这两种曲线转换的巨大优点是每次都有所变动，职业名称和职业领域逐步改变，职业转换的成功率也高多了。

二、跳槽

"跳槽"是对劳动者离开原来的工作而另谋高就的一种俗称。跳槽是一门学问，也是一种策略。"人往高处走"，这固然没有错。但是，说来轻巧的一

第五章　职场适应与发展

句话，它却包含了为什么"走"、什么是"高"、怎么"走"、什么时候"走"，以及"走"了以后怎么办等一系列问题。那么当面临跳槽时，如何才能顺利地完成跳槽，从而取得职业的成功呢？

1. 跳槽的分类

通常跳槽可分为两类，即被动的跳槽和主动的跳槽。

被动的跳槽是个人对自己的工作不满意，从而选择跳槽。这里的"不满意"，具体包括对人际关系（包括上下级关系）、工作内容、工作岗位、工作待遇、工作环境或工作条件、发展机会等不满意。例如，如果某人与上司关系不融洽，觉得得不到发展，自己也感觉无法适应环境，那么恐怕就要考虑换个环境了。

主动的跳槽是面对着更好的工作条件，如待遇、工作环境、发展机会等，从而选择跳槽。

2. 跳槽前需要回答的问题

当一个人有了跳槽动机的时候，就是跳槽行动的开始。但是，为了使自己跳得更"高"，在跳槽前应回答如下问题：

（1）是什么让你不满意现在的工作？

（2）你经过慎重考虑了吗？只是一时的情绪冲动吗？尝试进行自我调整了吗？

（3）跳槽会使你失去什么，又得到什么呢？

（4）适应新的工作或环境、建立新的人际关系需要你付出更多的精力，你有信心吗？

（5）你的背景和能力能适应新的工作吗？

（6）你是为了生活而工作，还是为了工作而生活？

（7）你有没有职业目标？新的工作是不是为你提供了一个清晰的职业方向？

（8）征求过专家的意见吗？有没有咨询过权威的职业顾问？

如果对上面的问题回答是"是"，那么你可以接着考虑下面的问题：

（1）你想接受的新职位是什么？如果比你现在的职位还低，你能接受吗？

（2）新的工作要求你从头做起，你有这个心理准备吗？

（3）你在现在的公司工作了多久？（一般来说，在一个公司的工作时间至少应该满一年，否则它不会为你提供非常有价值的职业发展依据。）

（4）你想何时跳槽？

（5）你实事求是地估计自己的能力了吗？你的优点或特长是什么？你有哪些不足？

3. 实施跳槽行动

一旦决定跳槽，就要大胆地付诸实施。这时需要选择恰当的跳槽时机，以下是一些应当注意的事项：

（1）查阅与公司签订的劳动合同，明确自己是否受到违约或竞业限制等条款影响，了解离职手续办理难易程度等，做到心中有数。

（2）尽可能收集新公司的信息以及可能要求自己提供的材料，做到有备无患。

（3）准备一份职业化的简历，可以寻求职业顾问的帮助。

（4）有时候根据自己的工作经历和能力，通过猎头公司应聘也不失为一种有效的策略。

（5）向原公司递交辞职信，做好离职过渡期的安排。记住一定要在确认被新单位接收后递交辞职信。

（6）虽然你应聘成功了，虽然你可能"痛恨"原来的公司，但是也不要在背后议论，这是一种职业化的表现。

4. 跳槽后的心理阶段

职业人在跳槽后通常情绪不太稳定，可能经历如下几个阶段。

（1）蜜月期。对新工作的憧憬会让人产生"盲目乐观"的情绪，一旦求职成功便信心满满。这一阶段就像新入职一样，对工作充满热情，干劲十足。

（2）受挫期。时间长了，当发现工作和预期不一致，自己并不那么受重视时，积极性很容易受到打击，产生受挫心理。

（3）低迷期。累积的挫败感和失落感让人后悔、迷惘，甚至想再跳槽。此时，最重要的是调整心态、转移生活重心，比如降低对收入、职位等的预期，而不要沉迷于抱怨、懊恼之中。

（4）着陆期。经过了心理考验，多数人对新工作会渐渐接受，逐渐融入新的团队，客观看待得失，在心态上开始"着陆"。此时，要及时提醒自己不要好高骛远，而要多向老员工学习经验，给自己"充足电"。

其实不管是什么样的工作，处于什么样的阶段，努力调整自己的心态，正确地认识和理解自己的工作，那么这四个阶段将不会影响你的工作。

5. 跳槽注意事项

跳槽对于职业人来讲，不是一蹴而就的。寻求职业的发展，是跳槽的重要原因，其成败与否更是直接关系到个人的前途与发展。

（1）适合自己的才是最好的。职业发展并不是根据薪水与职位的高低来判断的，更重要的是知道自己能做什么，适合做什么。只有找到真正适合自己的岗位，才能发挥出自己最大的潜力，赢得职场的成功。

（2）看准行业、企业背景。职场如战场，没有深谋远虑，职业发展的航船就会随时搁浅。在一个有潜力的职场里，个人资本会成几何级数裂变增值。

（3）找准立足点。一些职业人在跳槽过程中只考虑薪资，而不考虑自己到某个岗位上是否能够真正发挥自己的能力，这是不正确的。

对高薪、高职的渴求本身无可厚非，但是追求的前提是要有利于自身未来职业的发展。如果仅仅着眼于眼前的利益，那么丧失的将是自己的前途。

拓展阅读

员工"跳槽"的理由众多，概括起来大致有八大类型：创业式跳槽，发展式跳槽，挑战式跳槽，选择式跳槽，"钱"途式跳槽，感觉式跳槽，习惯式跳槽，被动式跳槽。

三、辞职

辞职即辞去职务，是劳动者向用人单位提出解除劳动合同或劳动关系的行为。辞职一般有两种情形：一是依法立即解除劳动关系，如用人单位对职工有暴力或威胁行为强迫其劳动、不按合同约定支付工资等，职工可以随时向用人单位提出解除劳动合同的要求；二是根据职工自己的选择，提前30日以书面形式通知用人单位解除劳动合同关系。

拓展阅读

辞职的相关规定

《中华人民共和国劳动合同法》第三十八条规定，用人单位有下列情形之一的，劳动者可以解除劳动合同：

1. 未按照劳动合同约定提供劳动保护或者劳动条件的；
2. 未及时足额支付劳动报酬的；
3. 未依法为劳动者交纳社会保险费的；
4. 用人单位的规章制度违反法律、法规的规定，损害劳动者权益的。

辞职的步骤如下：

第一步：写辞职信。这是必需的也是最基本的一步，辞职信和求职信一样都有一定的格式。一封合格的辞职信一般必须包括以下内容：离职原因，离职期限，工作的交接，向公司表示感谢的礼貌用语。也可以再加上一些个人的意见和建议，推荐合适的接班人等内容，但措辞和语气一定不能过激。

第二步：和主管详谈。这是离职过程中最重要的一步，离职请求是否能够得到批准和支持，关键还得看这一步。在和主管详谈之前，必须准备好离职的充分理由。如果平时的工作表现还不错，或者是公司的骨干力量，那么在谈话中主管很可能会挽留你，自己必须用得体的语言去应对，想方设法表明立场，并坚持自己的初衷。切忌不辞而别，那是极其不负责任的行为，会造成非常不良的影响。

第三步：交接工作。在和主管谈妥了具体离职意向并征得同意之后，就应该开始着手交接工作。在公司还没找到合适的接替者的时候，应该一如既往地努力做好本职工作，站好最后一班岗。即使在接替自己的人确定了之后，仍需将手头的工作交接完毕才能离开公司，以尽到自己的最后一份责任。

第四步：办理人事手续。决定离职之后，会有一系列人事手续要办，一般来说是由原单位开出退工单，并将离职人的档案转出。另外，养老关系和房屋公积金等也需要一并转移。假如离职人已经找到了新单位，那么只要将原有的劳动关系转到新单位即可。

第五步：开具离职证明。按正常途径来讲，离开的时候要开具离职证明，有些公司招聘的时候要看应聘者的离职证明。

员工辞职后，社保是要办理转移接续的。可以办理转移接续的部分是养老保险和医疗保险，其他三险一金不能办理转移接续手续，住房公积金部分可以取出。离职人需要做的是携带个人证件和相关材料以及离职证明到当地的社保局养老保险有关部门办理养老保险的转移手续，之后拿着材料和养老保险转移手续去办理医疗保险的转移手续。

关于档案的办理，假如辞职的那家单位将离职人的档案委托在人才市场保管，那么离职人需拿着辞职证明到人才市场，将自己的档案由委托保管转为个人委托保管。进入新公司之后，拿着和新的公司签订的劳动合同到劳动市场，重新办理托管就可以了。单位的人力资源部门都会有专门的员工来负责员工档案方面的问题，他们一般都会帮忙办理。但是有些不太正规的公司会要求员工自己办理，这时候就要到社保局咨询具体的办理方式。

四、失业

1. 失业的含义

失业有广义和狭义之分。广义的失业指的是生产资料和劳动者分离的一种状态。在这种状态下，劳动者的生产潜能和主观能动性无法发挥，不仅浪费社会资源，还对社会经济发展造成负面影响。狭义的失业指的是有劳动能力的，处于法定劳动年龄阶段的，并有就业愿望的劳动者失去或没有得到有报酬的工作岗位的社会现象。

2. 失业人口的划分

没有劳动能力的人不存在失业问题。有劳动能力的人虽然没有职业，但自身也不想就业的人，不能称为失业者。对失业的规定，在不同的国家往往有所不同。按照国际劳工组织（ILO）的统计标准，凡是在规定年龄内的一定期间内（如一周），属于下列情况的为失业人口：

（1）没有工作，即在调查期间内没有从事有报酬的劳动或自我雇佣。

（2）当前可以工作，就是当前如果有就业机会，就可以工作。

（3）正在寻找工作，就是在最近采取了具体的寻找工作的行动，例如到公共的或私人的就业服务机构登记、到企业求职或刊登求职广告等方式寻找工作。

3. 失业人员与下岗职工的区别

失业人员与下岗职工的主要区别：失业人员已与单位解除劳动关系，档案已转入户口所在街道、镇劳动和社会保障部门；下岗职工虽然无业，但未和原单位解除劳动关系，档案关系仍在原单位。

4. 应对失业的方法

（1）失业了首先要做到的就是勇敢地面对，不要畏惧，调节好自己的心情，不要因为一次的失败而退缩。

（2）在失业后要学会认知和反省自己失败的原因，找到失败的根源，从中吸取教训，重新再来。

（3）失业并不能说明失业者一无是处，可以加强自己的各项技能，使自己得到全面的发展，可以到专业的技能学校进行学习，努力增强自己的工作能力。

（4）失业后还要注意发现和抓住机遇，不要因为失业而丧失斗志。现在失业了，也许会有另一个机遇等待着你，发现机遇之后要马上抓住，并要吸取前面的教训，这次要做得更好。

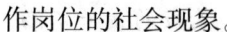

案例总结

小唐在大学学的是酒店管理专业，毕业后在一家五星级大酒店做管理工作，是不折不扣的行业精英。工作一年以后，他对自己的工作失去了激情，于是递交了辞职信，决定自己创业。令人想不到的是，他居然卖起了似乎毫无技术含量的盒饭！

他的卖点很独特，他告诉对方，自己是用五星级的餐饮理念经营盒饭，有三个原则：保证原材料绿色放心，烹饪过程中不流失营养，装饭的盒子不洒、不漏、无污染。事实证明，小唐做的盒饭确实达到了五星级标准，色泽诱人，香味扑鼻，搭配合理，价格还不贵，10元至20元一份。因此，他的盒饭很快就打开了销路。短短几年的时间，他已经打败了很多强有力的对手，他的盒饭遍布各个写字楼和展会。如今，他正在物色新的经营地点，准备扩大店铺，实施连锁经营。

分析 小唐辞去了待遇不错的酒店管理工作，卖起了盒饭，看似无法理解，其实这是他慎重考虑的结果：首先，他对酒店工作失去了激情，没有了坚持下去的动力；其次，他以很高的标准做盒饭，具有突出的特色，使自己的产品具有很大的竞争优势。

活动与拓展

主题 辞职情景模拟

目标 了解辞职时的注意事项，掌握辞职信的写法

建议时间 40分钟

活动过程

1. 教师将学生分成若干小组，每组4人。

2. 教师给出阅读材料。

小张的自述："2012年我毕业后，就留在了这个城市，进入了现在的工作单位，在综合办公室工作，可是一直感觉自己的性格没办法适应这份工作。我已经在这里工作一年了，领导和同事们都对我很好。现在，我想回到家乡发展，而且家里人已经帮我找了一份收入较高的工作。我要写一封辞职信，然后和主管领导面谈。"

3. 每个小组完成一份辞职信。然后选出两人进行表演，一人扮演主管领导，一人扮演小张，模拟面谈的情景。

4. 教师选出几份辞职信进行点评，并请几组学生进行表演，最后进行点评和总结。

思考与讨论

1. 你怎么看待跳槽这件事？

2. 如果选择辞职，需要处理好哪些事宜？

第六节　自我管理技能提升

学习目标

1. 了解自我管理的含义。
2. 掌握各种自我管理技能的提升方法和途径。

案例导入

David 担任项目经理助理已经三年了，由于经理年富力强、与老板关系很好，David 一直没有机会扶正，能力远不如自己的同事，却在另外一个部门担任项目经理，自己内心很不平衡，想要跳槽。他找职业顾问咨询，职业顾问给他的回答是："你应该首先进行自我提升。"David 首先把几年来的工作实践作了全方位的总结，提炼出经验与技巧，再从理论上进行了提炼，将自己打造成一个有理论、有实践、有经验的项目经理形象。之后，他去应聘一家较大企业的项目经理，结果一举成功。

分析　David 的问题不是没有工作经验，在项目经理助理的位置上，他已经耳濡目染，知道一个项目经理的具体工作是什么，应该怎样处理，只是还没有获得职位提升的机会。机会要靠自己的实力去争取。David 正是把自己的职位的相关问题都搞清楚了，注意了自我提升，才能够跳槽成功，并有了职位的提升。自我管理是指个体对自己本身，对自己的目标、思想、心理和行为等表现进行的管理。自我管理是一个自己把自己组织起来，自己管理自己，自己约束自己，自己激励自己，自己管理自己的事务，最终实现自我奋斗目标的过程。它是利用个人内在力量改变行为的策略，用来减少不良行为与增加好的行为。自我管理注重的是一个人的自我教导及约束的力量，亦即行为的制约是通过内控的力量（自己），而非传统的外控力量（教师、家长）。

职场箴言

有伟大成就的人，向来善于自我管理。然而，这些人毕竟是凤毛麟角。但在今天，即使是资质平庸的人，也必须学习自我管理。

——彼得·德鲁克

一、目标管理能力提升

建立目标的过程使人知道自己要到哪里去，清楚地知道要达到什么目标，应当专注于什么事情。大目标可以增强意志力，小目标可增强行动力。目标越大，人就会越坚强、越有耐力，所有的艰难困苦与大目标相比都会变得很小。目标越小，人就会越勤奋、越细心，并在已取得的经验和成果的基础上向下一个目标前进。

二、时间管理能力提升

1. 时间管理的重要性

时间管理其实就是人生管理。彼得·德鲁克说过："不会管理时间就不能管理一切。"学习时间管理，目的是希望未来每一天的工作都是有效率的，而每一天的高效率都使自己更接近目标。更重要的是，所有的目标实现都在于两个字——行动。没有行动就没有结果，所以一切的努力来自于是否有强烈的欲望愿意行动。

2. 时间管理的策略与方法

（1）确定明确的目标。目标的管理有两个标准：紧要性和重要性。要从最重要和最紧要的任务入手。

（2）坚持 PDCA 循环。

P（Planning）——计划，包括三部分目标（Goal），实施计划（Plan），收支预算（Budget）。

D（Design）——设计方案和布局。

C（4C）——4C 管理：Check（检查），Communicate（沟通），Clear（清理），Control（控制）。

A（2A）——Act（执行，对总结检查的结果进行处理），Aim（按照目标要求行事，如改善、提高）。

以上四个过程不是运行一次就结束，而是周而复始地进行。一个循环完了，解决了一些问题，未解决的问题进入下一个循环。

（3）"日事日毕，日清日高"，这是自我事务管理的黄金法则。它实际上有两层意思：一是今日事今日毕，二是每天进步一点点。

（4）有固定的时间作计划、作检讨。

（5）每一件事情都要设定期限。

（6）马上行动，不找借口，拒绝拖延——

（7）辨清事情的轻、重、缓、急，进行优先排序。

（8）一段时间专心专注于一件事情——手表法则。

（9）坚持二八法则，学会关键掌控。二八法则是指在任何特定群体中，重要的因子通常只占少数，而不重要的因子则占多数，因此只要能控制具有重要性的少数因子就能控制全局。

（10）第一次就把事情做对。

（11）留出思考和独处的时间。

（12）学会分工授权。

三、有效沟通能力提升

沟通是人与人之间、人与群体之间思想与感情的传递和反馈的过程，以求思想达成一致和感情的通畅。职业人除了具备专业的职业技能之外，良好的职场沟通技能也非常重要，甚至比前者还有用。与人交流，要求我们巧妙地听和说，而不是无所顾忌地谈话。具体要注意以下几点：

（1）对事实或感受做正面反应，不要有抵触情绪。

（2）比起自己的想法，人们更想听到你是否赞同他们的意见。

（3）即使对方看上去是在对自己发脾气，也不要还击。

（4）记住别人说的和我们所听到的可能会存在理解上的偏差。

（5）坦然承认自己所带来的麻烦和造成的失误。

（6）如果没人问自己，就不要指指点点。

四、情商管理能力提升

情商是一个人自我情绪管理以及管理他人情绪的能力指数，主要指人在情绪、情感、意志、耐受挫折等方面的品质。对于个人而言，情商管理主要指管理自己的情绪。

（1）体察自己的情绪。时时提醒自己注意："我现在的情绪是什么？"有人认为"人不应该有情绪"，所以不肯承认自己有负面的情绪。人一定会有情绪，压抑情绪会带来更不好的结果，学着体察自己的情绪是情绪管理的第一步。

（2）适当表达自己的情绪。适当地拒绝自己不赞成的提议，不用勉为其难。否则，不仅会影响自己的情绪，还会影响其他人。

（3）以合适的方法疏解情绪，安排生活。纾解情绪的目的在于给自己一个理清想法的机会，让自己好过一点，也让自己更有能量去面对未来。

五、人脉经营能力提升

要善于经营人脉、使用人脉。经营人脉资源的原则如下:

(1) 互惠原则。互惠原则讲求利人利己。利人利己是一种双赢的人际关系模式。利人利己观念以这些品格为基础:诚信、成熟、豁达。

(2) 诚实守信原则。在人际交往中,一般人都喜欢与诚实、爽直、表里如一的人打交道。因此,在人际交往中应切记诚实守信的原则。

(3) 分享原则。分享是一种最好的建立人脉网的方式,分享得越多,得到的就越多。

(4) 坚持原则。坚持不放弃的人,才能赢得更多成功的机遇。

(5) 用"心"原则。四通八达的人脉网络需要爱心的浇灌,需要精心的梳理,需要细心的呵护,需要耐心的期待。

六、学习创新能力提升

1. 终身学习,拓展职业发展空间

终身学习可防止知识衰减,确保与时俱进。如果停止学习的时间太久,则可用的知识就会陈旧,与社会脱节而没有活力。如果不断学习,则脑力激荡越频繁,理念越新,个人的生命力越强,社会的活力也越充沛。

养成终身学习的习惯应做到如下几点:

(1) 建立主动学习的意愿。大学生不仅要在读书期间有主动学习的意愿,而且应在步入社会后树立主动学习的意愿。

(2) 熟悉多元的学习途径。目前人们处于一个信息爆炸的时代,书刊、广播、电视、计算机网络等,都是大家学习的媒介与途径,尤其是计算机网络,大大加速了信息的传输、流通、交换。在这个时代,选择单一途径学习的人,容易闭塞与孤寂;熟悉多元学习途径的人,则易开放与快乐。

(3) 把握各种学习机会。把握好每一次学习的机会,给自己充电,不断提升自己的能力,以便更好地适应社会的快速发展。

(4) 重视非学历学习。在学习社会中,学历与文凭已逐渐失去其绝对的价值,社会成员也会重新评估学历与文凭的真正功能。因此,乐于从事非学历学习,是养成终身学习习惯的重要途径。

2. 培养创新能力,拓宽职业发展平台

毕业生步入职场后,一定要在爱岗敬业的基础上,由按部就班的被动型转为勇于探索的主动型,积极树立创新意识,创造性开展工作,为单位赢得利益,为个人发展注入活力。

（1）创造性地开展工作的意义。①创造性地开展工作是企业发展的需要。企业要生存、要发展，必须要有活力，而活力来自于创新。②创造性地开展工作是社会发展的需要。社会的进步和发展离不开求新、求变。③创造性地开展工作是个人发展的需要。毕业生在工作岗位上，不能机械性地工作，应化被动为主动，努力学习知识，苦练专业技能。只有将前沿知识和岗位需求结合起来，潜心研究，才能提高岗位工作水平、单位经济效益，同时也提高了个人的工作能力和专业素质，从而为个人发展奠定基础、创造条件。

（2）怎样创造性地开展工作。

①勤于实践，敢于创新。没有勤于实践、敢于创新的意识和精神，是无法创造地开展工作的。大凡有建树的人，在平时的工作中都十分注重实践和创新。②努力学习，潜心研究。创造性地开展工作，知识和能力是保障。而要具备知识和能力，就得不断学习。③爱岗敬业，执着追求。爱岗敬业，是做好本职工作的基本前提；执着追求，是创造性开展工作的重要保证。

案例总结

一个禅师走在漆黑的路上，因为路太黑，行人之间难免磕磕碰碰，禅师也被行人撞了好几下。他继续向前走，远远看见有人提着灯笼向他走过来，这时旁边有个路人说道："这个瞎子真奇怪，明明看不见，却每天晚上打着灯笼！"

禅师也觉得非常奇怪，等那个打灯笼的盲人走过来的时候，他便上前问道："你真的是盲人吗？"

那个人说："是的，我从生下来就没有见过一丝光亮，对我来说白天和黑夜是一样的，我甚至不知道灯光是什么样的！"

禅师更迷惑了，问道："既然这样，你为什么还要打灯笼呢？你甚至都不知道灯笼是什么样子，灯光给人的感觉是怎样的。"

盲人说："我听别人说，每到晚上，人们都变成了和我一样的盲人，因为夜晚没有灯光，所以我就在晚上打着灯笼出来。"

禅师感叹道："原来你所做的一切都是为了别人！"

盲人沉思了一会儿，回答说："不是，我是为了自己！"

禅师更迷惑了，问道："为什么呢？"

盲人答道："你刚才过来有没有被别人碰撞过？"

禅师说："有呀，就在刚才，我被两个人不留心碰到了。"

盲人说："我是盲人，什么也看不见，但我从来没有被人碰到过。因为我的灯笼既为别人照了亮，也让别人看到了我，这样他们就不会因为看不见而撞

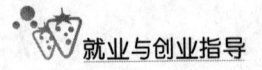

到我了。"

禅师顿悟,感叹道:"我辛苦奔波就是为了找佛,其实佛就在我的身边啊!"

分析 点灯照亮别人的同时,更照亮了自己,这就是助人为乐的道理。在生活中,我们应该时刻记得:帮助别人也就等于帮助自己。

活动与拓展

主题 取长补短共同进步

目标 学会互相学习、共同进步

建议时间 30分钟

活动过程

1. 找出同学的10个优点,并真诚地赞美他(她)。

2. 让同学帮你找出5个优点和5个缺点,并坦诚地告诉你。

3. 将同学的优点和自己的优缺点作比较,学习同学的优点,改正自己的缺点,不断地完善自己,提高自我认知。

思考与讨论

1. 什么是自我管理?

2. 如何提升自我管理能力?

3. 如何创造性地开展工作?

参考文献

[1] 晓杰. 测试:你能适应职场竞争吗. 人才市场报网络版,2005-12-27.

[2] 李石荣. 体面离职是成熟的表现. 三峡晚报,2007-10-12(B07).

[3] 张云,延凤宇. 求职择业指导. 武汉:武汉大学出版社,2012.

[4] 陈浩明,项中,吕京宝. 大学生就业与创业指导教程. 北京:中国传媒大学出版社,2011.

[5] 梁雪松,梁辰浩. 大学生择业与初入职场指导,北京:北京大学出版社,2013.

[6] 蒋家胜,肖鸿晶,凌晓萍. 就业指导实务. 北京:北京理工大学出版社,2007.

[7] 旭湘岳,邓峰. 创新创业教程. 北京:人民出版社,2011.

[8] 陈建. 大学生职业生涯规划与就业指导. 北京:北京理工大学出版社,2009.

第六章 把握创业机会

在现代城市化进程加快的环境下，创业机会无处不在。机会就是未明确的市场需求或未充分使用的资源或能力。机会具有很强的时效性，甚至转瞬即逝，一旦被别人把握住也就不存在了。而机会又总是存在的，一种需求得到满足，另一种需求又会产生；一类机会消失了，另一类机会又会产生。大多数机会都不是显而易见的，需要去发现和挖掘。

创业与创新往往是一脉相承的，培养创业意识，掌握创业的基本模式，借鉴他人的创业经验，避免重蹈他人覆辙，都有助于我们对创业机会的把握和选择。

创业是不拘泥于当前资源条件的限制下对机会的追寻，将不同的资源组合以利用和开发机会并创造价值的过程。经历了产生创意、开发商业概念、市场测试、设计商业模式等环节后，创业者就可以把握创业机会并开始着手创业。

学习目标

1. 了解创新与创新意识的基本概念，掌握创新的方法。
2. 掌握创业意识的内容，掌握评估自己创业潜质的方法。
3. 了解几种典型创业模式。
4. 了解选定创业项目应考虑的因素。

学习指南

一、学习方法

1. 通过搜索互联网、查阅期刊等方式，了解典型的创业故事，结合相关知识，分析其属于何种创业模式。
2. 认真阅读案例，并结合相关知识进行分析，学习他人的成功经验。

二、注意事项

了解创业相关知识，并不是说每个学生都应该去创业，应结合自己的实际

情况，通过评估自己的创业潜质，选择适合自己的职业道路。

第一节 创新意识与创新方法

学习目标

1. 了解创新与创新意识的基本概念。
2. 了解创新意识的基本特征。
3. 了解创新意识产生的环境因素。
4. 了解培养创新意识的途径。
5. 掌握创新的方法。

案例导入

张晓明大学毕业后一直想自己做老板，看到邻居在小区里开了一个食品杂货店，收益一直不错，颇为心动。张晓明想，如果自己开的食品杂货店里的商品和邻居的一样，那就没有什么特色，还会形成恶性竞争。他想到自己在上大学时，学校里有好几家食品杂货店，其中有一家生意最好，因为这家店里除了卖油盐酱醋茶等大众商品外，还卖一些颇有特色的奶酪、芝士、果酱等西餐调味品。于是，张晓明征得父母的同意，筹集了六万多元钱做启动资金，租了小区内一个库房作为店面，开了一家食品杂货店，将所售商品范围集中在西餐调味品。但是经营了两个月后，张晓明的食品杂货店就撑不住了，不得已而关门。为什么同样是食品杂货店，邻居可以干得红红火火，张晓明的店就经营惨淡呢？难道是因为过于强调了小店的特色？

分析 张晓明想自食其力的想法和创新意识是值得肯定的，他创业失败的原因主要是创新的方法不正确，他并没有深入地了解小区中居民的需求，导致他的食品店的特色和小区居民的实际需要并不匹配，小店关门也就不奇怪了。我们鼓励大家的创新精神和创新意识，但同时要注意掌握创新的方法。

一、创新意识简介

1. 创新意识的概念

对创新的正确理解是正确认识创新意识的前提。创新是一个涉及所有人类活动领域的概念，界定的角度不同，对它的理解就不同。就一般意义而言，创新是指个体为达到一定目的，创造某种符合国家、社会或个人价值需要的具有革新性或独创性产品的行为。创新不但是一种技术过程，更是一种激情，是一种不满足现状的追求。美国著名管理学家彼得·德鲁克认为，创新是一种态度和实践，它能为人们的创造性实践确立稳定的价值取向。创新的内涵是突破和超越，是否定和发展。

创新意识是指人们根据社会和个体生活发展的需要，引起创造前所未有的事物或观念盼动机，并在创造活动中表现出的意向、愿望和设想。它是人类意识活动中的一种积极的、富有成果性的表现形式，是人们进行创造活动的出发点和内在动力，是创造性思维和创造力的前提。

创新意识由创新动机、兴趣、情感和意志等方面组成，是对创新活动有重大影响的各种精神因素构成的一种稳定的精神状态。一般来说，创新意识包括三个层级：第一层级是以人的心理状态存在的创新意识，也可以称为人的创造性精神品质；第二层级是以理论形态存在的创新意识；第三层级是以扩展形态存在的创新意识。

2. 创新意识的基本特征

创新意识是以思想活跃，不因循守旧，富于创造性和批判性，具有敢于标新立异、独树一帜的精神和追求为主要表现。只有具备强烈的创新意识，才能敢想前人没想过的事，敢创前人不曾创成的业。只有敢于突破前人历史的窠臼，敢于打破经验的桎梏，才能提出新的见解，创造新的理论，研发出新的产品，为人类作出重要的贡献。创新意识的基本特征如下：

> **职场箴言**
> 想象力是发明、发现及其他创造力的源泉。
> ——亚里士多德

（1）独创性。创新意识必定独立于前人或他人，具有填补空白的首创价值和意义，历史地位不可小觑。

（2）超越性。创新即突破、超越，创新意识是对过去、传统、理念、空间、具体事物等的现实超越。

（3）新颖性。创新意识或是为了满足新的社会需求，或是用新的方式更好地满足原来的社会需求，创新意识是求新意识。

（4）社会历史性。创新意识是以提高物质生活和精神生活水平需要为出发点的，而这种需要很大程度上要受到具体社会历史条件的制约。人们的创新意识激起的创造活动和产生的创造成果，应为人类进步和社会发展服务，因而，创新意识必须考虑社会效果，承担社会责任。

（5）个体差异性。个人的创新意识与个人的社会地位、环境氛围、文化素养、兴趣爱好、情感志趣等方面都有一定的联系，这些因素对创新意识的产生起到重大影响作用。而这类因素也是因人而异，因此，对于创新意识，既要考察社会背景，又要考察其文化素养和志趣动机。

> **职场箴言**
> 不怕产品有缺点，就怕产品没亮点。做产品一定要单点突破，把一点做到极致。

3. 创新意识的作用

（1）创新意识是决定一个国家、民族创新能力最直接的精神力量。在今天，创新能力实际就是国家、民族发展能力的代名词，是一个国家和民族解决自身生存、发展问题能力大小的最客观和最重要的标志。

（2）创新意识促成社会多种因素的变化，推动社会的全面进步。创新意识根源于社会生产方式，它的形成和发展必然进一步推动社会生产方式的进步，从而带动经济的飞速发展，促进上层建筑的进步。创新意识进一步推动人类的思想解放，有利于人们形成开拓意识、领先意识等先进观念；创新意识会促进社会政治向更加民主、宽容的方向发展，这是创新发展需要的基本社会条件。这些条件反过来又促进创新意识的发展，更有利于创新活动的进行。

（3）创新意识能促成人才素质结构的变化，提升人的本质力量。创新实质上确定了一种新的人才标准，代表着人才素质变化的性质和方向，输出着一种重要的信息：社会需要充满生机和活力的人、有开拓精神的人、有新思想道德素质和现代科学文化素质的人。创新客观上引导人们朝这个目标提高自己的素质，使人的本质力量在更高的层次上得到认同，激发人的主体性、能动性、创造性的进一步发挥，从而使人自身的内涵获得极大丰富和扩展。

路是靠自己走出来的，跟着别人的脚步永远走不到最前面。只有具备超前的意识，才能走出属于自己的一片天地，模仿别人的东西迟早会被社会淘汰，只有具有创新意识，未来才能有出路。

职场箴言

奇迹,是不会在容易的道路上绽放的。也许,在所有不被看好、无人尝试的选择背后,会有不曾见到的可能、不曾设计的未知。

二、创新意识产生的环境因素

1. 家庭环境因素

安逸舒适的生活往往能抑制人们创新的自觉性和能动性。俗话说"穷则思变",很少有人愿意固守贫穷与落后,稍有点进取心的人都不会被动地维持现状。为了改变家庭穷困落后的面貌,人们都会主动想办法,积极出主意,利用一切可以利用的地理、资源优势和条件,突破观念和制度的藩篱,走出一条新路来,从而创业致富,改变家庭的境况。

即便是小有成就的家族企业,也不能有小富即安的满足与陶醉,"逆水行舟,不进则退"的道理无人不知、无人不晓。要把企业做大做强,也是需要创新意识的。

2. 社会环境因素

由于缺乏创新,我们不得不将计算机、数控机床等售价的一部分支付给外国专利拥有者,企业面临着"卖一台计算机只能赚一捆大葱钱"的尴尬;由于缺乏创新,中国面临卖出8亿件衬衫才能换回一架A380的窘境;由于缺乏创新,我们的街头飞驰的大多是外资品牌的汽车……由于不断创新,我国高速铁路才会领跑世界;由于不断创新,袁隆平才会被人们称为"世界杂交水稻之父"、"当代神农";由于不断创新,我国航天才会实现"嫦娥"登月……对比的残酷,形势的严峻,让我们不能不警醒。

提高自主创新能力,建设创新型国家,已成为国家发展战略的核心,是提高综合国力的关键。党的"十八大"以来,我们已着手实施创新驱动发展战略,强调科技创新是提高社会生产力和综合国力的战略支撑,必须摆在国家发展全局的核心位置。要坚持走中国特色自主创新道路,以全球视野谋划和推动创新,提高原始创新、集成创新和引进消化吸收再创新能力,更加注重协同创新。深化科技体制改革,推动科技和经济紧密结合,加快建设国家创新体系,着力构建以企业为主体、市场为导向、产学研相结合的技术创新体系。完善知识创新体系,强化基础研究、前沿技术研究、社会公益技术研究,提高科学研究水平和成果转化能力,抢占科技发展战略制高点。实施国家科技重大项目,突破重大技术瓶颈。加快新技术、新产品、新工艺研发应用,加强技术集成和商业模式创新。完善科技创新评价标准、激励机制、转化机制。实施知识产权战略,加强知识产权保护。促进创新资源高效配置和综合集成,把全社会智慧和力量凝聚到创新发展上来。

同时,党的"十八大"报告指出:"必须从维护广大人民根本利益的高度,加快健全基本公共服务体系,加强和创新社会管理,推动社会主义和谐社会建设。"

创新是推动社会发展的力量之源,是推动经济增长的核心要素,是提高党的执政能力的关键举措,是建设我国社会主义和谐社会的必然选择,是我们跻身世界强国之林、担当负责任大国的必由之路。

3. 国际环境

在我国的综合国力日益上升的大背景下,某些心怀不轨的国家的联手打压,企图缩小我们的生存空间,企图遏制我们的上升势头,如果我们缺乏创新意识,不能实现制度创新、观念创新、技术创新,必将受制于人。我们不仅要韬光养晦,还要敢于"亮剑",争取和平发展的国际环境。

"不创新,就灭亡。"中国的企业界要时刻保持创新意识,发展绿色环保经济,不能富了当代、贻害子孙。要坚守起码的道德底线,不发昧心财,通过技术创新,发展民族工业,富民强国。

> **职场箴言**
>
> 产品创新必做三件事:①走访现有的消费者,了解其购买产品后在哪些方面不满意;②走访那些有需求却没有消费的人,了解他们为何没有消费,担心什么,顾虑什么;③走访那些自认为没有需求的人,了解其为何觉得没必要买,他们怎么看待同类产品。有了上述几个问题的答案,就找到了产品创新的源泉。

三、创新意识的培养

知识是新创意的材料,但是知识本身不会使一个人具有创造力。创造力的关键是活用知识、活用经验来培养新点子、新创意。你可以用这种态度去尝试各种新方法;你也可以用疯狂的、看似不切实际的点子当垫脚石,以激发实用的新点子;你也可以偶尔打破既有规则,并在专业领域之外寻找新创意。总之,只有具有创新意识,持有创造性态度,才能接受新机会并适应这种改变。

创新,是求知欲、创造欲、质疑欲的综合反映,大学生创新意识的培养,可以从以下几方面入手:

1. 拥有热情、勇气与自信心

创新离不开探索,探索需要热情、勇气和自信心。培养创新意识,包括创新热情的激发、创新勇气的鼓励和自信心的树立。热情的激发,可以首先从业余爱好和兴趣中寻找切入点，然后实现从业余兴趣到专业兴趣的转移，最终实现从专业兴趣到创新热情的升华。勇于创新，重要的环节是敢于怀疑和发问，重视各种疑问。除此之外，自信心的树立也很重要。对自己的能力有自信，对自己的质疑有自信，才能找到更多解决问题的方法。

2. 提升综合实力

这里的综合实力主要包括知识结构、实验和动手技能以及思维方法等。在知识结构方面，除了必修科目外，还要注重新学科、边缘学科和跨学科知识的学习。这种学习可以以选修课、专题讲座、学术报告、自学和教师专门辅导等方式进行。在实验和动手技能方面，实验设计、最佳方案的选择、实验操作、撰写研究报告等都是必需的。在一系列的实验当中，发现问题，并在问题的基础上提出自己的新见解，已经成为许多学生创新意识的重要体现。思维方式的培养不仅是综合实力培养的主线，也是创新意识和创造能力培养的关键。

3. 改变思维方式

随着年龄的增长和知识的积累，大学生的思维十分活跃，但已具有某种定势。在分析、综合、演绎、想象、灵感和直觉中的同定逻辑模式，尤其是"先入为主"的意识定势、"轻车熟路"的知觉定势，再加上"师道尊严"的尊师定势等，都是对创新意识的严重约束和阻碍。大学生应排除思维定势的干扰，及时调整思路、拓宽思路。

总之，创新意识的培养是一种严肃、严密、严格的创造活动，也要按客观规律办事；不能把创新意识培养简单化、表象化和庸俗化，降低创新精神的科学性和严肃性。在培养创新意识的过程中一定要注意树立科学的创新理念，要有创新思想和创新实践，明确创新的真实含义，允许在创新过程中犯错误，增强培养创新意识的信心、勇气和能力，只有大胆地试、大胆地闯，才会尽快成长起来。

四、创新的方法

创新的方法通常可分为逻辑的创新方法和非逻辑的创新方法。

1. 逻辑的创新方法

逻辑的创新方法是指通过对各种事物的认识、推理和联想等有序的组合进行再造的方法。其显著特点是科学性和严密性。逻辑的创新方法主要包括转移法、组合法、想象法、综合法等。

（1）转移法。将属于某一事物的规律或特征运用到其他事物上，进而实现创新活动的方法。

例如，仿生学家根据蛙眼的视觉原理，研制成功了电子蛙眼，能够准确无

误地识别出特定形状的物体。

（2）组合法。将几种事物的优越性用一定的形式"组合"起来，从而形成超越原来事物的创新方法。例如，水陆两栖坦克的发明等，就是人们将传统的坦克和船进行"组合"。

（3）想象法。在对原有事物的认识基础上，构思得出前所未有的事物的方法。

（4）综合法。针对具有相同或相异特点以及不同历史条件下的事物，按照一定的思路进行观念和形象的抽象，由此产生新的事物的创新方法。例如，系统论、控制论等学科的创立，就是使用了综合法。

2. 非逻辑的创新方法

非逻辑的创新方法主要是运用形象思维或灵感思维进行创新的方法。其主要特点是在创新的关键部分不用逻辑思维方法（如推演、归纳、综合等），而是运用形象思维方法加以实现。非逻辑的创新方法主要包括以下几种：

（1）形象创新法。直接运用形象的知识进行创新的方法。例如，绘画、雕塑等均属于用形象思维的方式进行的创作。

（2）直觉创新法。采用人脑中猜测、洞察力等非逻辑功能进行创新的方法。例如，居里夫妇发现镭的过程，除了他们坚持不懈的努力之外，直觉也在他们发现镭的过程中起到了重要作用。

（3）灵感创新法。这是一种突然产生新形象、新概念、新思想的方法。需要注意的是，只有经历了长期的创新性活动，才可能产生这种"突如其来"的成果，可以说是一个"量变到质变"的过程。

案例总结

小李来自西安农村，1998年，19岁的她高中毕业以后一直留在家里。第二年初夏，她的爷爷得了脚气病，想穿早年的草鞋，可是草鞋早已绝迹了。父亲听说后就为爷爷编了双草鞋，爷爷穿上一试，开心地笑了。小李脑海中闪过一个念头，如果把草鞋改造成工艺品，岂不是赋予了其更高的价值？

说干就干，她和父亲将传统草鞋进行了一番改造，加进了一些可爱的小饰件，将首批100双时尚草鞋以每双10元钱的价格在西安的小商品市场进行出售，结果没多久就卖完了。随后，她回家招工赶货，将时尚草鞋卖进城市里的鞋店。

经过10多年努力，小李的草鞋已经拥有麦秆棉鞋、彩色鞋、情侣鞋、励志鞋和漫画鞋等众多系列，不仅销往全国各地，而且还远销日本、韩国、新加坡等国家，每月销售额都达数百万，小李这个名不见经传的农村姑娘，成了远近闻名的"草鞋富姐"。

分析　从这个案例中，我们不难看出正是李惠月的创新意识，帮助她最终开拓了一片新天地。

活动与拓展

主题　现实生活中的创新

目标　认识到创新其实离我们并不遥远，并深入理解创新意识的内涵

建议时间　20分钟

活动过程

1. 教师语言铺垫："在我们的生活中，经常会遇到一些不够便捷或者还可以改善、提高的地方，而创新设计恰好可以改变现状。"然后介绍几个改变了人们日常生活的小的创新设计（例如透明胶、拉链等）。

2. 请学生以"创新可以使生活更美好"为题，关注自己的现实生活，举手发言，畅谈自己的创新设想。

思考与讨论

1. 如何理解创新？
2. 创新意识有哪些基本特征？
3. 在汽车发展的历史进程中，劳斯莱斯等名车为什么还要不断创新发展？

第二节　创业意识与创业潜质

学习目标

1. 了解创业意识的定义。
2. 掌握创业意识的要素和内容。
3. 了解创业潜质的内容，并能自我测试创业潜质。

案例导入

在一次露天酒会活动中，格雷格不得不用一块纸巾盖在酒杯上，防止被酒香吸引的小飞虫落进去。他和妻子，也就是他的合伙人勒妮，当时都很希望有比软趴趴的纸巾更别致的东西盖在酒杯上。这两位葡萄酒爱好者在2008年有

一个创意,即设计一种防止飞虫落入酒中的网状杯盖。2009年他们决定行动,从积蓄里拿出2.5万美元,然后在2011年2月正式开始营业。格雷格和勒妮都有全职工作,他将全部业余时间都献给了这份事业。格雷格主要负责生产环节,勒妮负责对各个酒厂进行营销。

分析　创业与创新就像一对孪生姐妹,相生相随。勒妮和格雷格突发奇想,力图改变喝酒被飞虫骚扰的窘境,为此,他们萌生了一个创意,成为创业的开端。

在改革开放的初期,涌现出来的个体户就曾是新中国第一批个人创业的典型代表。现在改革开放已经30多年了,个人创业的光辉依然强有力地吸引着越来越多的跟随者,当前稳定的政治环境和越来越宽松的商业政策也起到了推波助澜的作用。但是,创业不是简单的乌托邦式的理想加信念,不是光凭一腔热血加美好梦想就能顺利到达胜利彼岸的。个人创业,更多的是要通过科学的前期规划、多角度观察、理性分析、有效的资源分析与整合、成熟高效的运作技能、良好的商业心态等重要的、必不可少的环节与因素来作为支撑,才可能保障创业的稳健起步和成功率。

人们对待个人创业问题多的是感性,少的是理性,往往是梦想高过规划,热情淹没了冷静,这就造成了当前个人创业的一个矛盾局面:一方面是大量的创业者前赴后继地进行个人创业,另一方面又不得不面对极低的创业成功率。即便如此,还是挡不住势头汹涌的新创业者,毕竟,个人成功的希望、丰富的物质生活的强大吸引力充当着强大的驱动力因素。

一、创业意识的定义

创业意识是指在创业实践活动中对创业者起动力作用的个性意识倾向,包括创业的需要、动机、兴趣、理想、信念与世界观等要素,集中体现了创业素质的社会性质,支配着创业者的态度与行为,并规定其方向、力度,具有较强的选择性和能动性。创业意识是创业者思维活动的产物,是创业者成功的心理活动能动性的集中体现,是创业者源于自己的生理动机(如解决自己的温饱问题、工作问题等)和心理动机(如成就事业、实现自我价值、得到社会承认等),对所见、所闻、所知的客观事物的感觉、知觉,通过判断、推理等对已有的感性材料经过大脑加工,从而形成的创业设想,是创业者内在的强烈需要和创业行为的强大驱动力,是创业素质的重要组成部分。

二、创业意识的内容

创业意识是意识在创业过程中的体现，一般而言，创业意识是指在创业实践活动中对人起动力作用的个性心理倾向，包括需要、动机、兴趣、理想、信念和世界观等心理成分。

1. 创业需要

创业意识的形成，不是一时的冲动或凭空想象出来的，它源于人的一种强烈的内在需要，即创业需要。创业需要是创业实践活动赖以展开的最初诱因和最初动力。

2. 创业动机

创业动机是指推动创业者从事创业实践活动的内部动因。创业动机是一种成就动机，是竭力追求获得最佳效果和优异成绩的动因。当创业需要上升为创业动机时，就形成了心理动力。创业动机对创业行为产生促进、推动作用，创业动机的形成标志着创业实践活动即将开始。

3. 创业兴趣

创业兴趣是指创业者对从事创业实践活动的情绪和态度的认识指向性。它能激活创业者的深厚情感和坚强意志，使创业意识得到进一步的升华。一般在创业实践活动取得一定的成效时，便引起创业兴趣的进一步提高。

4. 创业理想

创业理想是指创业者对从事创业实践活动的未来奋斗目标较为稳定、持续的向往和追求的心理品质。创业理想属于创业动机范畴，是对未来奋斗目标的向往和追求，是人生理想的组成部分。有了创业理想，就意味着创业意识已基本形成。

三、创业意识的要素

创业是当今时代的主流，时代的发展对创业者总会不断提出新的要求，而在当下的创业环境中，每个创业者最应该具备的则是现代化的创业意识。创业环境是重要的创业要素，也是创业企业快速崛起的重要支撑要素。一个十分优越的创业环境，对于创业企业的快速发展和崛起具有十分重要的意义和作用。

当前是一个意识先行的时代，想要顺利地走上创业的道路，创业者需要有符合这个时代的创业意识。面临就业难的现状，越来越多的人开始自主创业，但是创业也并非易事，创业者需要具备哪些创业意识呢？

1. 资源意识

创业需要具备方方面面的资源，包括信息资源、人力资源、财力资源、物力资源等,这些都是构成企业的上层建筑所不可或缺的基石。创业者在创业过程中,需要将有限的资源进行整合,才能确保企业不断向前走。信息的收集、筛选、使用,人员的招聘、任用,财力、物力的分配、使用等,皆需要统一的统筹、规划,使之相互配合,发挥最大的功效,达到事半功倍的作用,中国创业网的专家认为,任何一个创业者不可能把创业中所涉及的问题都解决好,也不可能把一切创业资源都备足。这里关键的一点在于要学会进行资源整合。资源整合的原则不仅是创业设计中的一个重要原则,也是在创业中借势发展、巧用资源、优势互补、实现双赢的重要方法。

> **职场箴言**
>
> 人脉不是你认识多少人,而是有多少人认识你!人脉不是你和多少人打过交道,而是有多少人愿意和你打交道!人脉不是你利用了多少人,而是你帮助了多少人!人脉不是有多少人在面前吹捧你,而是有多少人在背后称赞你!人脉不是在你辉煌时有多少人奉承你,而是在你落魄时有多少人愿意帮助你!

2. 商机意识

真正的创业者,在创业前、创业中和创业后,始终面临着识别商机、发现市场的考验。他必须有足够的市场敏锐度,可以宏观地审视经济环境,洞察未来市场形势的走向,以便作出正确的决策来保证企业的持续发展。仅有商机意识是不够的,还要在机会来临时抓住它,也就是把握机会,把商机转化成实实在在的收入和公司的持续运作,最终实现自己的创业梦想。转化就是把商机、机会等转化为生产力,把你的才能、你在学校学到的知识转化为智力资本、人际关系资本和营销资本。

3. 管理意识

最初创立企业的人往往成为企业的拥有者和管理者,而企业要想有序运作下去,往往不是仅凭借一两个人的力量能够做得到的,所以管理者必须学习一定的管理知识,并将这些知识运用到日常的管理实践中去,无论是在宏观上还是微观上,都要将管理意识引入其中,从而将企业内所有的资源调动起来。

📖 拓展阅读

管理的真相:

1. 激发员工高敬业度的本质不是薪酬、奖金,而是企业文化。
2. 决定薪酬高低的本质不是职位,而是为公司创造的价值。
3. 制约个人职业发展的不是公司、上司,而是自己的目标与信念。
4. 吸引高端人才的不是利益与权力,而是使命与责任。

4. 风险意识

创业是一种风险很大的社会实践活动。不少创业者一开始并没有做好创业的心理准备，贸然踏上这条艰险之路，结果遇到一点危机，立刻就半途而废了。正如比尔·盖茨经常对员工说："微软的寿命永远只有18个月！"其实，他是用这种方式告诫自己的员工：任何时候都不要忘记危机，任何时候都不要忘记进取和创新。

这个世界上根本就没有零风险的项目，最多只是风险比其他的项目要风险意识是中国企业在与国际接轨中应着重增强的一种现代经营意识，也是创业企业和创业者急需培养和增强的一种重要的创业意识。创业者对可能遇到的风险准备和认识不足，是我国当前群体创业活动中的一个普遍现象。这种创业风险意识的缺位，突出表现在以下四个方面：

（1）在心理准备上，表现为对创业可能出现和可能遇到的困难准备不足。

（2）在决策上，表现为不敢决策、盲目决策、随意决策。

（3）在管理上，表现为不抓管理、无序管理、不敢管理。

（4）在经营上，表现为盲目进入市场、随意接触客户、轻率签订商务合同。

这种缺乏风险意识的做法，恰恰是创业者没有正确风险经营意识的典型表现。正确的做法是要从害怕风险、不敢迈步之中解放出来，敢于去市场经济的大潮中劈波斩浪，敢于经受商海的历练，善于规避风险、化解风险，使自己在迎战风险的过程中站立起来、成熟起来，成为商海的精英和栋梁。

5. 形象意识

创业是一个长期的过程，也是一个由小到大、由弱到强的过程，所以，为了确保企业能够得到长足的发展，在经济利益得到满足的情况下，尽可能地创造社会利益，这就需要企业具备一定的形象意识，注重树立良好的企业形象，这不仅仅是一种营销方式，更可为企业带来经济和社会的双重收益。

6. 营销意识

盈利是创业最基本也是最重要的目的之一，对于从事企业经营的创业者，非常重要的是把自己的商品卖出去，因此，市场营销对其事业的成功是非常重要的。在企业发展的不同阶段，需要配合相应的营销策略，以产品营销带动企业的良性发展。

7. 竞争意识

人类自古至今总是生活在各种各样的竞争之中，如果缺乏竞争意识，就不会有奋斗和进取的动力。这样的人，逃不过平庸和被淘汰的命运。未来永远属于具有竞争意识，敢于竞争、善于竞争的人。要增强对竞争的认识，要有一种

比竞争对手做得更好的意识，在脑海里扎下竞争求胜的根，敢于竞争，善于竞争。有竞争对手并不是坏事，竞争对手是创造和维持竞争生态优劣的最大关联因素，远离对手、没有对手，并不是一件好事。

美国的管理大师唐纳·肯杜尔针对竞争有过一番精彩的讲话，他说："有很多人生活苟且，毫无竞争之心，最后抑郁而终。对于这类人，我只感到悲哀。自从做生意以来，我一直感激生意上的竞争对手。这些人有的比我强，有的比我差，但不论其行与不行，他们都令我跑得更累，但也跑得更快。事实上，脚踏实地的竞争，是足以保障一个企业的生存的。由于竞争，我们的工厂更具现代化，员工受到更多的训练，生产规模也随之扩大。因此，竞争比荣耀、野心、利益更能推动一个公司的业务发展。"

最成功的公司是那些面对很多竞争对手的公司，最不成功的公司是那些不面临严重竞争的公司。因为存在竞争，公司和员工不得不有更高水准的表现，从而明显地变得更敏锐和更出色。竞争使一个人变得精明强干，使他不断寻求新的答案。正如美国著名经济学家伯顿·克莱因在《动态经济学》一书中指出的："一旦一个公司不再面对真正的挑战，它就会很少有机会保持活力。"

8. 战略意识

创业初期给自己制订一个合理的创业计划，解决如何进入市场、如何卖出产品等基本问题。创业中期需要制订整合市场、产品、人力方面的创业策略，转换创业初期战略。需要指出的是，创业战略不只有一种，也没有绝对的好坏之分，关键要找到适合自己的创业之路。在这条路上应时刻保持着战略的高度，不以朝夕得失论成败。

> **职场箴言**
>
> 法国富豪巴拉昂去世后，媒体刊登了遗嘱，他说自己不想把成为富人的秘诀带走，谁若能猜中"穷人最缺少的是什么"，将得到 100 万法郎。在 4 万多封回信中，只有一位 9 岁的小姑娘猜对，她的答案是"穷人最缺少的是野心"。人们恍然大悟，野心才是永恒的生命动力，是所有奇迹燃烧的火种。

市场的竞争在某种意义上，就是经营韬略的竞争。策划是一种智力引进，是一种思维的科学。它是用辩证的、动态的、发散的思维来整合行为主体的各种资源和行动，使其达到效益或效果最佳化的一个智力集聚的过程。大到企业发展战略，小到一句广告语，都要经过策划的过程。因此，从本质上讲，策划就是对企业进行战略设计的过程，也是对每一个具体事件和行动进行战略思索的过程。

9. 信息意识

信息是资源，是财富。但是，很多创业者不懂得信息的价值和信息资源的重要性，不会寻找和利用信息资源，更不懂得开发信息资源中的价值。

10. 敬业意识

李嘉诚说"事业成功虽然有运气在其中，主要还是靠勤劳，勤劳苦干可以提高自己的能力，就有很多机会降临在你面前。"大学生创业一定要务实、要勤奋，不能停留在理论研究上，可以从小投资开始，逐步积累经验。没有资金、没有人脉不要紧，关键要有好的思路和想法，有勇气迈出第一步才会成功。

11. 学习意识

任何事业，仅有一股狂热激情，哪怕是再持久也不够，还要有不断学习新知识、新经验、新技能，充实自己，提高自身水平的强烈意识。为了实现自己的梦想、追求自己热爱的事业，就必须勇于突破专业、职业、年龄、性别、环境等诸多条件的限制，以孩童般强烈的好奇心和求知欲，对凡是有益于自己事业的东西，都如饥似渴地学习：不懂技术学技术，不懂管理学管理，不懂营销学营销，不懂财务学财务……不断地完善自己，永无止境。

创业者创业后面对的最普遍的问题就是知识恐慌。原有的知识底蕴和劳动技能已经不足以支持他们应对创业中大量的新情况和新问题，这就需要面对知识更新的繁重任务。因此，创业者只有随时注意进行知识的更新，才能适应和满足创业需求。

四、创业潜质

创业充满了诱惑力，它让人体验到巨大的成就感，但并非每一个人都适合走这条路。也许你正在或准备创业，但是你究竟是否适合创业呢？不妨做一些测试，对自己的创业潜质有所了解，明白下一步自己该做什么和该怎么做。

1. 创业潜质的内容

大学生创业人员应当具有的创业潜质如下：小些，但是不可能是零风险。一些人看见有人宣传零风险，然后就相信了，这样的人根本就不具备创业的思想。

创业者要认真分析自己在创业过程中可能会遇到的风险，一旦这些风险出现，要懂得如何应对和化解。大学生是否具备风险意识和规避风险的能力，将直接影响到创业的成败。

（1）良好的身心素质。身心素质主要包括身体素质和心理素质。一个成功的创业者在创业的道路上付出的劳动和汗水是常人难以想象的。创业者的工作往往是时间紧急、压力巨大的,如果没有良好的身体素质作为保障,很难在创业过程中保持旺盛的精力、承受创业的重任。

同时,良好的心理素质也是非常重要的。创业贵在"创",创业就意味着走常人未走过的路,因此,创业的道路上往往充满了荆棘与艰险。面对创业过程中不可预见的各种困难和挫折,创业者必须有足够强大的心理素质,必须树立起克服各种困难的信心和决心,积极进取、迎难而上,才可能最终成功。

(2)出众的能力素质。创业者的能力素质主要包括专业技术能力、经营管理能力和社会协调能力。①专业技术能力。专业技术能力是创业者创业实践活动必备的基本能力。创业的目的是为人们提供有价值的商品或服务。创业者要创造出价值,就必须具有一技之长。通常创业者在创办自己的第一家企业时,应当选择与自己所学专业相关、自己比较熟悉的项目,避免进入一个生疏的领域,这样会提高创业的成功率。②经营管理能力。经营管理能力是创业者在创业过程中应具备的较高层次的能力,涉及创业实践活动的每一步。具体而言,经营管理能力主要包括:分析、规划和决策能力,人力资源管理能力,财务管理能力等。③社会协调能力。社会协调能力是指创业过程中所需要的行为能力。创业者应具备的社会协调能力主要包括公关、谈判能力,形象策划能力等。这些能力与经营管理能力相结合,能够从整体上影响创业实践活动,使其方式和效率产生根本性的变化。

2. 分析自身创业优势

"创业"这个词近几年来出现的频率比以往任何时候都高,因为越来越多的人开始走向自主创业的道路,其中有许多是大学毕业生。究其原因,一是国家政策的号召;二是现实的压力,中国每年毕业的大学生多达几百万,而社会的工作岗位远远满足不了这样庞大的需求;三是很多毕业生有不甘屈居人下的心态,认为自己的知识不在别人之下,别人创业能够成功,自己一定也可以。这些原因促使很多毕业生开始了自己的创业生涯。初衷当然是好的,但是也不乏一些盲目创业者,他们的创业动机很大程度上是对未来美好前程的向往和一时的激情。显然,仅仅靠这些是不行的,创业者必须要认清自己具备哪些优势,因为这些优势是自己成功的基石。创业者需要考虑哪些问题呢?

(1)行业。俗话说"女怕嫁错郎,男怕入错行",选择哪个行业是很重要的。选择行业的时候,不是跟着感觉走,觉得这行有潜力或者是近期发展势头挺好,就选择这一行。选择行业要根据自身的状况来定,需要考虑到自己的性格、学识以及自己对这个行业的了解程度,选择自己最熟悉的行业。

(2)资本。资本包括固定资金和流动资金,这两方面缺一不可。作为刚出校门的大学生,资金不足是一个很大的难题。资金从何处而来,靠家人还是靠自己,或是去向银行贷款。向银行贷款至少要有担保人或者抵押物,这对刚毕业的大学生来说是很难的。

(3) 毅力。创业的美好前景确实很吸引人,但是创业初期遭遇的困难是很多的,有时候接踵而来,让你应接不暇。在这样的情况下,必须要知道自己的心理承受能力、缓解压力的能力强不强。没有坚强的毅力,创业是不会成功的。

(4) 社会关系。自己有什么样的社会关系可以运用,包括自己家庭的社会关系以及个人的社会关系。

(5) 知识和见识。自己做老板,就必须具备基本的管理知识,能够有效地管理员工,让员工高效地工作。还要有行业知识,对于行业的发展现状和未来趋势一定要有清醒的认识,不然就会被激烈的竞争所淘汰。

创业本来就很难,否则人人都是老板了。明确创业可能遭遇的困难并不是要打击创业者的积极性,而是提醒创业者,只有真正地了解自己才有可能成功。所以,准备创业的人一定要认清自己具备哪些创业的优势,如果什么创业的优势都没有,还是暂时放弃,多做几年准备再创业才是可行的。

3. 创业潜质测试

下面的测试题可以初步检测一下你的创业潜质。测试由一系列陈述句组成,请根据自己的实际情况,在括号中填写相应的字母(A—非常符合;B—有点符合;C—无法确定;D—不太符合;E—很不符合),测试时间为5分钟。

注意:这些问题并不是你未来成功与否的标准,只是有助你了解创业应从何处人手,以及自己还有哪些方面需要提高。

1. 曾经为了某个理想而定下两年以上的长期计划。(   )
2. 能自动地完成分派给自己的任务。(   )
3. 喜欢独立完成自己的工作,并且做得很好。(   )
4. 朋友经常寻求我的意见。(   )
5. 求学期间,我就有赚钱的经验。(   )
6. 喜欢在竞争中看到自己的良好表现。(   )
7. 当我需要别人的帮助时,我能充满自信地说服别人来帮我。(   )
8. 我有能力创造一个环境,使我在工作时不被打扰。(   )
9. 我交往的朋友中有一群有成就、有智慧、有远见、老成稳重的人。(   )
10. 我在团队中被认为是一个受欢迎的人。(   )
11. 我认为自己是一个理财高手。(   )
12. 我可以为赚钱而牺牲个人娱乐。(   )

13. 我总是独自担负起责任。（　　）

14. 在工作时，我具有足够的耐心和毅力。（　　）

15. 我能在很短的时间里结交很多朋友（　　）

16. 我曾经被推举为领导者。（　　）

17. 对于工作，我总是先要了解目标。（　　）

18. 我关心别人的需要。（　　）

19. 我认为自己并不固执己见。（　　）

20. 我总是想要比别人做得更好。（　　）

计算选择 A、B、C、D、E 的数量：＿＿个 A；＿＿个 B；＿＿个 C；一个 D；＿＿个 E。按照如下公式计算出的总分为：＿＿。

总分 = A 的个数 × 5 + B 的个数 × 4 + C 的个数 × 3 + D 的个数 × 2 + E 的个数。

如果你的总分高于 63 分，说明你的创业潜质较好。

案例总结

小陈 2004 年毕业于辽宁某职业技术学院数控机床专业，2008 年返回家乡辽阳，创办了辽阳市××精密机械加工有限公司，目前该公司运转良好、效益可观。

为了学好数控机床专业，小陈在校期间就注意对电脑设计技术的熟练掌握和数控机床的灵活操作。毕业后，小陈应聘到一家深圳的公司，虚心向老员工请教，很快掌握了一些技巧，并在一些新产品上提出了新的方法，提高了工作效率。工作两年后，他感到自己已经掌握了许多数控机床加工技术，又在企业积累了不少的工作经验和更加全面、先进的加工技术，于是有了自己创办企业的想法。他经过调研发现，家乡的数控机床非常少，技术也很缺乏，而辽阳的地理位置优越，靠近沈阳、鞍山等工业发达的城市，引入数控机床加工大有可为。于是，2008 年，小陈放弃了南方优越的工作环境，毅然回到家乡，创办了辽阳市××精密机械加工有限公司。

分析　相比某些成功人士，也许小陈的创业成功经验更值得我们学习，因为他是一名从职业院校走出的成功创业者。就学期间和工作之初，他并没有创业的想法，他只是努力学习专业知识、努力工作、拓宽视野。等到自己具有了一定的专业技术能力和视野，并进行了一定的调研之后，才作出了创业的决定。

活动与拓展

主题 提升创业意识，挖掘创业潜质

目标 评估自己的创业潜质，提升未来创业者的创业意识

建议时间 30 分钟

活动过程

1. 教师将学生分成若干小组，每组 4～6 人。
2. 组员举例说明自己的创业意识如何，自己的创业潜质处在何种水平（可用前面的创业潜质测试题的结果进行判断），自己到底适不适合创业，如果现在开始创业，还有哪些方面需要提高。
3. 其他组员进行点评，并互相帮助，最终每个组员写出改进措施。
4. 每个组选出一个代表进行汇报，教师进行点评和总结。

思考与讨论

1. 创业意识的要素有哪些？
2. 请客观地分析自己的创业优势，并与同学交流。

第三节 创业模式

学习目标

1. 了解创业模式的概念。
2. 了解几种典型创业模式。
3. 了解工作室创业应该注意的问题。

案例导入

2012 年 11 月，上海某大学的小刘和小丰即将被保送研究生，升学无忧的两人开始盘算：毕业前的一段空余时间能做点什么呢？思考之后，开一家小店——这个曾经在她们心头盘桓了许久的想法，开始逐渐清晰。于是两个女孩拉上好友小朱，"生活色拉"的创业计划开始启动。

"最初我们也不知道要卖些什么。"与大多初涉商场的大学生一样，三个女孩也曾有过这样的困惑，但市场调查和价格比较之后，三人很快决定小店以礼品、饰品为主，辅以鲜花服务。此外，她们还找到了一个十分有利的条件——一位已经工作的朋友答应为她们提供稳定的货源。至于资金，三个人分

别拿出自己的奖学金和家里资助的一些钱,每人入股15 000元。小店的人力资源、网站建设、市场营销、财务管理等事务都有专人负责,看似很简单的小店,也开始模拟现代公司的管理模式。虽然有些家长对她们的做法未必完全赞同,但毕竟,她们已经开始"实践自己的想法"了。

分析 "生活色拉"的创业模式因其低投入、低风险的特点而常常被大学生创业者广为接受,但这并非创业的唯一方式,更不是接近成功的不二法门。那么,就大学生创业者而言,选择什么创业模式更可能接近成功呢?

选择合适的创业模式是创业成功的关键。准确判断自己的优势和劣势,选择最适合自己的创业模式,可以少走许多弯路。

一、创业模式简介

一般而言,创业模式是指创业者为保障自身的创业理想与权益,而对各种创业要素的合理搭配。具体包括创业者在创业开始时采取的初创期模式、在发展过程中形成的成长期模式,以及成熟期或定型期模式。创业模式在一定时期内保持相对稳定,但也具有明显的时代特征。随着技术发展和社会变迁,成熟、稳定的创业模式必然或遭淘汰,或被改造,或被新的模式所取代。在创业者决定要创业后,第一个重要选择就是寻找一个适合自己的创业模式。对一个创业者来说,最重要的不是一个创业模式是否能带来最大的效益,而是这个模式是否真正适合自己。一个合适的创业模式,未必需要投入一大笔资金,也未必需要具有很大的规模,甚至未必需要一个办公场所或店面。有志于创业的人没有必要被一些所谓的理论束缚住自己的手脚。只有勇于创新开拓,就能有所突破,从而形成质的飞跃。

二、创业模式分类

美国戴尔电脑公司创始人迈克尔·戴尔曾说:"创业没有准则。"那么就创业而言,也没有哪一种固定的模式可以保证我们一劳永逸地接近成功。生活有多种可能,成功也并非只有一种途径,邯郸学步、东施效颦从来都只能被传为笑谈。创业者只有避免盲从,根据自身的实际情况选择适当的创业模式才有可能取得成功。下面介绍创业模式的三种分类方法。

📖 拓展阅读

创业要趁早

英国17岁的高中生尼克·达洛伊西奥设计的Summly阅读软件被雅虎以

3 000万美元高价收购，又一位少年财富英雄诞生。国内也有成功案例，季逸超，21岁，一人包揽美工、开发、测试、运营等工作，做出了猛犸浏览器，曾是iPhone上个人开发浏览器里下载量最大的产品，并获得投资。

1. 根据创业动机的不同划分

根据创业动机的不同，可将创业模式分为机会拉动型创业和生存推动型创业。

（1）机会拉动型创业是指个人创业行为的动机出于抓住现有机会的强烈愿望，即通常意义上的创业动机。在出现的商业机会可能带来的巨大利润与抓住机会创业的个人强烈愿望的共同作用下，个人承担一定的风险，表现出超常的创业进取心。对这类创业者而言，创业活动是一种个体的偏好，并将其作为实现某种目标（如自我价值、追求理想等）的手段。

（2）生存推动型创业是指个人创业行为的动机出于没有其他更好的选择，即不得不参加创业活动来解决其所面临的困难。机会的存在与否不是这类创业者进行创业活动的关键因素。生存推动型创业的核心在于这类创业活动是一种相对的被迫选择，而不是个人的自愿行为。

2. 按照创业主体的不同划分

根据创业主体的差异，可以将创业模式划分为个人独立创业和公司附属创业。

（1）个人独立创业是指创业者个人或创业团队白手起家进行创业。个人独立创业是由创业者独自出资、独自经营的。个人独立创业在外在行为上体现为创业者的个体活动，即无论企业中的从业人员有多少，真正承担创业风险并享有创业利益的人只有创业者一个人（或一个创业团队），其他人都仅仅是员工，并不承担创业的风险，当然也无法享有创业的收益。

（2）公司附属创业是指一个公司为了更好地促进创新产品的市场化，从而创建新公司的创业模式。附属新公司的资金、人力等，主要来自于原公司。

3. 根据创业中生产要素类型的不同划分

按照创业中生产要素的不同，即根据是否主要依靠技术创新获取价值增值和竞争优势的标准，创业模式还可分为以技术创新为主的创业和以非技术创新为主的创业。前者的特点在于对技术的独占，通过对新技术进行商业化开发，将技术专利转变为商业用途而赚钱；后者则是运用现有的资源（包括现成的技术、方法等），通过新奇的创意成功创业，如分期付款制的诞生。以非技术创新为主的新兴创业模式正成为人们研究的重点。

三、典型创业模式

1. 互联网创业——网中自有黄金屋

互联网自创立以来，在走向商业化的10多年时间内取得了惊人的发展，其主要指标几乎每隔几年就以几何级数的速度增长。它作为信息时代的标志，不但改变了世界的诸多领域，同时又创造出许多新的创业机会。21世纪的创业者可以选择互联网创业，这使得创业者通向成功的道路大大缩短，可能在短短几年的时间内就可以快速实现目标。

利用互联网进行创业对当前经济生活有巨大影响。近几年随着国内电子商务的迅速发展，阿里巴巴等电子商务平台规模不断扩大，电子商务在促进就业和创业方面展现出了可观的潜力。中国的网络购物市场自2007年开始取得了爆发式增长，至今一直延续着这种高增长态势。截至2013年12月，我国网民规模达6.18亿，其中一半以上的网民有网上购物的经历，利用网络进行创业有着巨大的商机和潜力。

互联网创业主要有以下优点：门槛低，成本少，风险低，方式灵活，特别适合初涉商海的创业者。像易趣、淘宝、阿里巴巴等知名商务网站，拥有较为完善的交易系统、交易规则、支付方式和成熟稳定的客户群，加盟这些网站，可谓近水楼台先得月。此外，网络创业还得到了政府的重视和支持，在政策和服务上给予诸多的优惠和帮助。例如，上海已经在普陀区、静安区建立了电子商务创业园，为创业者提供优质的创业环境和服务。

对初次尝试网络创业的大学生而言，互联网创业事先要进行多方调研，选择既适合自己产品特点又具有较高访问量的电子商务平台。相比较来说，网上加盟的方式可能更适合大学生，这样能在较少的投入下启动创业项目，一边熟悉经营规则，一边依托成熟的电子商务平台发展壮大。

📖 拓展阅读

俗话说"行行出状元"，武汉23岁的小伙李轩，2013年6月从华中农业大学毕业后，放弃了月薪6 000元的工作，在网络和微博上卖起了土鸡蛋，被称"鸡蛋哥"。目前，他卖鸡蛋已3个多月，客户已达2 000余户，每月净赚1万多元。

《华西都市报》微博

2. 加盟创业——站在巨人的肩膀上

加盟创业，是指创业者通过与主导企业签订合同，主导企业将有权授予他人使用的商标、商号、经营模式等经营资源，授予创业者使用；创业者按照合同约定，在统一经营体系下从事经营活动，并向主导企业支付特许经营费。牛顿曾有句名言："我能看得更远一些，那是因为我站在巨人的肩膀上。"对于大学生创业者而言，加盟创业即是一种"站在巨人肩膀上"的创业模式。

加盟创业以其分享品牌、分享经营、分享资源等诸多优势，而逐渐成为备受青睐的创业新方式。目前，连锁加盟有直营、委托加盟、特许加盟等形式，投资金额根据商品种类、店铺要求、技术设备的不同而不同，可满足不同需求的创业者。

加盟创业的最大特点是利益共享、风险共担。创业者只需支付一定的加盟费，就能借用加盟商的品牌优势，利用现成的商品和市场资源，并能长期得到专业指导和配套服务，分享总部提供的培训、管理、广告、促销等支持，而不必摸着石头过河，从而大大降低了创业风险。

对初次尝试加盟创业的大学生而言，选择加盟企业是加盟创业中最重要的一环，为此，应注意以下几方面：

（1）加盟店的品牌。选择一个成熟和有名的加盟店品牌，可以较大地降低创业风险。当创业者决定进入加盟店行列时，应该选择市场上有一定知名度，并且有一定经营年限和规模的加盟体系，这样就可以享受品牌效应带来的好处，很快进入正常的经营状态。

（2）具有经营特色。有特色的加盟店可以降低恶性竞争的风险，提高成功的概率。加盟店的特色，包括经营特色、产品特色、销售特色、管理特色等，只有选择颇具特色的加盟店，才能迅速地取得成功。

（3）成熟的系统管理。成熟的加盟体系有着良好的管理系统，可以降低经营上的失误。成熟的加盟体系至少要有数年成功的经营历史，否则不可能有正常运作的较完善的统一管理系统。

这个系统包括前期培训和持续性培训，经营管理系统和执行过程的强力监督系统，市场推广和客户管理的持续性和有效性，人力、物力和财力等日常运作方面的系统支援等。成熟的加盟系统，都会有一套完整的加盟企划、加盟章程、管理制度、经营原则、运营手册、培训手册和稳定规范的供货渠道等。

拓展阅读

初次创业的大学生选择加盟创业务必慎重，小心提防以下加盟陷阱：

1. 贩卖机器。这类项目通常集中在洗衣店、咖啡店等依赖专用设备的加盟项目中。这类加盟店，说是特许加盟，实际上是在卖机器，或者只是为了收

取加盟费,这是目前特许加盟展会上屡见不鲜的现象。

2. 交纳定金。正规的加盟总部为了要求商品与服务品质一致化,对加盟者的资格审核极为严格,包括加盟资金门槛、履约担保、进货渠道等。如果"盟主"对加盟者不加考察,只要当场交加盟金,就可以立马加盟,就要小心"陷阱"了。在筛选加盟企业时,加盟者可以要求总部提供相关信息,如果总部不能提供的话,就要注意了。因此,千万不要在调查研究之前就草率地交纳加盟费或定金。

3. 短期收回成本。同其他经营一样,一个加盟项目也有一个投资回收过程,有的加盟企业"盟主"承诺只需交一点点加盟费,就可以帮助加盟者提供业务培训,负责广告投放和店面装修,并承诺凭借这个搭建好的"平台",只需半年就能收回成本,迅速盈利,每年有数万元的纯利。但加盟商一旦加入该加盟体系之后,却发现投资成本远不止原先所说的金额,"盟主"事前的承诺根本到不了位,折腾两三年后仍不能收回成本。

4. 参观样板店。这是最常见的,也是最隐蔽的圈钱陷阱。有的特许加盟授权方做几个样板店,再通过前期包装、造势之后就开始圈钱,只顾收取加盟费、管理费,别的事就什么也不管了。因此,加盟者在作出加盟决策之前,最好多看看同一品牌的多家加盟店的经营情况,不要只看"盟主"推荐的那几家,因为那很有可能就是"盟主"特意营造的"样板"。进行随机调查之后,从中找出具有一定开店经验、连锁店家数达一定规模或发展至少两年以上的项目加盟,这样就比较有保障了。

5. "很美"的合同。某些特许加盟授权方承诺可以收购加盟方的产品,但会在合同上注明要达到一定的产品标准,这种标准通常很模糊。加盟商生产出产品后,授权方可以以产品不符合要求为由拒收,加盟者只能吃哑巴亏。因此,在参与加盟连锁的项目时,合同是保障自己权益的关键,必须将所有与自己切身利益相关的条款落到细处,如果自己在这方面能力有限的话,请一名律师是非常必要的。

3. 兼职创业——鱼和熊掌或可兼得

孟子说:"鱼,我所欲也,熊掌,亦我所欲也;二者不可得兼,舍鱼而取熊掌者也。"但就创业而言,未必不可以尝试一种鱼与熊掌兼得的方式——兼职创业。兼职创业可分为四种类型:

(1)爱好型兼职。把平时的爱好特长在兼职中发挥出来,在固定工作(学习)与个人爱好之间"切换频道",兴趣与工作(学习)的结合不仅可以调整工作(学习)心态,还可以发现和开辟新的发展空间。

(2) 自由型兼职。自由型兼职卸掉了来自老板的压力,自己说了算,相当于"自己当老板",灵活支配时间,自主安排工作量和工作进度。这种个性自由的工作方式,非常适合那些有一技之长、不愿受人约束、个性较强的人。

(3) 项目型兼职。即围绕一个独立项目展开工作。双方约定完成项目期间的报酬、工作方式等,项目结束了,工作也就结束了。这类兼职选择雇主有较大的灵活性,可以同时与多个雇主或多个劳动市场建立联系,获得更多的项目工作。

(4) 短工型兼职。短工型兼职就是小时工,以小时为工作"单元",按小时计算收入,从业者可对工作和休息时间作灵活安排,可根据市场需求的变化和个人情况来安排工作的"淡季"或"旺季",还可以在有限的时间内身兼数职。

对于大学生和上班族来说,兼职创业的优势在于无须放弃本职工作,又能充分利用在工作中积累的商业资源和人脉关系创业,实现鱼和熊掌兼得的梦想,而且不必面对背水一战、进退维谷的窘境,大大减小了创业风险。但兼职创业需要在几条战线上同时作战,对创业者的精力、体力、能力、耐力都是极大的考验,因此要量力而行。此外,兼职创业者最好选择自己熟悉的领域,分清事业发展的主次,在重点做好本职工作、不损害所在单位利益的前提下开展创业活动。

4. 团队创业——众人划桨开大船

团队创业,是指具有互补性或者有共同兴趣的成员合伙组成团队进行创业。美国硅谷流传着这样一条"规则":由两个 MBA 和 MIT 博士组成的创业团队,几乎就是获得风险投资的保证。虽然这种说法有些夸张,却揭示了这样一种事实:创业已告别个人英雄主义时代,团队创业渐入佳境。一个由研发、技术、市场、融资等各方面组成的优势互补的创业团队,更有可能获得创业的成功。团队创业有将资本、人力化零为整的优势,使一些有着相似经历、背景的创业者们因为某个项目而聚集在团队创业的大旗之下,共同开创一番事业。

需要注意的是,由于没有人会拥有创立并运营企业所需的全部技能、经验、关系或者声誉,因此,如果想要创业成功,往往需要组成一个核心团队。在组建创业团队时,最重要的是要考虑成员在知识、资源、能力或技术等方面的互补性,充分发挥个人的知识和经验优势,这种互补将有助于强化团队成员间的相互协作。一般来说,团队成员的知识、能力结构越合理,团队创业成功的概率就越大。

5. 概念创业——从点子中挖掘金矿

概念创业,顾名思义就是凭借创意、点子、想法创业。当然,这些创业概念必须标新立异,至少在打算进入的行业或领域内是个创举,只有这样才能抢占市场先机,才能吸引风险投资商的眼球。同时,这些超常规的想法还必须具有可操作性,而非天方夜谭。概念创业适合本身没有很多资源的创业者,需要通过独特的创意来获得各种资源,包括资金、人才等。

40多年前,美国人弗雷德·史密斯凭着一个想法——隔夜传递,被风险投资家看中,创办了"联邦快递"。

比尔,盖茨在总结自己的成功经验时曾说:"是什么使微软从小人物一跃而起呢?我们拥有当时巨人没想到的点子。我们总是在思考,曾经遗漏过什么可以使我们保持胜利的东西。"美国视算科技公司董事长艾德,麦克肯的感触如出一辙:"我觉得我真正擅长的是当我有了一个点子,然后和一个真正的企业家一起去做,在形成小团队后,愈做愈大,一路发展下去。"

一个点子固然能够成就一项事业,但要实现概念创业的成功,把脑中概念变为财富,还要经过以下三个步骤。

(1) 科学分析。当产生了创业灵感之后,创业者应对创业点子进行冷静而细致的分析,了解自己的创意是否独具匠心,是否具有广阔的市场需求,是否具有可操作性,在推行过程中有无防止"克隆"的保护措施等,在此基础上选择最有发展前途并且风险相对较小的创业方案。

(2) 多方咨询。很多时候,我们总是在别人的目光里认识自己。因为很多时候我们总是"当局者迷",所以,创业者除了要对自己的创业灵感自我审视之外,最好在行动前多听听各方面的意见和建议,如成功的创业者、风险投资家、创业咨询机构等。他们提供的宝贵经验和专业指导,不仅能起到拨云见日的作用,还可以避免个人意见可能导致的片面性。

(3) 积极行动。创业不等于幻想,创业是实干家的实践活动而非空想家的思维过程,因此,概念创业最终还是要落实在积极行动上。一个新颖别致而又切实可行的创业想法只有落实在一些具体的实践活动中才有获得成功的可能性,其中技术、资金、人才、市场经验、管理方法等各种资源的获得必不可少。

> **职场箴言**
>
> 　　创业失败至少有两大原因:根本没开始和没能坚持下去。要创业,跨出第一步就很难。而创业后,不少人又因为走了几步臭棋就放弃了,绝大部分创业者死在不坚持的路上。
>
> 　　　　　　　　　　　　　　　　　　　　　　　　　　　——马云

6. 内部创业——员工到老板的轻松起跳

所谓内部创业，就是由一些有创业意向的企业员工发起，在企业的支持下承担企业内部某些业务内容或工作项目，进行创业并与企业分享成果的创业模式。作为一种激励方式，内部创业不仅可以满足员工的创业欲望，同时能够激发企业内部活力，改善内部分配机制，成为员工和企业双赢的一种管理制度。

内部创业源于企业的人才流失问题。人才流失是许多企业面临的最为棘手的问题之一，于是很多企业主或管理者开始以高薪酬和高福利为筹码，希望解决人才流失的难题。但不断提高的薪酬和福利待遇水平并没有成为留住员工的制胜法宝，依然有不少优秀人才相继离开。

美国行为科学家弗雷德里克·赫茨伯格对这种现象进行充分调查后，提出了著名的"激励因素—保健因素"理论。保健因素就是指那些类似于工资、福利、良好的工作条件等有利于员工安心工作的必要条件因素。对于一个优秀的企业员工而言，他们不甘于在为企业创造大量财富的同时，却无法满足自身的创业欲望。当传统的保健因素达到一定程度，如工作待遇、福利等环境因素对员工的吸引力不再起决定性的激励作用时，企业的成长速度往往落后于这些精英分子的成长速度。久而久之，这种状况将导致两种后果：自我消沉和跳槽离职。当然这两个结果都是企业主或管理者所不愿意看到的。此时能够对员工产生积极效果的只有"激励因素"，也就是那些能够满足自我实现需要的因素，包括成就、赏识、更加富有挑战性和成长发展机会的新工作等。于是，"内部创业"概念应运而生。

相对于另立山头、自力更生的创业方式，内部创业在资金、设备、人才等各方面资源利用的优势显而易见。由于创业者对于企业环境非常熟悉，在创业时一般不存在资金、管理和营销网络等方面的问题，可以将精力集中于新市场领域的开拓。同时由于企业内部提供的创业环境较为宽松，即使创业失败，创业者也只需承担较小的责任，从而大大地减小了创业风险。

但是内部创业的受惠面比较有限，一般只有大型企业的优秀员工才有机会一试身手。此外，因为这是一种以创造"双赢"为目的的创业方式，创业者要做好周密的前期准备，选择合理的创业项目，保证最大化的利润回报，才能引起企业高层的关注与支持。同时，要想获得创业成功，需要创业者和企业两方面共同努力。

7. 工作室创业——"躲进小楼成一统"

工作室不是一个空间概念，而是一种新的工作状态。工作室是创造、独立、自由、个性等精神的完全张扬，是一个更人性、更具效能、更先进的工作状态。录音工作室、形象设计室、摄影工作室、服装设计室等如雨后春笋般不断涌现。据报道，工作室创业正在引发新一轮创业热潮，而大学生以其观念新、魄力大、技术强的优势，已经成为工作室创业的主力军。

门槛低、易操作是工作室创业优于公司创业的最大特色。在工作室创业之初，创业者不需要注册，不需要办理各种烦琐的手续，甚至不需要办公场地，在家即可。由于工作室几乎没有其他成本，因而其产品和服务价格具有相当强的竞争力。这也是工作室在短短几年内迅速兴起的重要原因。

工作室创业要求个人拥有较新的创意或较强的专业技能，因为大部分工作室都是以创意或技术为产品，性价比是在市场上制胜的关键。在创业初期必须通过各种关系主动开展业务，积极联系有产品需求的客户。

工作室创业应该注意以下几点。

（1）团队组建。有人认为一个比较活跃的工作室团队应当包括2～5名专职人员、3～8名兼职人员以及2～3个业务过硬的"核心人物"，这样才能给工作室带来较多的业务，并保证工作室的顺利发展。

（2）业务开展。工作室成立初期的业务开展应该采用主动出击的方式，努力利用各种关系，向市场推介产品，争取尽可能多的客户并与之建市合作的关系。此外，工作室可以在媒体上刊登广告或在互联网上发布帖子，等待有需求的客户上门合作。

（3）经营策略制定。创意或技术是工作室创业的"本钱"，创业者只有保持自己创意或技术上的优势，创业之火才能经久不息，成燎原之势。由于创业方式的特殊性，工作室创业的宣传推广工作必不可少。首先，要立足地方、面向地方做好宣传工作，努力形成一定地域的知名度；其次，要与媒体建立广泛的联系，利用媒体渠道扩大影响；最后，还要充分利用互联网宣传自己。

案例总结

小伍是某职业技术学院艺术设计专业的学生。刚入学时，他和朋友们去参加了一个大型的动漫展，正是这个展览改变了他的就业观。在这个展览上，他发现有些优秀的漫画作品并不是出自著名的动漫公司，而是出自小的漫画工作室。于是，这次参观动漫展的经历使他萌发了创办自己的漫画工作室的想法。经过一番调研和准备，他的漫画工作室终于在大一下学期成立了。他先在网上申请了一个个人主页，然后不断增加自己的漫画作品和一些自己感兴趣的漫画界动态消息。通过网络，他不仅结识了很多志趣相投的朋友，还收到不少报纸、杂志的约稿函。伍林每天起床的第一件事就是进入自己的网上漫画工作室，他会不厌其烦地搜集各种动漫新闻和自己喜欢的漫画作品与网友分享。现在他已在国内多家报刊上开设了漫画专栏，并且不定期地发表漫画作品和漫画评论，平均每个月都能获得4 000多元的稿费。

分析　当前的就业形势日益严峻，国家、社会、学校都制订了各项政策，鼓励和支持大学生自主创业。大学生要充分挖掘自身的潜力，在充分调研的基础上，可以尝试适合自己的创业模式。案例中的伍林就发挥了自己的特长，结合自己的专业，选择了创办工作室这一创业模式，最终走出了自己的一条创业之路。

活动与拓展

主题　在校大学生的创业模式探讨

目标　复习前面介绍的几种创业模式

建议时间　30分钟

活动过程

1. 教师将学生分成若干小组，每组4～6人。
2. 每组组员讨论的问题：①上面所述的几种创业模式中，适合在校大学生的创业模式有哪几个？②针对适合在校大学生的创业模式，各举一个例子。③如何做到学业和创业两不误？最后由选出的本组代表统一意见并记录。
3. 每个组的代表进行汇报，教师进行点评和总结。

思考与讨论

1. 你有过创业的冲动和想法吗？最后你是怎样做的？
2. 从CCTV经济年度人物中选取两位，说说你和他们的创业起点有多少差距？
3. 如果选择创业，你会选取哪个领域开展创业活动？为什么？
4. 如果选择创业，你会首先选择哪种创业模式？为什么？
5. 如果创业遇到挫折，你会如何面对？

第四节　创业项目寻找与评估

学习目标

1. 了解寻找创业项目的途径。
2. 了解选定创业项目应考虑的因素。

3. 熟悉评估创业项目的方法。

案例导入

2010 年小曲刚刚大学毕业，因为工作没有落实就去山里游玩散心。他的家乡有漫山遍野的枫树林，来这里看红枫、赏秋色的游人络绎不绝。这时，有一个游人赞不绝口："这么好的秋色真是赏心悦目，遗憾的是无法带回家。"小曲大学学的是美术专业，他想就地取材用枫叶做成树叶画，不就可以实现吗？他说服父母，带了 3 000 元钱，前往南京一家做树叶画的公司拜师学艺。3 个月后，他学会了树叶作画的技术并回到家乡，精心做出三幅枫叶画，每幅卖了 100 元钱。

看到了这一行业的美好前景，他开始潜心制作枫叶画。一个人作画速度太慢，于是他发动全家人一起干。现在，小曲创办了一家公司，并在县城开设了一家门店。他把村里 20 多个青年招进来，带着大家一起发家致富，现在公司的年销售额达到几百万元，生意越来越好。

分析　俗话说："靠山吃山，靠水吃水。"曲彤大学毕业后，没有找到合适的工作，百无聊赖之际，家乡游客的闲谈让他发现了商机。家乡特有的物产可以和自己所学的专业来个完美的结合，通过枫叶作画，不仅独辟蹊径，学以致用，实现个人创业，还可以带动周围的群众一起致富，是个理想的创业项目。

现在想创业的人很多，可是不知道要做什么项目，这其实不只是初次创业的大学毕业生面临的难题，也是所有创业者面临的难题。那么，如何才能找到适合自己的创业项目呢？

一、寻找创业项目的途径

大学生需要通过有效的途径寻找创业项目。由于创业项目选择范围广，所以需要通过科学可行的方法来发现适合自己的创业项目，有以下几种途径可供参考。

1. 实验及研究成果转化

实验及研究成果是指高校或各大研究机构自主研究开发的成果。选择这些成果作为创业项目将大大推进研究、教学和企业生产的衔接，加快实验及研究成果的转化进程。

2. 大学生创业构思及创业计划大赛成果转化

大学生的创业构思是创业项目的重要来源。现阶段许多机构都在举行大学生创业计划大赛，不但有利于激发大学生们的创业意识、培养他们的创新能力，而且促进了一些创业构思的诞生，还有利于大学生创业计划的实施。当前，一些大学生创业公司的前身便是大学生创业计划大赛的小组。

3. 各种发明和专利

发明和专利也是创业项目的重要来源。发明和专利都具有独创的设想，将其开发出来进行产业化生产将会带来巨大的社会财富。现在各个国家为了激励发明创造，都制定了专利法来保护发明者，并取得了较好的成效。当然也并不是说所有的发明和专利都能顺利地转化为实际的大规模生产，因为要实现产业化还受到许多条件和环境的制约。

此外，通过朋友介绍以及网络、创业咨询公司等途径，也是寻找创业项目的有效途径。

二、选定创业项目应考虑的因素

创业者的成功和失败案例揭示，创业项目选定的合适与否在很大程度上决定了创业的成败。选定创业项目时，应考虑的因素包括：个人的兴趣和特长，对行业的熟悉程度，能否进行充分的市场调研，能够承受风险的程度，相关政策和法规是否允许等。

1. 个人的兴趣和特长

一个人只有选择了他喜欢做又有能力做的事情，他才会自觉地、全身心地投入到工作中去，并忘我地工作，才有可能在遇到困难和挫折时百折不挠、勇往直前，千方百计克服困难，实现创业目标。所以，选择自己感兴趣、擅长的项目是创业成功的基础。

2. 对行业的熟悉程度

选择创业项目不仅要考虑自己的兴趣和特长，也要考虑自己对行业的熟悉程度。通常，创业者在自己熟悉的行业中进行创业，成功的概率要比在陌生的行业中创业的成功概率高得多。譬如开饭店、开茶馆、经营服装鞋帽、开办文化娱乐公司等，必须深入地了解、熟悉，总结出行业的规律，才可以找到生财的窍门，再加上勤奋和信心，才能够取得创业的成功。

3. 能否进行充分的市场调研

初步选定创业行业后，就需要仔细调查、分析市场。选择创业项目在考虑了个人的兴趣与特长和对拟选项目是否熟悉之后，要认真调查分析拟选项目是否有市场机会，以及自己是否有能力利用这个市场机会。国内有些市场相对封闭，凭借创业者个人无法进行充分的市场调研，所以，建议尽量选择能够进行充分市场调研的行业，以降低创业风险。进行市场调研的方法有很多，包括观

察法、询问法、比较法等，甚至可以在某个自己感兴趣的行业中担任学徒，深入了解企业的经营、管理和运作方式。

4. 能够承受风险的程度

创业是有风险的，因为创业过程中存在着许多不可控因素的影响。一旦投入人力、物力、财力资源，就意味着开始承担风险。因此，在创业之初就应该对风险进行评估，而不能只看到项目的预期回报。我们既不能畏惧风险而裹足不前，也不能忽视风险，应该把创业风险控制在可承受的范围之内。

5. 相关政策和法规是否允许

选定创业项目时必须考虑政府的相关政策和法规。一方面，拟选定的项目是否属于国家政策和法律禁止或限制的范围；另一方面，拟选定的项目是否属于国家政策和法律鼓励的范畴。

三、评估创业项目的方法

大学生寻找创业项目的方法多种多样，应该结合自己的实际情况，对创业项目进行评估。具体评估标准如下：

1. 是否适合自己

俗话说："隔行如隔山。"因此，应尽量选择与自己的经验、兴趣、特长相关的项目。那么，如何评估一个项目是否适合自己呢？可以通过以下一些问题来评估：

（1）你个人的经验、知识和能力与创业项目的要求之间是否匹配？

（2）未来的企业有可以保持和发展的竞争优势吗？

（3）这个创业项目有多大的利润空间？创业项目额有增长的潜力吗？

（4）有明确和具体的目标客户吗？会带给他们什么具体的好处？投资的时机恰当吗？

（5）有没有致命的弊端或限制因素（内、外部）可能令创业项目失败？

2. 所选项目或产品的市场前景如何

对于创业者来说，要多考察当地市场，项目要有可观的利润。有些产品需求很大，但成本高、利润低。针对项目或市场的前景，建议选择处于成长期的项目，避免选择刚开发的新项目和完全成熟的老项目。大学生创业者一般都是20岁出头的年轻人，喜欢新东西，在创业时也往往会去选一些刚开发出来的、毫无市场基础的项目，这样做会有很大的风险。只有当一个项目处于市场已经开发，但是现有的供应能力不足的时候，才应该及时介入，这样成功的概率就会大很多。选择这些处于成长期的项目，不仅能有效降低风险，而且可以获得相对较大的利润空间。完全成熟的项目，虽然稳当，但缺乏诱人的利润。

3. 是否从实际出发

瞄准某个项目时最好适量介入，以较少的投资来认识市场，等到认为有把握时，再大量投入，放手一搏。为此，应注意以下两点：

（1）尽量选择初始投入资金较少、资金周转期短的项目。由于大学生创业的融资渠道较少，大部分的创业大学生都是利用父母亲友的资助和自己的一些积蓄作为启动资金开始创业的，加上大部分学生都来自于工薪家庭，能够获取的创业资金也有限，因此，大学生在刚开始创业时，应尽量选择初期投入少、资金周转快的项目，这样才能有充足的流动资金维持企业的正常经营。同时，大学生也要避免选择一些需要大量库存的项目。库存一多，资金周转速度必然缓慢，这不是小资本所能维持的；如果加上市场不稳定的因素，必然会导致周转不灵，陷入倒闭的困境。

（2）避免技术性过高的项目。在创业初期，大学生如果没有十足的把握，应尽量避免一开始创业就进入高科技行业，因为高科技行业需投入大量的研发成本，对于大学生这样资本金较少的创业者是一项很重的负担。大学生可以先选择一些相对比较容易做的行业，在积累了一定的资本后再考虑转入高科技行业。

4. 项目的潜力是否较大

很多创业者都问："创业，做什么最赚钱？"可以从以下几个方面来寻找和评估项目：

（1）针对现有的产品与服务，重新设计改良。改进现有商业模式比创造一个全新的产业模式要容易。许多创业者可以从过去任职公司的经验中发现大量的机会或是可以改进的地方。

（2）紧跟新趋势、新潮流。当一个新兴的产业出现之际，必然能够提供许多创业机会，引发创业热潮，同时产生连锁反应。例如，个人电脑的出现，引发大量的上下游相关产品与配套服务的创业机会。

（3）重点考虑有特色的项目。别人没有的，先于别人发现的，与别人不同的，比别人强的项目都可以归类为有特色的项目。特色项目除了可以避免陷入与同类型的竞争者同质化的困境，还可以提升产品的辨识度和认知度，拥有更高的定价空间。立志于自主创业的大学生，应该对市场的动态变化保持敏锐的触觉，时刻了解市场需求变化的方向，这样可以发现一些市场的空白，开发独具特色的创业项目。

（4）时机合适。创业者平时的感受与观察是产生创意的原动力，所以，要在时机合适之时抓住创业机会，注意观察以下三个要素：①新市场：用原来的产品或服务满足新的市场需求。②新技术：创造人们需要的新产品，提供新

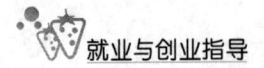

服务。③新利益：使产品质量更好，功能更多，成本、价格更低。

四、评估创业机会的方法

识别和评估市场机会是创业过程中一个具有关键意义的阶段。许多很好的机会并不是突然出现的，而是对"一个有准备的头脑"的一种"回报"，或是当一个识别市场机会的机制建立起来之后才会出现。不同的创业者会识别不同的创业机会。虽然大多数情况下并不存在正式的识别市场的机制，但通过某些来源往往可以有意外的收获，这些来源包括消费者、营销人员、专业协会成员或技术人员等。

值得注意的是，发现了商业机会，并不意味着就有创业机会，更不意味着成功就在眼前。

商业机会分为两类，一类是昙花一现的商机，这是一般性商机；一类是会持续一段时间，且不需要较多起始投入的商机，这才是适于创业的商业机会，即创业机会。创业机会有三个重要特点：一是会持续一段时间；二是市场会成长；三是创业者有条件利用。因此，对创业者来说，关键在于如何能够从众多商业机会中寻找有价值的创业机会，并采取有效而快速的行动来把握机会。一般来说，有价值的创业机会具有吸引力、持久性、及时性、客观性四大特点，应把握好以上四点，再对创业机会进行评估。

1. 创业机会辨识

面对创业机会，创业者需要进行机会辨识，所谓机会辨识，就是要借助职业经验和商业知识，再加上理性的分析与思考，去了解特定机会的方方面面，进而判断创业者利用特定机会的商业前景如何。

在对某一创业机会进行辨识之前，首先需要进行"机会界定"。对一个无法明确界定或没有明确界定的创业机会，是无法进行具体分析和筛选的。所谓机会界定，即界定特定机会的商业内涵和商业边界。在此基础上才能对该机会进行分析，进而判断该机会与特定的创业者是有关的还是无关的，是有利的还是无利的，以及利大还是利小。

对某一创业机会进行辨识，通常需要就四个方面内容进行分析：一是特定机会的起始市场规模有多大；二是特定机会将存在的时间跨度有多长；三是特定机会的市场规模将随时间变化而增长的速度与规模上限；四是特定机会对于特定创业者的有利程度。

2. 借助"机会选择漏斗"筛选出"好机会"

在现实经济生活中，适于创业的机会并不是很多。创业者需要借助"机会选择漏斗"，经过层层筛选，在众多机会中筛选出真正适合自己的创业机会。

第一层要筛选出较好的创业机会。一般而言，较好的创业机会有五个特点：

（1）在前景市场中，前五年中的市场需求会稳步快速增长。

（2）创业者能够获得利用该机会所需的关键资源。

（3）创业者不会被锁定在"附性的创业路径"上，而是处于可以中途调整的"技术路径"上。

（4）创业者有可能创造新的市场需求。

（5）特定机会的商业风险是明朗的，且至少有部分创业者能够承受相应风险。

第二层要筛选出利己的创业机会。面对较好的创业机会，特定的创业者需要回答四个问题：

（1）创业者能否获得自己缺少但被他人控制的资源？

（2）遇到竞争时，自己是否有能力与之抗衡？

（3）是否存在该创业者可能创造的新增市场？

（4）该创业者是否有能力承受该创业机会的各种风险？

3. 创业机会的市场评估

创业机会的市场评估包括：

（1）是否具有市场定位？是否专注于具体的顾客需求？是否能为顾客带来新的价值？

（2）依据创业机会的市场结构作出评估。

（3）分析创业机会所面临市场的规模大小。

（4）评价创业机会的市场渗透力。

（5）预测可能取得的市场占有率。

（6）分析产品的成本结构。

4. 商业机会的效益评估

商业机会的效益评估包括：

（1）税后利润至少高于5%。

（2）达到盈亏平衡的时间应该低于2年。

（3）投资回报率应该高于25%。

（4）资本需求量较低。

（5）毛利率应该高于40%。

（6）能否创造新企业在市场上的战略价值。

（7）资本市场的活跃程度。

(8) 退出和收获回报的难易程度。

拓展阅读

创业选址的技巧

如果你已经选定了创业项目,那么店址的选择就要提上议事日程了。常用的选址技巧如下:

1. 跟随竞争者选址。在竞争者的店址附近选址。
2. 在业态互补者附近选址。例如,在体育场附近开设冷饮店。
3. 搭车式选址。即与和自己业务有密切联系的公司结成战略合作伙伴关系,在其附近选址。
4. 自己实地考察选址。
5. 通过职业中介选址。
6. 通过发布广告选址。
7. 利用供应商资源选址。
8. 通过开发关系网络选址。
9. 通过与房产开发商合作选址。
10. 通过在互联网上搜索等方式获取地址源信息选址。

案例总结

小赵是某所医学高等专科学校高级护理专业的毕业生,找工作的过程一直不是很顺利。一次,几个阿姨来家里找母亲聊天,她们都抱怨现在的美容行业不规范。

"说者无心,听者有意",她想与其苦于找不到合适的工作,何不自己尝试着创业呢?

此后的一段时间,小赵进行了详尽的市场调研,最后她得出结论,本市的美容店不少,但却存在各种问题,她相信自己能够在美容行业立足。她首先考取了医学美容师资格证,然后在家人的支持下,开办了自己的第一家医学美容店。由于她有医学背景,再加上严格的卫生条件和温馨的美容环境,这家小店逐渐赢得了消费者的口碑。

分析 小赵从一个找工作屡屡受挫的毕业生,成为业界的成功人士,并不是一个意外。首先,她能从别人的聊天中捕捉到商机,选对了创业项目;其次,她创业的领域——医学美容与自己所学的专业密切相关;再次,对美容行业进行充分的市场调研并不十分困难；最后，美容行业的发展前景广阔。

活动与拓展

主题 创业项目选定与评估

目标 能够选定与所学专业相关的创业项目，并能结合自己的情况，对该创业项目进行评估

建议时间 40分钟

活动过程

1. 将学生分成若干小组，每组4～6人。

2. 组员根据所学专业，结合前面介绍的选定创业项目应考虑的因素，选定自己的创业项目。

3. 组员各自介绍自己的创业项目，并结合自己的情况，从多个方面对该创业项目进行自评。之后，小组其他成员进行点评。

4. 每个小组选出一个最好的创业项目进行汇报，全班同学进行点评，教师进行总结。

思考与讨论

自己选择一个创业项目，根据下列内容进行可行性评估，然后进行交流。

序号	项目评估内容	优势	劣势	对项目影响的重要程度排名	结论
1	与专业契合度				
2	创业资金来源				
3	家庭背景				
4	合作团队				
5	创业环境				
6	创业前景				
7	风险评估				
8	营销模式				
9	受益群体				
10	创业政策				
11	店址选择				
12	……				

参考文献

[1] 创业宝典：盘点大学生自主创业四大死穴．华禹教育网．http：// www.huaue.com/news/2010715 165014.htm.

[2] 陈亦权．农村姑娘卖草鞋．月入百万．致富时代，2012（9）．

[3] 创造的方法有哪些．中国大学生在线．http：//uzone.univs.cn/news 2_2008_3892.html.

[4] 金笙．一个酒盖引发的创业．名人传记（财富人物），2012（5）．

[5] 陈吉星．挑战自我，追逐梦想．创业之路：分享200位创业者的成功经验．北京：中国劳动社会保障出版社，2011.

[6] 杨珺，刘军林．大学生就业与创业指导．西安：西北工业大学出版社，2011.

[7] 七种创业模式．道客巴巴．http：//www.doc88.com/p-14261169331.html.

[8] 何小军．枫叶作画——因地生财．致富时代，2012（12）．

[9] 吴从娟，许强．就业与创业指导（第2版）．北京：化学工业出版社，2012.

[10] 李维华，朱烨．如何低成本选择商圈．中国服饰报，2012（4）．

[11] 杨珺，刘军林．大学生就业与创业指导．西安：西北工业大学出版社，2011.

第七章　创业计划与实施

创业是很多人的梦想，但是要实现这个梦想并不容易。如果想要实现创业梦想，就需要充分的准备、精细的计划，努力付诸实施。本章通过对创业计划书制订、创业小组组建、创业法律法规、创业融资和新企业创建的学习，帮助学生梳理创业思路，明确创业规划，降低创业风险，最终实现创业梦想。

学习目标

1. 掌握创业计划书制订的相关步骤。
2. 了解组建创业团队的原则和流程。
3. 了解创业过程中涉及的相关法律法规。
4. 了解创业融资、融资策略、融资流程的相关知识。
5. 了解企业注册登记的相关事项，熟悉企业的开办流程。

学习指南

一、学习方法

1. 针对上一章选定的创业项目，根据本章所学知识，制订相应的创业计划。
2. 在制订计划时，可通过搜索互联网等途径，深入了解同行业公司的经营情况，以便借鉴。

二、注意事项

创业计划书的制订不可能一蹴而就，需要在学习和实践中进行修改。

第一节　创业计划书制订

学习目标
1. 了解创业计划书的制订流程。
2. 掌握创业计划书的撰写原则。

案例导入

小王学的是生物工程专业，毕业于某职业技术学院。毕业后，他顺利进入一家发展新型农业技术的公司工作，因为专业对口而且勤奋努力，很快就成为部门的骨干，但是小王一直怀揣着自己创业的梦想。他发现新型农业技术非常有发展前景。在公司工作了两年后，小王辞去工作，开始自己创业。但是，小王很快就发现创业并没有想象中的那么容易，在付过房租、完成企业注册、购买完相应设备后，小王发现手中的资金已经所剩无几，但是还有很多事情没有做，例如招聘人员、宣传促销等，这些事情都需要资金。所以，小王就想到风险投资，但是多次与风险投资机构和个人洽谈后都没有实质性的进展。每次会谈小王只是凭借三寸不烂之舌强调技术的广阔前景和自身技术的优势。不过，当对方问到市场需求量、一年的预期销售额、盈亏平衡点、投资回报率等问题时，小王就无言以对了。

分析　小王的创业经历代表很多创业者的困惑，风险投资机构和个人之所以不愿意投资给小王，原因就是小王没有将企业的自身情况和综合能力有效地展示给对方，而创业计划书恰恰能够解决这样的问题。

一、创业计划书简介

创业计划书是创业者计划创立的业务的书面摘要，是一份全方位的商业计划。融资过程中的创业计划书通常是递交给投资商的，以便他们能对企业或项目作出评判，从而使企业获得融资。

创业计划书的核心主题是介绍企业，而不是介绍单一的技术或项目，所以创业者一定要注意计划书撰写的主体角色。在融资过程中使用创业计划书的重要目的是突出企业的投资价值。而这个目的需要贯彻在创业计划书的每一个部分当中，整个计划书也需要围绕这个中心思想展开。企业的投资价值简单而言就是企业的成长空间、成长能力及成长效率,所以,企业在创业计划书的写作过程中,一定要突出企业自身的生存和发展能力——在市场、产品、竞争、管理、销售、财务等方面的掌控能力和增长能力。

总的来说,创业计划书的本质是企业对自身经营情况和能力的综合分析和展望,是企业全方位战略定位和战术执行能力的体现。融资是触发企业写作创业计划书的动因之一。善于思考和总结的企业,即使不融资,也会经常按创业计划书的规划和要点来反思自身的经营情况,从而提高创业者的创业能力。

> **职场箴言**
>
> 事实上,成功创业并非遥不可及!最难的是想创业成功,但没有计划,或者有了计划,但不实施。如果你有一个五年或者十年的目标,而且能够周密地计划、坚定地执行,那么,实现创业梦想就离你不远了!

二、创业计划书的制订流程

对于大多数创业者来说,撰写创业计划书是一件耗时长、令人困惑又苦恼的事情。创业计划书分步骤撰写会使创业过程轻松、简单。综合来讲,可从以下几个方面循序渐进地进行:

1. 第一阶段:创业计划构思具体化

创业者对将要开创的事业给予细致的思考,并考虑细化的构思,确定创业项目以及实施相关时间进度表和工作进程。

2. 第二阶段:市场调查和建立客户联系

创业者要准备一份客户调查纲要,了解潜在客户的数量、他们愿意支付的价格、产品或服务实现的客户价值。此外,收集竞争对手的信息、产品的定位、目标客户的消费特征、哪些方面得到客户的较好认可、哪些方面还需要改进。了解对于购买决策者来说可能导致他们拒绝本产品或服务的原因。在调研过程中,与至少三个潜在客户建立联系,其中至少有一个是创业者将选做自己的销售渠道的客户。

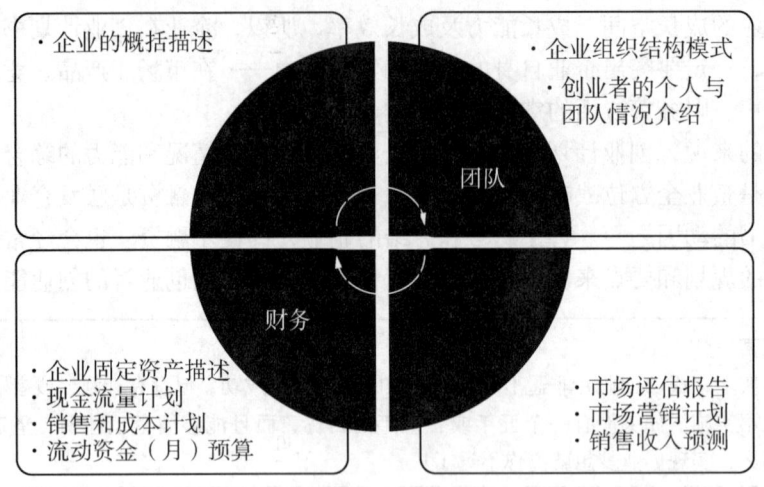

3. 第三阶段：创业计划文档制作

（1）市场目标和策略。这是创业计划的一个重要组成部分，建立在创业者所进行的客户调查和竞争者调查的基础之上。文档内容包括量化市场机会、如何把握这个机会、细化赢得目标收入的策略。

（2）实施。初创企业的运营，哪些是要达到目标最关键的成功因素，如何在创业计划中反映出这些优势，并且在所创办的企业中体现这些优势，是撰写过程的核心内容。

（3）小组。创业小组成员具备在本创业企业中所需的哪些能力，并说明企业发展过程中所需人员的情况。

（4）财务。创业企业在一定时间段内较为完整的财务预测与分析。财务分析要量化本企业的经营目标和企业生存发展所需的资金状况。

三、创业计划书的撰写原则

1. 把握基本框架

创业计划书的表现形式是创业计划书常见基本框架多种多样的，其常见的基本框架包含内容如上图所示。

2. 突出要点

一份好的计划书是能够吸引投资方并获得融资的材料，是能够帮助创业者理清逻辑和思路、整合资源的计划，因此，在撰写创业计划书时，要明确计划书撰写的目的。在撰写计划书时，创业者需要注意的要素见表7-1。

表 7-1　创业计划书撰写要点

序号	撰写要点
1	突出核心价值，不要过度包装
2	写明目标市场规模，让投资人看到预期销售收入
3	分析竞争对手，阐明自己居于竞争态势中的位置
4	企业运营模式，如何对产品营销推广
5	明确描述企业的盈利模式
6	小组状况，投资人最看重创业小组的情况
7	融资金额与计划，融资的目的是什么
8	企业经营中的风险预测，把问题和解决方式告诉投资人

四、创业计划书的撰写指导

1. 企业基本概况

企业基本概况可以说是整个创业计划书的精华，包含了企业的现状和企业的发展计划。

（1）摘要。创业计划书摘要既要涵盖计划书的要点，又要做到一目了然，以便读者在最短时间内对计划书作出评审和判断。摘要部分必须涵盖以下内容：公司介绍、管理者及其组织、主要产品和业务范围、营销策略、生产管理计划、销售计划、投融资计划、财务预算等。

（2）项目概况。项目概况是另一种形式的摘要，主要介绍创业项目的基本情况、创业机会技术创新点、技术发展的现状以及技术可行性分析、技术特色分析等，把侧重点直接放在基本概念上，明确说明企业发展的目标以及取得成功的关键，具体撰写要点见表 7-2。

表 7-2　项目概况撰写要点

序号	撰写要点
1	对项目总体情况的描述，包括关键技术、技术的创新点、权威部门的技术鉴定情况和环保评价等内容
2	从项目产品的先进性及应用发展前景、进入市场机会（如市场现实需求处于萌芽、起步、成长、成熟、饱和、衰退阶段中的哪个阶段）及市场发展空间、小组实施项目的现有能力及发展潜力等方面描述创业机会
3	项目的主要技术，目前该技术的发展现状、技术的创新点

续上表

序号	撰写要点
4	技术的可靠性分析、可行性分析
5	企业未来服务的市场
6	企业属于哪个行业领域
7	产品的特色
8	项目的技术小组和运营小组
9	企业的经营地点选择
10	企业的法律形态

2. 创业者个人与小组情况介绍

创业小组中人的因素推动项目整体向前发展,这是投资方关注的要素之一。创业者个人条件是本次创业能否取得成功的一个关键因素,创业者与他的小组的默契和激情直接影响创业的效果。没有合适的人,再绝佳的想法也没有办法落实,只有小组成员互相合作、优势互补,才能将创业工作落到实处。具体内容应包括:

(1)创业者个人及小组成员的学习、工作经历,并简要叙述他们取得的成绩。

(2)创业者个人的资源及其资金、精力投入的承诺。

(3)小组成员的创业动机及热情。

(4)小组成员合作的优势和劣势。

(5)小组成员的权责分工情况。

3. 市场评估报告

(1)行业背景。在行业背景这一部分,创业者应该让读者了解该行业的规模、发展趋势以及关键特征。市场评估报告撰写需要注意的关键点是:①定义现有的产品和服务。②估算行业的规模。③确定行业主要发展趋势。④预测进入行业的壁垒。

(2)竞争分析。竞争者除同行业生产同一类型产品或提供相同服务的企业外,还有一类竞争者的存在,就是属于不同行业但是能够提供替代产品或服务的企业。例如,摩托车企业的竞争者不仅仅是摩托车制造商,还有可能是汽车制造商。只有确定企业的竞争对手,才能深刻分析客户的需求,降低投资的风险。撰写要点见表7-3。

第七章 创业计划与实施

表7-3 市场竞争分析撰写要点

序号	撰写要点	主要内容
1	确定创业者的竞争对手	确定主要竞争对手，对方的产品和服务，以及对方的优势和劣势。每一个主要竞争者占有多大的市场份额？它们的市场营销策略是什么
2	分析企业与竞争对手之间的差异性	要能够对满足客户需求的独特性作出回应，例如，创业者的产品是实用性强还是外观美？创业者的服务是帮客户节省支出，还是提高他们的工作效率
3	估计来自竞争对手的威胁	创业者的竞争对手会给创业者的投资带来多大的威胁？例如，市场品牌认知度、技术可复制性，以及竞争对手是否会抵制一个新企业进入市场

4. 营销计划

市场营销计划是创业计划中最复杂的一部分，同时也是最重要的一部分。需要从全行业出发，再具体到目标市场的客户个体，通过分析，逐步细化和深入目标群体，制订本项目相应的计划。

营销计划是企业长远战略目标和短期销售目标的结合体，必须在两者的联系和冲突中寻找出最适合企业的营销组合。营销计划撰写要点见表7-4。

表7-4 营销计划撰写要点

序号	撰写要点
1	明确企业的目标客户群，确定产品进入市场的方式
2	制订产品的推广计划、销售计划以及执行这些计划所应采取的各种策略
3	分析企业在竞争中的优势与不足，确定适合企业的最佳获利方式
4	在销售中，可能存在的各种营销组合策略
5	企业在未来5年内的定位及发展规划、各阶段性的目标，明确了解每个阶段的销售目标
6	展示企业在销售中已经具有或可能具有的营销优势资源

5. 企业组织结构描述

在创业计划书中要明确企业的法律形态，例如，是有限责任公司、个人独资企业或者合伙企业，还是其他类型的企业？在描述企业组织结构时，可以采取组织结构图与工作事项描述结合的形式，这样较为简洁，一目了然。

如果企业是合伙企业，对于企业的出资方式、出资金额、利润分配和亏损分摊、经营分工、权限和责任等相关内容,要在合伙人协议中体现出来。

6. 企业固定资产阐述

企业的固定资产包括生产设备、交通工具、办公设备、厂房、家具、土地等,需要有完整的叙述,表现形式以表格为佳。

7. 财务计划

财务计划的主要内容是计算资产的流动性、企业收益预测、企业资产负债预测。资产的流动性包括现金的流入和流出、筹资安排和现金储备。企业收益预测的内容有销售收入预测、成本费用预测、净利润预测。资产负债表示公司在某一时间点上资产与负债的状况。

制订财务计划时,特别需要注意的两点是企业经济效益分析和企业盈亏平衡分析。盈亏平衡分析是找产量和销售的平衡点。一般常用的营亏平衡公式如下:

盈亏平衡产量:

$$Q' = C_f/(P - C_v)$$

式中,C_f 为固定成本;P 为产品或服务单价;C_v 为单位变动成本。

盈亏平衡单位变动成本:

$$C'_v = P - C_c S/Q_c$$

式中,P 为产品服务单价;C_c 为年总成本费用;S 为固定成本与总成本的比例;Q_c 为预期年销售量。

8. 风险分析

企业在发展过程中,风险是不可避免的。世界上没有一家不存在风险的企业,创业本身就是一项与风险相伴的事业。创业者需要知道风险的存在并能够准确判断,才能够及时做好应对措施,做到规避风险。企业发展中常面临四大风险:市场风险、竞争风险、管理风险、环境风险,见表7-5。

表7-5 企业风险分析

风险类型	分析内容
市场风险	分析可能产生的市场风险因素对产品市场的影响,例如客源流失、市场疲软、价格波动等带来的市场影响,并针对具体的因素,阐述控制风险的应对措施竞争风险的应对措施
竞争风险	分析主要竞争对手带来的竞争风险因素对竞争力的影响,例如经济实力、产品价格优势、市场认可度等,针对竞争对手的优势、创业企业目前的瓶颈,阐述控制风险的应对措施

续上表

风险类型	分析内容
管理风险	分析企业管理活动中可能产生的管理风险因素对产品开发和生产的影响，例如人事变动、人员流动、关键雇员依赖等造成企业不稳定的因素，采取相应的措施，消除不利影响
环境风险	分析企业外部环境风险因素对产品的开发和生产产生的影响，例如国家产业政策调整、行业规章变化、商业环境变化等因素给企业带来的不利影响，阐述控制风险的应对措施

9. 附录

附录是附在创业计划的后面，其主要目的是在不影响计划主体部分的情况下，向读者提供一些补充信息。前面提到的市场分析报告的调研资料和分析材料可以作为附录，以示创业者对于创业的重视，同时，也是信息是否准确、是否有实效的重要参考。创业者和创业小组的正规履历、创业相关经历及其获得的一些成就的表彰内容，也是附录的重要内容。创业项目如果是科技型项目，具有相关的知识产权和专利，也应放入附录中。

10. 封面制作

制作封面是为了给读者留下好的第一印象，封面的风格应该是专业、整洁、大气的。封面包含的内容：企业或者项目的名称、公司负责人的名字和联系方式、公司的 Logo（徽标或商标）等。

拓展阅读

创业计划书撰写常见问题

在撰写创业计划书的过程中，基于创业者缺乏经验、过度保护商业机密、创业思路不清晰等原因，创业小组在创业计划书中常出现过分保密、逻辑混乱、商业价值描述不清的情况，具体常见问题如下：

1. 商业模式不清晰。
2. 不写企业存在的风险，没有风险规避意识。
3. 没有明确指出企业的营收平衡点、投资回报率等关键数据。
4. 数据过时或不准确。
5. 没有展现小组创业激情、分工和权责。

案例总结

前面案例中的小王困惑许久之后突然想起在学校读书的时候,有一位总是讲授创业课程的赵老师。于是小王抱着试试看的想法回到学校向赵老师请教,为什么没有机构和个人愿意投资给他。赵老师听了小王的经历后,问了小王三个问题:"人家凭什么相信你说的行业真的会有发展前景?凭什么认为你一定会把企业做好?凭什么觉得你说的都是真实而正确的呢?"这让小王恍然大悟。接下来小王在赵老师的指导下,开始查阅资料,走访市场客户,详细分析和论证市场容量和顾客需求,初步完成了一份创业计划书,然后又请教多位老师和专家,反复修改,最终完成了一份翔实完整的创业计划书。小王不久就和一家风险投资机构达成协议,资金问题终于迎刃而解。

分析 小王从资金匮乏到融资成功的过程,告诉大家创业计划书对于每个创业者来说都是至关重要的,创业计划书的制订和撰写是创业者必须掌握的创业技能。现实环境中,虽然有了创业计划书未必一定成功,但是对于想要成功创业的人来说,没有创业计划书就会困难重重。

校园案例

佛山职业技术学院创新创业教育示范基地
Q堡堡汉堡项目实施计划书

一、项目简介

该项目由粤港澳大学生创新创业协会(广东南学英才投资管理服务有限公司)引进广州佳堡堡企业管理有限公司旗下的"Q堡堡"西式快餐厅在佛山职业技术学院的大学生创新创业实践中心基地(一饭堂三楼)开展的大学生创业项目。该项目由引进企业进行装修、购置相关设备、提供原材料等前期投入,由企业与佛山职业技术学院食品专业及感兴趣的大学生共同开发产品,由大学生组成管理和服务团队开展各种西式汉堡、三明治、紫菜包饭、面包等制作,培养学生的自身其力及创业能力。

二、企业介绍

广州佳堡堡企业管理有限公司旗下Q堡堡是专门针对全国高校内西式快餐连锁店,现在布及大学高职院校200多家,广东高校35家,公司管理人员及各家店长、员工均为历届、应届大学毕业生,各家创业店日常经营操作均为在校勤工俭学学生为主,有比较完善的年轻创业体系,在各大高校中赢得较好口碑。

三、企业的特色

Q 堡堡分布的各家分店都是采用勤工俭学的学生用工,学生在工作期间我们都是边上班边培训,深入了解他们的生活,会做就业指导培训,也会教导一些做人做事的道理,让学生们感受到 Q 堡堡是一个家。所以很多学生都喜欢来 Q 堡堡实战。也是因为这种特殊的方式,吸引了很多想创业的大学生都加入到我们的团队来。

四、提供服务内容

本项目除了提供汉堡炸鸡、三明治、紫菜包饭面包等外,在经营过程中会设置产品互动意见箱、WIFI、产品套餐、半价续杯(在利润允许的前提下)等特色服务。在节假日时提供优惠或推出符合节日氛围的新产品。

五、市场定位

由于本项目在佛山职业技术学院校内,则消费群体主要为在校大学生及教职工,产品价位在质优基础上实施低价策略,采取派发宣传单张、节日促销、专题活动促销等推广方式开展营销活动。营业时间按照学校规定的作息时间,暂时定:早上 10:00 至晚上 11:00。

营业地点:该店在佛山职业技术学院的大学生创新创业实践中心的内,面积约 60 平方米,主要营造一种便捷快节奏服务,装修时主要考虑氛围和制作设备因素。

六、管理组织机构

1. 组织架构图

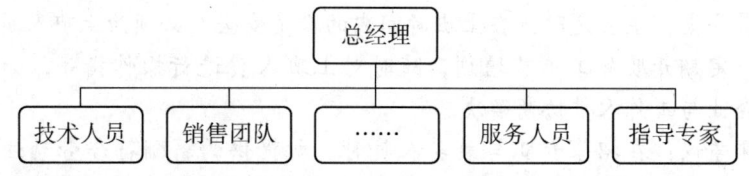

2. 合作模式

采取企业指导与大学生合作经营相结合的运营模式,大学生获取"红股"

（利润分成），届时，企业将与大学生团队签订合作协议。（红股：并非真正意义上的股份，是指大学生在该项目中享有利润分配的股份，也是该项目的合伙人，但在毕业后，将不再享有，而是转给下一任的大学生创业团队。）

企业只派出1~2名指导老师，其余全部由佛山职业技术学院的大学生创业团队组成，由企业指导大学生进行培训及创业，完全由大学生团队进行经营。实现的利润分配：企业占50%，大学生团队占50%。

七、组成人员

本项目会设立由项目负责人、财务人员、技术人员、企业专家、销售人员的运营团队，多数请校内学生为兼职人员，项目负责人为固定人员，兼职人员薪酬一般为10元/小时。预计在一个学期内可以解决20~50人的就业或实习。

八、财务预算

1. 投入：本项目前期投资预计启动资金30万元（包含租赁、相关部门办理证件、装修、厨房用具，基本设施）等。

2. 回报：预计3年左右回收成本，如果与学校方续约，则有可能产生利润。

九、风险预测

在本项目中主要存在的风险是在：食品安全、加工安全、人员安全及薪酬争议几方面。

食品安全：企业需对所有引进的产品资质与质量负责关运，及时清理过保质期的产品，出现问题由企业负责。

加工安全：在加工过程中一定要遵循食品制作的加工工艺，注意卫生措施，防止烫伤，采取有效措施防止用电安全，拥有必须的消防措施，如出现问题，由企业与操作人员协商解决。

人员安全：主要是防止在上班时间内的人员安全，必须为上班人员购买相关保险，定期开展加工工艺培训，随时对上班人员进行操作指导，如出现问题，由企业与工作人员协商解决。

薪酬争议：在招募专职与兼职人员时，所提供的薪酬符合劳动法相关标准，遵循当地最低薪酬标准，签订薪酬协议（或合同），如出现争议，由企业与与粤港澳大学生创新创业协会解决。

十、成长与发展

本项目由粤港澳大学生创新创业协会引进,在不违反框架合作协议内容下,与学校进行合作,一般为3年,根据运营效果可适当延长运营时间。

运营项目负责人毕业后,必须把该项目转给下届同学,这样可保证该项目的可持续性发展。

活动与拓展

主题 创业计划书的制订流程
目标 帮助学生厘清创业计划书制订的关键步骤,做好必要的准备工作
建议时间 40分钟
活动过程

1. 依据学生在上一章选择的创业项目,将学生分成若干个小组,请各小组派代表以演讲形式简单介绍该项目。教师在此环节可就各小组汇报内容提出若干针对性问题,请小组成员回答。

2. 教师引导学生探讨完成创业计划书应补充和完善的内容。

3. 要求每一位学生课后针对自己的创业项目,参照本节学习的创业计划书制订流程,独立完成一份创业计划书,并在规定时间内(下次上课时)提交。

思考与讨论
1. 创业计划书的构成要素有哪些?
2. 创业计划书的制订流程包括哪些?

第二节 创业团队组建

学习目标

1. 了解创业团队的类型、特点及组建原则。
2. 掌握创业团队的组建流程。
3. 熟悉创业团队管理的相关知识。

案例导入

小李在大学阶段学习的是英语专业，在一次与几个同学交谈时萌生了创业的想法。大家一致认为，现在的学校课程并不能满足所有学生学习外语的需求。于是小李和几个英语专业的同学组成了一个创业团队，利用学校的大学生活动中心开起了英语交流俱乐部。他们选择流行的美剧作为培训素材，采用语言沙龙、化装舞会、演讲比赛等学生喜闻乐见的形式开展外语学习交流活动。因为贴近学生需求，很快就有很多学生报名。一个学期过后，几个人算了一下，扣除成本后竟然盈利六万元左右。但是这六万元如何使用和分配，小李和几个伙伴有了分歧，小李认为自己是发起人，工作最多，应该多分一些，剩余的钱应该投入到俱乐部以后的经营上。有的人认为大家都很辛苦，应该把钱平均分了。因为成立俱乐部之前大家并没有签署协议，没有明确约定权责利关系，最后意见统一不了，俱乐部也没有再开下去，大家不欢而散。

分析 本来一个很好的创业项目，因为创业团队没有明确、清晰的协议和制度，最终没有继续发展下去。可见，一个优秀的团队需要权责利关系清晰明了。此外，无论怎样的团队，都应该有一个核心人物——团队的领导者。在创业初期，创业团队的领导者是成功与否的关键，他的眼界、思维、性格、能力和决策直接影响团队的发展。

一、创业团队简介

1. 创业团队的概念

创业团队是指在创业初期，由一群才能互补、责任共担、愿为共同的创业目标而奋斗的人所组成的特殊群体。创业团队通常是由两个或两个以上具有共同创业目标和一定利益关系的、共同承担创办新企业责任的、处在新企业主要管理位置的人共同组建而形成的有效工作群体。与个人创业者相比，创业团队往往对创业机会的识别、开发、利用能力更强。

通常创业者在注册公司前就开始着手组建自己的创业团队，从企业发展和规范化管理的角度选择合适的创业团队成员。尤其对于新办的科技型企业、风险企业、创新型企业、现代服务企业等，更需要具有团队凝聚力、合作精神、立足企业长远发展的创业团队。创业团队成员之间的互补、协调以及与团队领导者之间的良好关系，有助于企业降低风险，增强竞争力。

职场箴言

领军人物好比是阿拉伯数字中的1，有了这个1，带上一个0，它就是10，两个0就是100，三个0是1 000。

——柳传志

2. 创业团队的类型和特点

一般说来，创业团队可以分为三类：星状创业团队、网状创业团队和虚拟星状创业团队。表7-6 所示为不同创业团队的优缺点。

表7-6 不同创业团队的优缺点

类型	概念	优点	缺点
星状创业团队	有一个核心成员，充当领军角色	1. 决策程序简单，效率较高； 2. 组织结构紧密； 3. 稳定性较好	1. 容易形成权力过分集中的局面； 2. 当核心成员和其他成员产生严重冲突时，其他成员往往选择离开
网状创业团队	由志趣相投的伙伴组成，共同认可某一创业想法，共同进行创业	1. 成员的地位较平等，有利于沟通和交流； 2. 成员关系较密切，较容易达成共识； 3. 成员不会轻易离开	1. 结构较为松散； 2. 决策效率相对较低； 3. 容易出现整个团队组织涣散的状况； 4. 容易形成多头领导的局面
虚拟星状创业团队	有一个核心成员，其核心地位的确立是团队成员协商的结果	1. 核心成员具有一定威信； 2. 既不过度集权，又不过于分散	核心成员的行为必须充分考虑其他成员的意见，不像星状创业团队中的核心成员那样有权威

职场箴言

建立高效创业团队的要点：领导者是唯一的；组织结构要清晰；能够做到令行禁止；个人利益服从整体利益；成员之间互相支持。

二、创业团队的组建原则

在创业团队组建中，创业者希望能够找到志同道合、相互配合的团队成员，以实现更高的团队能效。

虽然创业团队的组建因行业、项目的不同而有所不同，但也具有一些共同的组建原则，见表7-7。

表7-7 创业团队的组建原则

原则	主要内容
目标统一	创业团队成员需要达成共识，要有共同的目标。大家虽然分工和责任不同，但都需要认识到共同的奋斗方向，相互配合

续上表

原则	主要内容
能力互补	团队成员的合作应实现能力的互补，通过相互的协作，使团队成员在知识、技能、经验、资源等方面都能发挥出最大的效能，达到更好的效果
精简高效	为了实现高效率和低成本的目标，创业团队人员构成应在保证企业能够高效运作的前提下尽量精简
学习改进	团队学习既是创业团队成员之间互相沟通和交流思想的过程，也是寻求共识的过程，还是产生团队的"创造性张力"的过程。团队学习既要分享成员成功的经验，也要总结成员失败的教训
优化调整	创业过程是一个充满了不确定性的过程，因为能力、观念等多种原因，会不断有人离开，同时也有人加入。因此，在组建创业团队时，应注意保持团队的动态性和开放性，使真正合适的人员被吸纳到创业团队中来

三、企业团队的组建流程

创业团队的组建流程并不完全相同，不同创业项目所要求的创业团队也有一定差异，通常可以参考如下图所示的流程进行团队的组建。其中，建立内部融和机制是团队组建过程的多个步骤中都会涉及的。

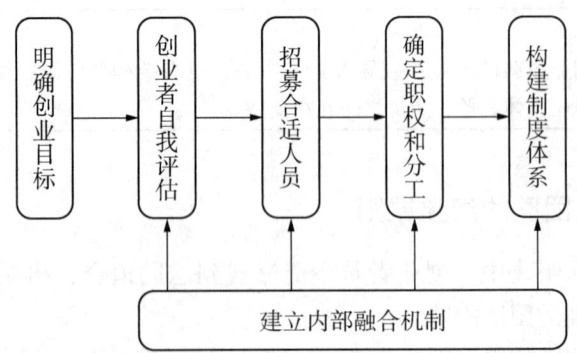

创业团队组建流程图

1. 明确创业目标

创业团队的总目标就是企业要在创业过程中实现的有关市场、管理、发展等的目标。在总目标确定之后，要将总目标分解为若干不同项目、不同时间段的可以实现的子目标。

2. 创业者自我评估

创业者自我评估的主要内容如下：

（1）知识基础。即创业者能够给新企业带来的知识和信息。

（2）专门技能。即很好地完成某些任务的能力，例如营销能力、策划能力、沟通能力等。

（3）创业动机。思考如下问题：为什么创业？是否喜欢挑战？是否相信自己的新产品？是否想获得巨大财富？

（4）承诺。即完成任务以及实现与新企业相关的个人目标的意愿。

（5）个人特性。创业者的个人特性的五个维度包括尽责性、外倾性、友好性、情绪稳定性、经历开放性，见表7-8。

表7-8 创业者的个人特性

维度	说明
尽责性	个体表现出来的工作状态、可靠性、坚韧性程度
外倾性	个体表现出来的喜欢聚集、自信、善于交际的程度
友好性	个体表现出来的合作、谦恭、可信、易于相处的程度
情绪稳定性	个体表现出来的平静、理性、安全的程度
经历开放性	个体表现出来的创造性、好奇、兴趣广泛性的程度

3. 招募合适人员

创业团队成员的招募主要从岗位工作、技能等方面的互补性和企业的规模来考虑，以兼顾高效率和经济性。

4. 确定职权和分工

创业团队只有职权清晰、分工明确，才能使团队成员高效地执行计划，顺利完成各项工作。创业团队通过明确职权和分工，可以避免职权不清而导致的工作冲突，也能避免分工不明确而造成的工作疏漏。

5. 构建制度体系

创业团队的制度体系是对团队成员进行有效激励和控制的体系，通过设定奖罚机制，使团队成员意识到企业及团队的成功是个人成功的重要保障，同时，个人的努力和成员之间的协作也是团队实现目标的前提条件。通过充分调动成员的积极性，能最大限度地发挥团队成员的作用。通常创业团队的制度体系应以规范化的书面形式确立并获得一致认同。

6. 建立内部融和机制

创业团队在创业过程中，不可避免地存在一定的分歧，甚至存在一些矛盾。因此，有效的沟通、开放的交流、团队领导者的调解等，对于创业团队来说是非常重要的。创业团队建立内部融和机制，就是要及时发现问题和处理问题。

四、创业团队成员的选择

创业团队一般由创业者、合伙人、其他团队成员（例如员工等）及顾问等组成。许多新企业是由两个或更多的人创建的，创业者选择一位好的合作伙伴（或多个合作伙伴）是非常重要的。为了作出正确的选择，创业者需要了解三个方面的基本信息，如下图所示。

1. 自我评价：通过创业者尽可能客观的自我分析和评价，了解创业动机、相关创业技能和技术、相关知识以及基本创业条件等方面的现状

2. 明晰需要：尽可能分析出创业者希望从未来的创业团队成员那里获得什么，这样做有助于实现创业的最佳效忠

3. 评价成员：创业者通过选择未来的创业团队成员并客观评价他们的素质和能力，来确定他们是不是合适人选，或由此知道需要从哪些方面帮助他们提高和完善

创业团队成员选择流程图

📖 **拓展阅读**

高科技企业通常以技术创新为主，因此，对人力资源最突出的要求是高素质。对于项目核心技术人员，要舍得投资，聘请最优秀的专业人才。一个企业创办的时候需要在许多方面节俭，但是对于技术人员要舍得投入。曾经有人说，一个优秀的程序员可以抵得过一百个普通的程序员，对于这种数量极少的人才，应当在薪酬、员工期权等方面尽可能给予优厚待遇。

五、创业团队的管理

1. 树立创业团队的愿景

愿景就是创业团队领导者及团队成员所想要创造的、创业团队可能实现的、对不远的可持续发展的未来情形和结果的描述，进而形成创业团队统一的

价值观。简单地说,愿景就是最终结果的描述。

共同的愿景会使团队成员的价值观达到一个特定的水平,使得人们可根据他们的价值观来作合适的决定。愿景的三个要素如下图所示。只有当三个要素都被清晰地描述和理解时,愿景才是有力的、持久的。

(1) 核心志向是创业团队存在的意义。创业团队要弄清为什么要创办企业,要创办什么样的企业,服务于哪些顾客。

(2) 核心价值观是创业团队的指导原则。创业团队需要设计或设立具体的价值评价指标,例如顾客满意度、员工满意度等。

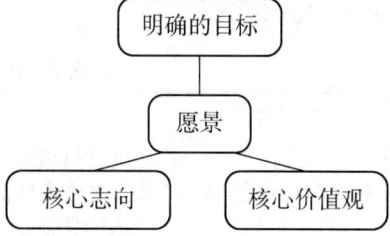

(3) 明确的目标是实现愿景的具体体现。创业团队需要有具体的目标要求,例如企业成立多久可以实现收支平衡,年销售额是多少,市场占有率上升到多愿景的三个要素少等。

2. 管理创业团队的目标

目标管理的概念是管理学大师彼得·德鲁克于1954年在其名著《管理实践》中最先提出的。

目标管理的相关要素见表7-9。

表7-9 目标管理的相关要素

要素	主要内容
明确目标	明确目标比只要求人们尽力去做会创造更高的业绩,高水平的业绩是和高层次的目标相联系的
参与决策	以参与的方式确定目标,上级与下级共同参与设定各对应层次的目标,即通过协商,逐级制订出整体组织目标、经营单位目标、部门目标直至个人目标。创业团队的目标转化过程既是"自上而下"的,又是"自下而上"的,也可以是"横向"的
规定时限	创业团队需强调时间性,制订的每一个目标都要有明确的时间期限要求,如一个月、一个季度、一年等。在大多数情况下,目标的完成期限可与年度预算或主要项目的完成期限一致。通常情况下,组织层次的位置越低,为完成目标而设置的时间期限往往越短
评价绩效	团队成员承担为自己设置具体的个人绩效目标的责任,并具有同其他成员和团队领导者一起评价绩效目标实现情况的责任。团队领导者要努力吸引团队成员对照预先设立的目标来评价业绩,积极参加评价过程,用这种鼓励自我评价和自我发展的方法,提高创业团队成员对工作的投入程度,并创造一种良好的激励氛围

3. 提高协作能力

创业团队的协作能力，是指建立在创业团队的基础之上，发挥团队精神、互补互助以达到创业团队最佳工作效能的能力。提高创业团队的协作能力包括提高全局观念、提高沟通能力、获得支持与认可、共享创业资源四个方面，见表7-10。

表7-10 创业团队的协作能力

要素	主要内容
提高全局观念	创业团队成员要有整体意识、全局观念，考虑企业整体发展的需要。在创业团队中，不能总是强调个人能力和表现，既要完成好个人的任务，还要配合其他成员以实现总体工作目标
提高沟通能力	创业团队良好的内部沟通是创业团队高效运作的要点，采用合适的语言沟通或非语言沟通，是创业团队成员间消除误会、提高效率、相互激励、合作互助的前提
获得支持与认可	创业团队成员间的相互支持与认可、互相支援与鼓励，对创业总体目标的实现非常重要。在工作中想要得到他人的支持与认可，就要参与一些团队活动，礼貌关心同事的生活，以加深彼此的了解和信任
共享创业资源	创业团队成员之间是否共享资源是评估创业团队的凝聚力和协作能力的重要标准。提高创业团队的资源共享度是促使创业团队健康发展、稳定发展的基础

案例总结

在北京新东方学校（简称新东方）创办之前，北京已经有几所同类学校，参加培训的人员多以出国留学为目的。新东方能做到的，其他学校也能做到。就当时的大环境而言，随着"出国热"以及人们在工作、学习、晋升等方面对英语的多样化要求，国内掀起了学习英语的热潮，越来越多的优秀教师加入到英语培训这个行业。如何先人一步，取得自己的竞争优势，把新东方做大做强，俞敏洪认识到进入英语培训行业必须要具备一流的团队以及师资。他不远万里跑到国外把王强、徐小平等人请回北京加入新东方，实际上这也是俞敏洪思考了很久所作的决定——这些人不仅符合业务扩展的要求，更重要的是这些人是自己的同学、好友，在思维上有着一定的共性，肯定比其他人能更好地理解并认同自己的办学理念，合作也会更牢固和长久。

分析 俞敏洪创办新东方的故事家喻户晓，新东方的成功离不开俞敏洪的战略目光、坚韧执着、果敢智慧等优秀的创业品质，更离不开那一群紧紧围绕着俞敏洪的创业团队成员。创业团队的领导者不需要专业技能特别优秀，但是必须善于把最优秀的人集合在自己的团队中。

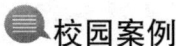校园案例

"囍方喜糖盒"创业团队简介

一、创业历程

创业对于多少有志青年是倾注所有心力想去施展拳脚的事情，而一份完整创业计划书汇集着多少年轻人思想火花碰撞的结果。但是，创业更重要的是付诸于行动，实实在在的去做。

"囍方喜糖盒"创业团队是因为一个比赛而汇集在一起的。团队每个人各具所长，经同学、朋友推荐成立的一只队伍，经过一段时间的磨合，慢慢了解彼此。在选择行业以及产品定位时，团队成员们进行了深层次的探讨，他们收集了网络资料以及一些行业资料，最终，选择市场潜力比较大的婚庆行业。婚庆行业近年来的发展比较迅速，但是，选择怎样的一个产品作为婚庆行业的切入点很关键。在团队一次探讨当中，队员们每个人说出自己的想法。对这些想法加以总结后，决定以婚庆用品喜糖盒作为切入点。

从以前的普通纸质材质，到今天款式多样用料多种，喜糖盒的设计和制作工艺在一点点的进步。但是，为了凸显"囍方喜糖盒"的亮点，只有外观上的创新是不够的。团队成员最后想出了将当下流行的技术元素"二维码"应用在喜糖盒上，并将这个二维码命名为"囍方蜜码"。收到喜糖盒的人，只要用手机扫描一下盒子上的二维码，便能看到结婚新人的相关文字、图片和视频资料，使喜糖盒从简单的包装工具变成一个能够"传递爱，分享爱"的感情象征。

在确定了推出市面的款式之后，团队就把设计图拿去印刷厂打样，接着就对每款进行了第一次大量的印刷。但是，这次团队遭遇了创业以来第一次重创，打样和大量印刷的技术是有差别的，因此大量印刷印出来的喜糖盒的效果与打样的效果相距甚远，而且那种差别是团队一致认为所不能接受的。这个问题迫使团队要重新选择制作喜糖盒所用的纸张，使打样和大量印刷尽可能接近。团队成员目前正在全力解决这个问题，务求使"囍方喜糖盒"的项目能够顺利面市。

二、"囍方喜糖盒"项目特色

囍方喜糖盒与传统的喜糖盒最大的区别在于：

1. 为新人创造了更大的顾客价值，同时满足了他们物质和心理的需求；成为自身品牌宣传的有效媒介，大大降低了宣传成本；由于二维码背后实质是一个手机网站。

2. 通过开辟一个叫"囍方纸品"的栏目来宣传囍方喜糖盒。

3. 为合作伙伴建立了广告平台，有效地增加双方合作的效益：通过在二维码背后的手机网站开辟一个叫"合作伙伴"的栏目来达到这个目的。

综上所述，该类型的产品，在市面上暂时没有出现，囍方喜糖盒是属于先创，具有领先性。

团队成员简介：

姓名	林业璋	
角色	总经理	
任务	负责统筹公司的一切经营事务，制定发展战略，作出重大决策，招聘	
专长	市场分析以及市场开拓	
主要经历		
时间	社团及课外活动经历	荣誉和奖励
2011.12	第四届佛山职业技术学院营销技能大赛	第一名
2012.5	佛山职业技术学院舞蹈大赛	团体第一
2013.4	虎嗅网愚人节造谣大赛	第二名
2013.9	佛山市三水区青年创业大赛	优秀团队奖

姓名	陈科特	
角色	综合部负责人	
任务	负责产品质量、物流与售后管理。	
专长	流程管理	
主要经历		
时间	社团及课外活动经历	荣誉和奖励
2011.12	第四届佛山职业技术学院营销技能大赛	第一名
2012.11	暑假"三下乡"社会实践活动	实践报告优秀奖
2013.9	佛山市三水区青年创业大赛	优秀团队奖

姓名	袁新妹		
角色	财务部负责人		
任务	负责每年财务目标与财务预算的制定，日常财务管理工作。		
专长	财务管理		
主要经历			
时间	社团及课外活动经历	业绩	荣誉和奖励
2011—2012	参加过摄影协会的小品大赛	三等奖	
2013.9	佛山市三水区青年创业大赛	优秀团队奖	

姓名	钟文鹏	
角色	产品设计部负责人	
任务	负责根据市场流行元素与消费者需求，进行产品设计与提案。	
专长	Photoshop 软件	
主要经历		
时间	社团及课外活动经历	荣誉和奖励
2013.11	佛山职业技术学院第一届"文学之星"大赛	二等奖
2013.12	佛山职业技术学院计算机协会"PS设计大赛"	三等奖

姓名	陈蕾宇	
角色	线上运营部负责人	
任务	负责产品线上销售，网店运营与管理，网络营销策划与实施。	
专长	销售	
主要经历		
时间	社团及课外活动经历	荣誉和奖励
2013.11	佛山职业技术学院工商系辩论赛	一等奖、优秀辩手
2013.12	佛山职业技术学院院部辩论赛	二等奖

姓名	周月媚	
角色	线下运营部负责人	
任务	负责开拓婚庆机构渠道商，并做好渠道管理工作。	
专长	策划	
主要经历		
时间	社团及课外活动经历	荣誉和奖励
2013.11	佛山职业技术学院现场作文大赛	二等奖
2013.12	佛山职业技术学院旅游知识竞赛	二等奖

活动与拓展

主题 探讨组建创业团队需考虑的因素

目标 了解组建创业团队的原则，探讨创业团队组建时需考虑哪些因素

建议时间 40分钟

活动过程

1. 开放式提问。创业者需要组建创业团队吗？如果需要，组建创业团队时要考虑哪些因素？

2. 收集信息。对学生提供的信息进行收集，在黑板上归类、分析。

3. 小组讨论。将学生分成4～6人的若干小组，进一步讨论，找出组建创业团队时要考虑的主要因素有哪些。

4. 分组阐述。各个小组选派代表说明各组观点。

5. 教师总结。教师分析、给予评价。

思考与讨论

1. 创业者通常会采用怎样的创业团队组建步骤？

2. 创业者的创业团队需要由哪些人组成？他们分别负责哪些工作？为什么这样设置？

第七章 创业计划与实施

第三节 创业法律法规

学习目标

1. 了解与创业相关的主体法律法规。
2. 熟悉创业所需的法律知识。

案例导入

小刘是一家国企的下岗职工,他想自己是艺术设计专业出身,又在企业里负责设计工作多年,并且已经熟悉这个行业的规律和需求,掌握了一些资源。于是,他决定自己创业,开一家广告公司。小刘开始进行了一段时间的市场调查,并制订了创业计划,信心满满地准备开始创业。但是刚开始他就遇到很多难题,因为没有创业经验,办理工商行政登记就让他一头雾水,应该登记成哪种企业?需要什么手续?他一无声所知。想到企业开办之后还要面临很多合同的签订、员工的招聘和管理、公司制度的制订,小刘顿时觉得无从下手,才发现自己要学习的东西还有很多。

分析 小刘碰到了一些与创业相关的法律及手续问题,只有熟悉了这些法律知识和手续办理流程,才能结合自身的情况去开展后续工作。

一、创业主体法律法规

根据我国现行法律法规,企业的类型有个人独资企业、合伙企业、有限责任公司、股份有限公司等。创业者可以根据自己的实际情况及各种主体的法律特征,选择不同的企业类型。下面对适用于创业企业的主体法律法规进行介绍。

> **职场箴言**
>
> 清楚正确地了解法律的规定和要求,能够帮助你更好地认识创业环境和你的责任。

1. 公司法

公司法是规定公司的设立、组织、运营、变更、解散、股东权利与义务和其他公司内部、外部关系的法律规范的总称。公司法的调整对象主要是指在公司设立、组织、运营或解散过程中所发生的社会关系,具体包括公司内部财产关系、公司外部财产关系、公司内部组织管理与协作关系、公司外部组织管理关系。

2. 合伙企业法

从法律行为的角度讲,合伙是指两个以上(含两个,余同)的民事主体共同出资、共同经营、共负盈亏的协议;就组织的角度而言,合伙是指两个以上的民事主体共同出资、共同经营、共负盈亏的企业组织形态。由此可知,无论是从法律行为角度还是从组织形态角度,都强调合伙的主要特征是共同出资、共同经营、共负盈亏。

我国目前调整合伙的法律规范:一是《中华人民共和国民法通则》中有关个人合伙及法人联营的规定,二是《中华人民共和国合伙企业法》。

3. 个人独资企业法

个人独资企业是指由一个自然人投资,全部财产为投资个人所有,投资人以其个人财产对企业债务承担无限责任的经营实体。《中华人民共和国个人独资企业法》包含个人独资企业在投资主体、企业财产、责任承担、主体资格等方面的规定和特征。

4. 农民专业合作社法

农民专业合作社的主要功能,是在农业的某些生产或经营环节上通过合作来取得规模效应,降低成本,以提高中小农户的市场竞争力。

《中华人民共和国农民专业合作社法》主要从三个方面给予农民专业合作社生存的必要条件:第一,准予工商法人登记;第二,准予承担有限经济责任;第三,国家承诺给予财政金融支持和税收优惠。

5. 个体工商户条例

根据法律有关政策,有经营能力的城镇待业人员、农村村民及国家政策允许的其他人员,可以申请从事个体工商北经营,经核准登记后为个体工商户。由于个体工商户是以公民个人财产或家庭财产为经营资本的,所以财产所有者与经营者和劳动者不分离,其性质属于个体经济的范畴。

二、合同法

《中华人民共和国合同法》(简称《合同法》)第二条第一款规定:本法所称合同是平等主体的自然人、法人、其他组织之间设立、变更、终止民事权利义务关系的协议。根据这一定义,合同具有以下法律特征:其一,合同是一种民事法律行为;其二,合同以设立、变更、终止民事权利义务关系为目的;其三,合同是当事人意思表示一致的协议。

1. 合同的分类

（1）双务合同与单务合同。依双方当事人是否互负给付义务，合同可分为双务合同和单务合同。

双务合同是指当事人双方互相承担对待给付义务的合同。在双务合同中，当事人双方均承担合同义务，并且双方的义务具有对应关系，一方的义务就是对方的权利，反之亦然。双务合同是合同的主要形态，《合同法》所规定的多数合同均为双务合同。

单务合同是指只有一方当事人承担给付义务的合同。在单务合同中，当事人双方不存在对待给付关系，一方仅承担义务而不享有权利，另一方则相反。单务合同有两种情况：一种是只有单方承担义务的情况，如在借用合同中，只有借用人负有按约定使用并按期返还借用物的义务，出借人不负合同义务；另一种情况是一方承担合同的主要义务，另一方只承担附属义务，双方的义务不存在对待给付关系。例如，《合同法》允许赠与附义务，但赠与人交付赠与财产与对方的附属义务之间不存在对价关系，因而赠与合同仍属于单务合同。

（2）有偿合同与无偿合同。这是依合同当事人之间的权利义务是否存在对价关系所作的分类。有偿合同，是指当事人一方享有合同规定的权益，须向对方当事人偿付相应代价的合同。

有偿合同是商品交换最典型的法律形式，实践中常见的买卖、租赁、运输、承揽等合同，均属有偿合同。

无偿合同，是指一方当事人向对方给予某种利益，对方取得该利益时不支付任何代价的合同。无偿合同不是典型的交易形式，实践中主要有赠与合同、无偿借用合同、无偿保管合同等。在无偿合同中，一方当事人不支付对价，但也要承担义务，如无偿借用他人物品，借用人负有正当使用和按期返还的义务。

（3）诺成合同与实践合同。这是从合同成立条件的角度对其所作的分类。

诺成合同，是指以缔约当事人意思表示一致为充分成立条件的合同，即一旦缔约当事人的意思表示达成一致即告成立的合同。

实践合同，是指除当事人意思表示一致以外尚需交付标的物才能成立的合同。在这种合同中仅有当事人的合意，合同尚不能成立，还必须有一方实际交付标的物的行为或其他给付，才能成立合同关系。

（4）要式合同与不要式合同。以合同的成立是否须采取一定的形式为标准，合同可分为要式合同与不要式合同。

要式合同，是指法律规定必须采取一定形式的合同。

不要式合同，是指法律不要求采取特定形式的合同。

（5）有名合同与无名合同。根据法律是否赋予特定名称并设有规范，合同可分为有名合同与无名合同。

有名合同又称典型合同，是指在法律上已设有规范并赋予名称的合同。

无名合同又称非典型合同，是指在法律上尚未确立一定的名称和规则的合同。

（6）主合同与从合同。根据合同相互间的主从关系，可将合同分为主合同与从合同。

主合同是在两个关联合同中，不依赖其他合同的存在即可独立存在的合同称为主合同。

从合同是以其他合同的存在为前提而存在的合同称为从合同。例如，借款合同与保证合同之间，前者为主合同，后者为从合同。

（7）束己合同与涉他合同。以订约人是否仅为自己设定权利义务为标准，合同可分为束己合同与涉他合同。

束己合同，是指严格遵循合同相对性原则，当事人为自己设定并承受权利义务，第三人不能向合同当事人主张权利，当事人也不得向第三人主张权利的合同。

涉他合同，是指突破了合同的相对性原则，合同当事人在合同中为第三人设定了权利或约定了义务的合同，包括涉及第三人利益的合同和由第三人履行的合同。

2. 合同的订立

合同订立的一般程序须经过要约和承诺两个阶段。

（1）要约。要约又称发盘、出盘、发价、出价、报价，是订立合同的必经阶段。从一般意义上说，要约是一种订约行为，发出要约的人称为要约人，接受要约的人称为受要约人或相对人。

（2）承诺。《合同法》第二十一条规定：承诺是受要约人同意要约的意思表示。

3. 合同的内容

合同的内容，在实质意义上是指合同当事人的权利义务，在形式意义上即为合同的条款。《合同法》第十二条第一款规定：合同的内容由当事人约定，一般包括以下条款：

（1）当事人的名称或者姓名和住所。

（2）标的。

（3）数量。

（4）质量。

（5）价款或者报酬。

（6）履行期限、地点和方式。

（7）违约责任。

（8）解决争议的方法。

三、劳动法和劳动合同法

《中华人民共和国劳动法》自1995年1月1日起施行后，随着社会的发展和客观情况的变化，一些新的用工主体、用工形式不断出现，要求劳动合同制度进行相应的改革。

第十届全国人民代表大会常务委员会第二十八次会议于2007年6月29日通过并颁布了《中华人民共和国劳动合同法》，自2008年1月1日起施行。《中华人民共和国劳动合同法》扩大了《劳动法》的适用范围：

（1）规定中华人民共和国境内的企业、个体经济组织、民办非企业单位等组织与劳动者建立劳动关系，订立、履行、变更、解除或者终止劳动合同，适用本法。这是在适用范围中增加了民办非企业单位等组织及劳动者。

（2）规定事业单位与实行聘用制的工作人员订立、履行、变更、解除或者终止劳动合同，法律、行政法规或者国务院另有规定的，依照其规定；未作规定的，依照本法有关规定执行。

这明确了事业单位与实行聘用制的工作人员之间也应订立劳动合同，但考虑到事业单位实行的聘用制度与一般劳动合同制度在劳动关系双方的权利和义务方面、管理体制方面存在一定的差别，因此允许其优先适用特别规定。

拓展阅读

劳动合同的签订及注意事项

用人单位自用工之日起即与劳动者建立起劳动关系。建立劳动关系，应当订立书面劳动合同。订立劳动合同，应当遵循合法、公平、平等自愿、协商一致、诚实信用的原则。

劳动合同应当具备以下条款：

1. 用人单位的名称、住所和法定代表人或者主要负责人。

2. 劳动者的姓名、住址和居民身份证或者其他有效身份证件号码。

3. 劳动合同期限。

4. 工作内容和工作地点。

5. 工作时间和休息休假。

6. 劳动报酬。
7. 社会保险。
8. 劳动保护、劳动条件和职业危害防护。
9. 法律、法规规定应当纳入劳动合同的其他事项。

此外，用人单位与劳动者可以约定试用期、培训、保守秘密、补充保险和福利待遇等其他事项。同时，在法律责任中规定：用人单位自用工之日起超过一个月但不满一年未与劳动者订立书面劳动合同的，应当向劳动者每月支付两倍的工资。

（3）规定国家机关、事业单位、社会团体和与其建立劳动关系的劳动者，订立、履行、变更、解除或者终止劳动合同，依照本法执行。这表明除公务员和参照公务员法管理的人员，以及事业单位中实行聘用制的工作人员外，国家机关、事业单位、社会团体与其他劳动者均应当建立劳动关系，并执行本法。

四、企业和个人所得税法

1. 企业所得税法

2007年3月16日，第十届全国人民代表大会第五次会议审议通过并颁布了《中华人民共和国企业所得税法》（以下简称新《企业所得税法》），自2008年1月1日起施行。2007年12月6日正式发布了《中华人民共和国企业所得税法实施条例》（以下简称《实施条例》），自2008年1月1日起与新《企业所得税法》同步实施。

新《企业所得税法》实现了五个方面的统一，并规定了两类过渡政策。"五个统一"具体是：统一税法并适用于所有内外资企业；统一并适当降低税率；统一并规范税前扣除范围和标准；统一并规范税收优惠政策；统一并规范税收征管要求。两类过渡优惠政策：一是对新税法公布前已经批准设立、享受企业所得税低税率和定期减免税优惠的老企业，给予过渡性照顾；二是对法律设置的发展对外经济合作和技术交流的特定地区内，以及国务院已规定执行上述地区特殊政策的地区内新设立的国家需要重点扶持的高新技术企业，给予过渡性税收优惠。同时，国家已确定的其他鼓励类企业，可以按照国务院规定享受减免税优惠政策。

为了保证新企业所得税法的可操作性，实施条例按照新企业所得税法的框架，对新企业所得税法的规定逐条逐项细化，明确了重要概念、重大政策以及征管问题。主要内容：一是明确了界定新企业所得税法的若干重要概念，如实际管理机构、公益性捐赠、非营利组织、不征税收入、免税收入等；二是进一步明确了企业所得税重大政策,具体包括收入、扣除的具体范围和标准,资产的税务处理,境外所得税抵免的具体办法,优惠政策的具体项目范围、优惠方式和优惠管理办法等;三是进一步规范了企业所得税征收管理的程序性要求,具体包括特别纳税调整中的关联交易调整、预约定价、受控外国公司、资本弱化等措施的范围、标准和具体办法,纳税地点,预缴税和汇算清缴方法,纳税申报期限,货币折算等。

2. 个人所得税法

个人所得税法是调整征税机关与自然人(居民、非居民人)之间在个人所得税的征纳与管理过程中所发生的社会关系的法律规范的总称。1980年9月10日,第五届全国人民代表大会第三次会议通过了《中华人民共和国个人所得税法》。2007年12月29日第十届全国人大常委会第三十一次会议表决通过了《关于修改〈中华人民共和国个人所得税法〉的决定》,这是自1980年个人所得税法颁布以来的第五次修正。该法自2008年3月1日起施行。2008年2月18日,温家宝总理签署国务院令公布《国务院关于修改〈中华人民共和国个人所得税法实施条例〉的决定》,自2008年3月1日起施行。

(1)征税对象。纳税人凡在中国境内有住所,或者无住所而在境内居住满一年的个人,从中国境内和境外取得的所得,依照本法规定交纳个人所得税;在中国境内无住所又不居住或者无住所而在境内居住不满一年的个人,从中国境内取得的所得,依照本法规定交纳个人所得税。

(2)征税内容。具体征税内容:工资、薪金所得;个体工商户的生产、经营所得;对企事业单位的承包经营、承租经营所得;劳务报酬所得;稿酬所得;特许权使用费所得;利息、股息、红利所得;财产租赁所得;财产转让所得;偶然所得;其他所得。

(3)征税管理。我国个人所得税的征收方式实行源泉扣缴与自行申报并用法,注重源泉扣缴。个人所得税的征收方式可分为按月计征和按年计征。个体工商户的生产、经营所得,对企业事业单位的承包经营、承租经营所得,特定行业的工资、薪金所得,从中国境外取得的所得,实行按年计征应纳税额,其他所得应纳税额实行按月计征。

拓展阅读

免纳个人所得税的个人所得具体内容:

1. 省级人民政府、国务院部委和中国人民解放军军以上单位,以及外国组织、国际组织颁发的科学、教育、技术、文化、卫生、体育、环境保护等方面的奖金。

2. 国债和国家发行的金融债券利息。

3. 按照国家统一规定发给的补贴、津贴。

4. 福利费、抚恤金、救济金。

5. 保险赔款。

6. 军人的转业费、复员费。

7. 按照国家统一规定发给干部、职工的安家费、退职费、退休工资、离休工资、离休生活补助费。

8. 依照我国有关法律规定应予免税的各国驻华使馆、领事馆的外交代表、领事官员和其他人员的所得。

9. 中国政府参加的国际公约、签订的协议中规定免税的所得。

10. 经国务院财政部门批准免税的所得。

与创业企业相关的其他法律还有民法通则、会计法、产品质量法、消费者权益保护法、反不正当竞争法、环境保护法、保险法、商标法等。

案例总结

小刘通过向专业人士咨询、查阅相关法律法规，渐渐厘清了头绪。根据他想开办的广告公司的经营范围和理念，小刘决定注册一个有限责任公司。同时他还了解到自己还需要在税务部门办理税务登记证，每月按时进行报税。小刘还根据《中华人民共和国合同法》、《中华人民共和国劳动法》、《中华人民共和国产品质量法》等法律法规制订了公司章程、员工的劳动合同以及与客户签订的合作合同等文件。这么多曾经棘手的问题一件件迎刃而解，小刘又重拾创业的信心了。

分析 开办企业不可避免会遇到一些专业的法律法规问题，这个时候就需要创业者根据自身情况去了解相关内容，让自己的企业合理合法。

活动与拓展

主题 创业法律法规掌握

目标 掌握创业法律法规的相关知识要点，熟悉创业法律环境和创业者自身的责任

建议时间 30分钟

活动过程

1. 教师介绍案例：赵某是一家以生产钢化玻璃为主业的合伙企业股东。

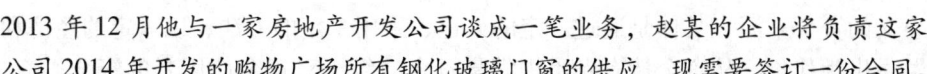

2013年12月他与一家房地产开发公司谈成一笔业务,赵某的企业将负责这家公司2014年开发的购物广场所有钢化玻璃门窗的供应,现需要签订一份合同。

2. 教师将学生分成若干小组(每组4~6人),小组讨论,每组制订出一份合同模板。

3. 每个小组派一名代表进行发言,介绍自己小组拟定的合同,其他学生进行点评。

思考与讨论

1. 合同的内容主要有哪些?
2. 哪些个人所得需要交纳个人所得税?

第四节 创业融资

学习目标

1. 掌握创业融资、融资策略、融资流程的相关知识。
2. 了解大学生创业融资存在的问题。

案例导入

2012年12月24日,成都一所高校食品科学系两名学生自筹资金10万元,在学校附近开起了"六味面馆"。店面转让、交付租金、店面装修等完成后,他们的资金所剩无几,连前期市场推广、员工培训等工作都没有完成就开业了。开业不久,隔壁又有一家面馆开业,导致他们的面馆客源锐减。面对竞争,他们需要资金来为餐馆进行市场营销。由于他们缺乏融资知识与能力,餐馆没有融资成功,仅经营了3个多月,就不得不草草收场。当他们到处去借钱时,他们连融资计划是什么、回报率是多少都不清楚,最终创业失败了。

分析 这个案例涉及创业融资、融资策略、融资方法、融资流程、融资计划书等概念,还涉及前期预算、市场估计等方面的知识。应该说,掌握必要的创业融资概念和融资方法与流程,有助于解决大学生创业资金不足的问题。

一、创业融资的概念

融资是指资金的融通,其定义有广义与狭义之分。广义的融资是指资金由资金供给者向需求者运动的过程。狭义的融资,主要是指资金的融入,而通常意义的资金来源，具体是通过一定的渠道、采用一定的方法、以一定的经济利益付出为代价，从资金持有者手中筹集资金，组织对资金使用者的资金供应，满足资金使用者在经济活动中对资金的需要。创业融资是指在持续的生产经营活动中，创业企业为了谋求自身生存和发展而筹措和运用资金的活动。

一般情况下，企业融资能力的影响因素主要包括企业的盈利记录、信用记录、未来预期的现金流量及可供抵押的资产等。资金提供者根据企业融资能力的大小，确定其可以提供的信用额度。但对创业企业而言，特别是处于初创期的企业，其信用记录、盈利记录尚不可得。因此，对创业企业的融资能力的评价标准不能等同于一般传统大型企业的常规指标，需要作出一些修正。

二、创业融资的方式

1. 创业企业的融资方式

创业融资方式主要是指创业企业筹措资金所采取的具体形式，体现着资金的属性。认识融资方式的种类与每种融资方式的属性，有利于处于创业期的企业选择适宜的融资方式与融资组合。创业企业融资方式一般有以下七种：吸收直接投资、商业信用、银行贷款、发行股票、发行融资券、发行债券、租赁筹资。

> **职场箴言**
> 资本都是逐利的，创业者要让投资人看见利益才可能获得投资。

2. 适合大学生创业的融资方式

下面介绍几种大学生自主创业常用的融资方式。

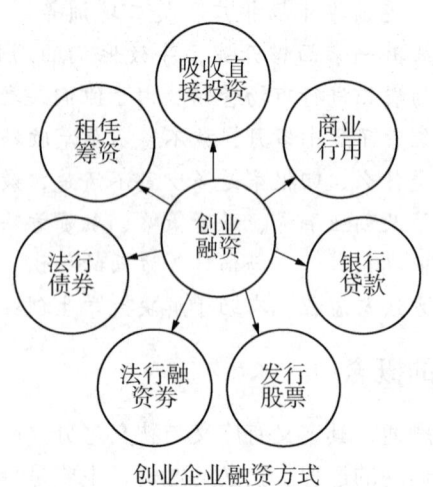

创业企业融资方式

（1）银行贷款。目前银行贷款主要有抵押贷款、信用贷款、担保贷款、贴现贷款等。银行贷款的优点是利息支出可以在税前抵扣，融资成本低；借款弹性好，运营良好的企业在债务到期时可以续贷。缺点是限制条款较多，财务风险较大。银行借款一般要供给抵押（担保）品，还要有不低 30% 的自筹资金，由于要按期还本付息，如果企业经营状态不好，就有可能导致财务危机。需要注意的是，创业者从申请银行贷款起，就要做好打"持久战"的准备，因为申请贷款并非与银行一家打交道，而是需要经过工商管理部门、税务部门、中介机构等一道道"门槛"，而且手续烦琐，任何一个环节都不能出问题。

（2）典当融资。与银行贷款相比，典当融资成本高、规模小，但融资速度快，门槛也较低，因为典当行只重视典当物品是否货真价实，对客户的信用请求几乎为零，所以适合小额创业筹资。

（3）吸收直接投资。吸收直接投资是指按"共同投资、共同经营、共担风险、共享利润"的原则，直接吸收法人或个人投资、合伙创业的一种筹资道路和方法。需要注意的是，创业者必须做好投资人的选择。在创业初期，大学生创业者应注意引入一些真正有实力、能供给增值性服务、与创业者经营理念相近的投资者。另外，大学生创业者不宜对眼前的利益过多计较，这样才能有效地支撑企业的成长。

（4）风险投资。风险投资是一种融资和投资相联合的全新投资方法，是指创业者通过出售自己的一部分股权给风险投资者而获得一笔资金，用于发展企业、开辟市场，当企业发展到一定规模时，风险投资者出卖自己拥有的企业股权获取收益，再进行下一轮投资。大学生创办高新技术企业可以争取风险投资基金的支持，但能否争取到，主要取决于个人信用保证及项目发展远景，因为风险投资家非常关注创业企业的盈利模式和创业者本人。

（5）融资租赁。融资租赁是企业根据自身设备投资的需要向租赁公司提出设备租赁的请求，租赁公司出资购置相应的设备，并交付承租企业应用的信用业务。这种方法是通过"融物"来达到融资的目标，具有以下优势：不占用创业企业的银行信用额度，创业者支付第一笔租金后就可以应用设备，而不需在购置设备上大量投资，这样资金就可以调往最急需用钱的地方。缺点是资金成本较高，租金比举债利息高，企业的财务负担重。

大学生自主创业的融资方式还有许多种，以上仅仅是常用的几种，具体选择哪一种融资方式，应联系投资的性质、企业的资金需求、融资成本和财务风险、投资收益率以及企业的举债能力等进行综合的考虑。

三、创业融资策略的内容

根据以上介绍可知，融资就是对资金的配置过程。融资策略是企业在融资活动中，为实现融资战略目标而采取的具体对策及方法手段。

在市场经济中，企业一般通过两种方式获取资本，即外源融资和内源融资。从融资策略形式来看，融资策略具体包括融资方式的选择和融资渠道的选择。其中，融资方式是指创业企业筹措资金所采取的具体形式，体现着资金的属性。

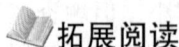拓展阅读

一些特别的融资策略

无形资产（知识产权或专利技术）资本化策略、回购式契约策略、特许经营融资策略、行业资产重组策略等也都属于融资策略。

一般来说，企业不会选择单一的融资策略。在不同的阶段，企业可以选择不同的融资策略；即使在同一阶段，企业也可以同时选择几种融资策略。因此，在运用不同的融资策略时，应特别注意融资策略的组合。另外，企业经常会采用负债融资策略，而负债不但有财务杠杆的效应，还会引起较高的财务风险，因此，对负债规模的控制和结构的选择也很重要。

四、大学生创业融资存在的问题

1. 融资需求上急功近利

在创业初期，大学生创业者的创业热情高涨，但因为受资金短缺的困扰，急于得到启动或周转资金，即使手中有技术、有创意，也可能为了"小钱"而转让"大股份"，贱卖自己的一些技术或创意。因此，在制订融资方案时应该准确评估自己的有形和无形资产的价值，不要妄自菲薄，低估了自己的价值。

2. 融资对象的选择上存在盲目性

在当前的大学生创业融资环境中，对于大多数大学生创业者来说，在创业早期要找到合适的能提供资金的融资对象是一件很不容易的事情。一旦有投资者出现，有的大学生创业者就像发现了救命稻草一样，而不管对方的业务或能力是否能够为投资项目提供渠道或指导，是否能有效支撑公司的成长。因此，大学生创业者一定要加强对融资市场信息的收集与整理，在掌握大量情报资料

的前提下作出最优的融资对象选择。

3. 融资心态上不成熟

融资心态上不成熟主要表现为大学生创业者缺乏对公司、员工、投资者负责的责任感，在对所融入资金的使用上，存在不负责任的使用问题；缺乏风险意识，不注意风险的控制。事实上，每一轮融资中的投资者都将影响大学生创业企业后续融资的可行性和价值评估，能为投资者创造价值的大学生创业者才能得到更多的融资机会与成长机会。

4. 融资方式较单一

受融资知识、经验和环境等各种条件的限制，目前大学生创业者的融资方式较为单一，内源融资主要还是向亲朋好友借钱、自己积累，外源融资主要依靠银行贷款来实现。实际上创业融资要开拓思路，多渠道融资，除了自筹资金、银行贷款、民间借贷等传统途径外，还要充分利用风险投资、大学生创业基金等融资渠道，要多管齐下。

拓展阅读

争取获得亲友的借款，是一种含有情感因素的特殊融资方式，包括向父母、亲戚、同学、朋友等借款，进行创业融资。由于亲情或友情因素的存在，可以在无信用记录而又不需要抵押的情况下获得借款。

五、大学生创业融资的对策

作为公司的血脉，资金必不可少，融资问题对新企业来说尤为重要。大学生要想凭借自己的技术或创意获得应有回报，就必须解决好融资问题。针对融资问题，创业者在融资的过程中需要做好以下工作：

1. 正确评估自身价值

在制订融资方案之前，要准确评估自己的有形和无形资产的价值，千万不要妄自菲薄，低估了自己的价值。

2. 合理选择融资方案

融资过程中要做好融资方案的选择。当前融资渠道比较多，主要有合资、合作、外资企业融资渠道，银行及金融机构贷款，政府贷款，风险投资，发行债券，发行股票，转让经营权，BOT（建设—经营—转让）融资等。多渠道的比较与选择可有效降低融资成本，提高效率。通过上述途径得到的发展资金可以分为两类：资本金和债务资金。其中，债务资金（如银行贷款等）不会稀释创业者股权，而且可以有效分担创业者的投资风险，推荐优先选择。

3. 选好投资人

如果采用出让股权的方式进行融资，则必须做好投资人的选择。只有同自己经营理念相近，其业务或能力能够为投资项目提供渠道或指导的投资人，才能有效支撑企业的成长。

4. 确保投资保值增值

创业不仅是实现理想的过程，更是使投资者（股东）的投资保值增值的过程。创业者和投资者是一个事物的两个面，只有通过企业这个载体，才能达到双赢的目标。"烧投资者的钱，圆自己的梦"的问题，说到底是企业家的信用问题，怀有这种思想的人不会成为一个成功的创业者。能为股东创造价值的企业家才能得到更多的融资机会和成长机会。

六、创业融资流程

1. 创业融资具体流程

创业融资的流程如下图所示。

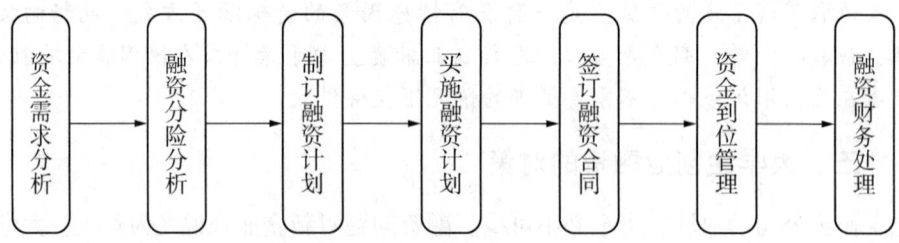

创业融资流程图

2. 创业融资知识准备

创业融资的知识准备包括：

（1）掌握融资管理的理论知识。

（2）掌握融资的方法、途径及操作要点。

（3）熟悉与国家筹资相关的法律法规。

3. 创业融资执行要点

创业融资执行要点见表 7-11。

表7-11 创业融资执行要点

序号	创业融资关键点	内容	细化执行
1	资金需求分析	创业团队根据项目的战略发展规划、生产经营状况、投资计划以及当前的资金状况,对公司的资金需求进行预测和分析	资金需求分析表
2	融资风险分析	创业团队进行融资成本和风险分析,如信用风险分析、市场风险分析、金融风险分析、政治风险分析等	融资风险变动分析表
3	制订融资计划	创业团队在融资风险分析的基础上,选择合适的融资方式、融资对象等,并编制融资计划。融资计划经团队讨论通过后生效,并传达给相关人员执行	融资计划书
4	实施融资计划	团队融资实施人员执行融资计划,与融资的相关单位进行谈判,或者向银行等金融机构提出融资申请	融资申请书
5	签订融资合同	公司融资人员与融资对象进行商谈,签订融资合同,确定融资的金额、利率、偿还时间、偿还方式等内容。融资合同经主管领导审批通过后生效	融资合同
6	资金到位管理	公司财务部门根据融资计划和公司资金需求状况对筹集到的资金进行合理的分配和运用	资金筹集运用报告表
7	融资账务处理	公司财务部门根据融资人员提交的相关凭证,进行融资账务处理,明确每一笔融资资金的到位情况、分配情况和收益情况	

案例总结

小罗是某职业院校2011届市场营销专业的毕业生,在北京卖过房子,到俄罗斯做过外贸,积累一定经验后邀请三个同学回到家乡创业。从自筹资金30万元开办养猪场开始,他们一边销售自己的产品,一边帮助同村的村民销售生猪,并与国内知名肉类加工企业签约,获得创业的第一桶金。随着企业规模逐步扩大,小罗与团队一起着手寻找专业的融资服务机构,最终找到一家专业的融资顾问公司。通过专业人员的帮助，他们梳理好了企业的融资需求、融资风险、融资途径与融资方法等，并设计了一套优秀的融资方案，最终成功获得800万元的风险投资。

分析 小罗对于企业的发展判断很好，在企业逐步扩大的同时，开始借助专业机构来为企业融资。通过融资，小罗在与融资顾问团队的合作过程中学习到了系统的融资知识、技巧、流程，更为企业的发展提供了充足的资金。

活动与拓展

主题 熟悉创业融资执行流程

目标 熟悉规范的创业融资流程，并能灵活运用

建议时间 30分钟

活动过程

1. 教师将学生分成五个小组。

2. 教师介绍案例：张某是2012届的大学毕业生，随着移动互联网的兴起，他准备在家乡做生鲜农产品O2O（线上到线下）销售创业项目，但移动互联网销售平台建设、供应商收集、前期品牌宣传推广、物流配送、市场营销等工作需要近百万资金，请根据创业融资执行要点做一次模拟创业融资。

教师在黑板上绘出（或通过投影仪展示）如下表格：

创业融资关键点	活动内容	具体方案关键点
资金需求分析	第一组讨论资金需求	
融资风险分析	第二组讨论融资风险	
制订融资计划	第三组讨论融资计划	
拟定融资合同	第四组拟定融资合同	
资金使用分配	第五组讨论资金分配	

请各组讨论后，填写表格。

3. 每个小组选出一个代表进行汇报，其他同学可进行点评，最后由教师进行总结。

思考与讨论

1. 如果项目没有找到合适的目标投资人，创业团队应该怎么办？

2. 如果投资方提出的投资条件苛刻，应该如何调整融资策略？

第五节　新企业创建

学习目标
1. 掌握新企业各种法律形态的概念。
2. 熟悉新企业选址、命名、登记注册等有关知识与流程。

案例导入
2012年4月，毕业于长沙某职业技术学院国际贸易专业的小刘开始创业。因为创业初期工作量很大，小刘自己也在一线忙着销售，导致一直没有时间完成企业注册。7月份公司接到一宗业务，需要双方签订正式的销售合同，小刘不顾团队的劝阻，私刻公章与客户签订合同。结果供货公司没有按期交货，交货时间拖延了两个月，导致客户起诉小刘的公司，法院判决小刘涉嫌商业欺诈而败诉，需赔偿损失。经过这一番折腾，小刘的公司不到半年就倒闭了。

分析　小刘为了公司业务而私刻公章瞒骗客户的行为显然是违法的。应该说，学习必要的企业法律形态概念和诚信经营，能够保证新创企业的正常运作，避免产生法律纠纷，也能很好地帮助大学生在创业中保障自身权益。

一、企业法律形态选择

企业法律形态是指由法律规定的企业形态：创办企业时，只能选择法律规定的企业组织形式。企业的法律形态有许多种，下面主要介绍三种适合大学生创业者的企业法律形态。

1. 个人独资企业

（1）设立条件。①独资企业的投资人为自然人。②有合法的企业名称。③由投资人申报出资。④有固定的生产经营场所和必要的生产经营条件。⑤有必要的从业人员。

（2）融资难易度。难以筹集大量资金。因为一个人的资金终归有限，以个人名义借贷款难度也较大。因此，个人独资企业限制了企业的扩展和大规模经营。融资渠道比较少，可以通过吸收新的合伙人、向银行贷款等途径融资。

（3）税收负担。税收负担较低，企业无须交纳法人所得税，大学生创业者只需交纳个人所得税即可。个人独资企业每一纳税年度的收入总额减除成本、费用以及损失后的余额,作为投资者个人的生产、经营所得,按照个人所得税法的"个体工商户的生产经营所得"应税项目,适用50%～35%的五级累进税率,计算征收个人所得税。

(4) 管理效率。经营管理灵活自由。企业主可以完全根据个人的意志确定经营策略,进行管理决策。企业资产所有权、控制权、经营权、收益权高度统一。企业的外部法律法规等对企业的经营管理、决策、进入与退出、设立与破产的制约较小。企业内部的基本关系是雇佣劳动关系,劳资双方利益目标的差异构成企业内部组织效率的潜在危险。

2. 合伙企业

(1) 设立条件。①合伙人数应不少于两人。②合伙人必须具有相应的民事行为能力,即为完全民事行为能力人且能承担无限责任。③法律、行政法规禁止从事盈利性活动的人,不得成为合伙企业的合伙人,具体包括国家公务员、法官、检察官及警察。④根据新修订的合伙企业法的规定,除自然人外,法人和其他组织均可以成为合伙企业的合伙人,自然人之间可以设立合伙企业,法人或其他组织之间可以设立合伙企业,自然人和法人或其他组织之间也可以设立合伙企业。⑤有合伙企业的名称。合伙企业作为市场主体之一,应有自己的名称。

(2) 融资难易度。融资难度较大。由于中小企业的特点,使其很难从银行获得全部担保公司的贷款,这时合伙人可通过扩大合伙人队伍来筹措资金,但风险较大。

(3) 税收负担。根据我国税法的规定,对合伙企业不征收企业所得税,而是分别对各合伙人从合伙企业分得的利润征收个人所得税。合伙企业以每一个合伙人为纳税义务人,按照合伙企业的全部生产经营所得和合伙协议约定的分配比例确定应纳税所得额,合伙协议没有约定分配比例的,以全部生产经营所得和合伙人数量平均计算每个投资者的应纳税所得额。对合伙企业的各合伙人征个人所得税时,同个人独资企业一样,按照个体工商户生产、经营所得征收:

(4) 管理效率。管理效率较低。基于我国的合伙文化环境和现实状况,有必要在合伙人理论和实践中加强合伙关系的管理。合伙企业做事时大家一起协商,而不是通过上下级的行政命令方式。培育合伙精神与提倡适度竞争是辨证的统一。

第七章 创业计划与实施

📖 **拓展阅读**

合作双方签订的合作协议要明确说明股份分配、利益分配、分工安排等，还要为可能出现的情况提出假设，并安排好后路。例如，如果公司经营不好，一方要退股，能不能退出？怎么退出？或者公司倒闭，固定资产等如何结算给每个人？如果没有按规定做好协议中的内容，如何赔偿或处罚？这些都需要写进双方签订的合作协议里。

3. 公司制企业

（1）设立条件。①拟定公司名称（预先核准的公司名称有效期为6个月）。②前往工商局提出公司设立申请。③银行开户。④提供银行回单、注资人身份证及复印件、公司章程等，由公司创办者自己网上申报验资。⑤将验资报告等资料交给工商局，办理营业执照等。⑥前往税务局办理税务登记证。

（2）融资难易度。融资较难。一般公司常用贷款等间接融资方式。间接融资的速度快、过程简单，但门槛高、成本高。也可以通过风险投资、私募股权进行直接融资。直接融资过程复杂，专业性强。小额资金最好通过间接融资的方式解决。

（3）税收负担。税收负担较高。作为具有独立法人资格的公司制企业，我国税法规定，对公司及其股东都要征税：一方面对公司征收企业所得税；另一方面还要对股东从公司分得的利润征收个人所得税。由于股息是税后利润，因而会产生双重征税的问题。

> **职场箴言**
> 在日新月异的变化中，我们将面临许多选择，选择在某种意义上决定了我们的未来。

（4）管理效率。管理效率较高。由于股东的人数较少，公司的内部和外部关系比较简单，是否设监察人由公司自行决断，股东会议的召集方式及决议方法也简便易行。股东之间的关系比较亲密，有利于彼此沟通情况、协调意见。

二、创业地址选择

对于创业者来说，选择自己的经营地点是很重要的。一般而言，工厂、仓储等企业以减少中间环节、降低生产成本、提高运行效率为原则，一般选在开发区。若公司以交通便利、商交流迅捷、商务服务完善为原则，办公地点一般选择商业圈或者邻近商业圈的写字楼。下面商店的选址为例，介绍创业地址选择的注意事项。

（1）注意路面与地势。通常商店地面应与道路处在一个平面上，有利于顾客出入。如果场位置在坡路上或与道路的高度相差很多的地段上，就必须考虑商场的人口、门面、台阶及牌的设计等，一定要方便顾客，并引人注目。

（2）选择方位与走向。方位是指商店正门的朝向，一般商业建筑物坐北朝南是最理想的一般而言，人们普遍有右行的习惯，商店在设置入口时应以右为上。如果街道是东西走向，流主要从东边来时，以东北路口为最佳；如果街道是南北走向，客流主要从南向北运动，以南路口为最佳。如果是三岔路口，最好将商场设在路口正面，这样店面最显眼；如果是丁字路口应将商场设在路口的"转角"处。

（3）留意潜在商业价值。留意一些不引人注目但有潜力的地段，主要从以下几方面评价：

①拟选的商场地址在城区规划中的位置及其商业价值。

②是否靠近大型机关、单位、厂矿企业。

③未来人口增加的速度、规模及其购买力提高度。

三、企业名称确定

1. 公司起名的规范

公司起名要注重公司名称的合法性、专业性、品牌战略、行业特点，同时，从与现代市场紧密结合的角度看，还要注意企业名称的"国际性"，不能违反其他国家的法律。要为公司起个好名称需要注意以下几点：

（1）合法性。毋庸置疑，公司起名后需要经过工商注册机构审核。公司起名一般有八个备选方案，可供工商部门审核通过。合法性是公司起名的首要条件，要引起重视。

（2）品牌唯一性。新成立的公司一般没有什么品牌优势，但是，一旦企业发展起来，就会树立起自己的品牌地位。这里需要注意：①新成立公司的名称不要与现有的公司名称或市场品牌相重音或近形。这主要是因为一旦染上侵权纠纷，不仅白白地给别人作了宣传，还将企业的人力、资金投入浪费掉了。②新成立公司的品牌一旦打响，有可能被别的公司所利用。如果企业的品牌信息不具有独特性、唯一性，很容易让他人获得"打擦边球"的机会，这在市场非常常见。③反映公司品质与文化。一些起名客户有时要求公司名称一定要大气，一定要像通用、中国移动等那样响亮。我们常说，名字也是信息，名字要因人而异、企业名称也要根据企业发展的阶段状况而定，名不副实是一大忌讳。甚至有些起名客户不懂公司名称的国家规定，要成立"中"字、"国"字头公司。

2. 公司名称核准的流程

（1）领取并填写《名称预先核准申请书》《指定（委托）书》，同时准备相关材料。

（2）递交名称登记材料。如果工商人员审核通不过，当场会告知；如果企业名称预查通过，领取《名称登记受理通知书》，等待名称核准结果。

（3）按《名称登记受理通知书》确定的日期领取《企业名称预先核准通知书》。

四、企业登记注册

企业登记注册的一般流程如下：

（1）核名。前往工商局领取一张《企业（字号）名称预先核准申请表》，填写公司名称，由工商局在工商局内部网检索是否重名。如果没有重名，就可以使用这个名称，并核发一张《企业（字号）名称预先核准通知书》。工商名称核准费为40元，可供检索5个名称。

（2）租房。前往写字楼租一间办公室。使用自己的厂房或办公室也可以，一般不允许将办公地点设在居民楼中。

（3）签订租房合同。如果租房，需要与房东签订租房合同，并让房东提供房产证的复印件。租房合同需打印5份，房产证复印件需5份。

（4）购买租房的印花税。前往税务局购买印花税，按年租金的千分之一的税率购买，黏贴在房租合同的首页。例如，每年房租是2万元，需要购买20元钱的印花税，凡是需要用到房租合同的地方，都需要粘贴印花税的合同复印件。

拓展阅读

企业登记注册新规

2014年1月1日开始，工商部门只登记公司认缴的注册资本总额，无须登记实收资本，不再收取验资证明文件，申请企业登记不用再为注册资本发愁。

（5）编写"公司章程"。可以在工商局网站下载"公司章程"的样本，然后进行修改。章程需要所有股东签名。

（6）刻私章。刻一枚法人私章（方形）。

（7）前往会计师事务所领取"银行询证函"。联系一家会计师事务所，领取一张"银行询证函"，必须是原件，由会计师事务所盖章。

（8）注册公司。前往工商局领取公司设立登记的各种表格，包括设立登记申请表、股东（发起人）名单、董事经理监理情况、法人代表登记表、指定代表或委托代理人登记表。注册登记费，按注册资金的万分之八收取。填好后，连同核名通知、公司章程、房租合同、房产证复印件、验资报告一起交给工商局。大概三个工作日后可领取执照。注册公司手续费300元。

（9）凭营业执照，前往公安局特行科指定的刻章社刻公章、财务章。后面步骤中，均需要用到公章或财务章。

（10）办理企业组织机构代码证。凭营业执照到技术监督局办理组织机构代码证，费用是80元。办这个证需要半个月，技术监督局会首先发一个预先受理代码证明文件，凭这个文件就可以办理后面的税务登记证、银行基本户开户手续。

（11）前往银行开设基本账号。凭营业执照、组织机构代码证，去银行开立基本账号。开设基本账号需要填很多表，最好把能带齐的东西全部带上，包括营业执照正本原件、身份证、组织机构代码证、财务章、法人章等。

（12）办理税务登记。领取执照后，30日内到当地税务局申请领取税务登记证。一般的公司都需要办理两种税务登记证，即国税税务登记证和地税税务登记证。费用分别为40元，共80元。

（13）聘请兼职会计。办理税务登记证时，必须有一个会计，因为税务局要求提交的资料中有一项足会计的资格证和身份证。创办公司刚开始时，可聘请一个兼职会计。

（14）申请领购发票。如果是销售商品的公司，应该到国税局去申请发票；如果是服务性质的公司，则到地税局申领发票。

案例总结

小杨是江西某职业技术学院2011届毕业生，大学期间从摆地摊、发传单、做家教做起，积攒了一定的资金。毕业后，他利用自己在大学掌握的修车技术，在汽车保有量最大的区域开了一家"全心汽车服务店"，并注册了个体工商执照。随着修车与服务水平的逐渐提高，凭着细心、耐心、热情的服务和专业修车技术，小杨的生意也越来越好，小店聘请了更多的帮手。2013年年底小杨将小店重新注册成为"全心汽车服务有限责任公司"，很多老顾客对小杨的高品质服务赞不绝口，建立了良好的信任，还愿意投资给小杨的新公司，

"全心汽车服务有限责任公司。"开始走上公司化、连锁化经营的发展轨道。

分析 毕业生小杨创业初期选择了合适的企业法律形态，选择了适合企业发展的地址，并一直努力提高企业的服务水平。随着企业逐步成长，小杨不但累积了经营管理经验，及时升级了企业的法律形态，并获得了客户的信任与投资，实现了创业成功。

活动与拓展

主题 创建新企业

目标 掌握企业注册的相关重要事宜，熟悉企业注册相关流程

建议时间 40分钟

活动过程

1. 教师将学生分成三个小组。

2. 教师介绍案例：刘某是2011届人力资源管理专业毕业生，他准备注册一家人力资源服务公司，主营人才中介与劳务输出。请问这家公司采取哪种企业法律形态是最合适的？选址怎么定位？给这个公司取一个好记的名字。

3. 教师在黑板上绘出（或通过投影仪展示）如下表格：

企业注册关键点	活动内容	方案申述
法律形态	第一组讨论公司最佳的法律形态	
企业选址	第二组讨论公司的合适地址	
企业命名	第三组讨论公司命名	

请各组讨论后，填写表格。

4. 每个小组选出一个代表进行汇报，其他同学可进行点评，最后由教师进行总结。

思考与讨论

1. 小企业常见法律形态有哪些？
2. 注册新成立的公司一般流程包括哪些？

第八章　新企业管理与发展

新企业在创立初期的首要任务是在市场竞争中生存下来，让消费者认识和接受自己的产品或服务。在这个阶段，生存是第一位的，一切围绕生存而运作。要尽快找到客户，把自己的产品或服务销售出去，找到第一桶金，只有这样，新企业才能在市场找到立足点，才有了生存的基础。

新企业的突出优势在于更贴近客户，更容易感受到市场发生的变化，能够比大企业作出更迅速的反应，能够用小企业的反应速度来抗击大企业的规模优势。与此同时，新企业管理通常也需要有较强的创新性，因为新企业会面临许多新问题，这些问题在书本和前人的经验中可能找不到答案，只有敢于创新、善于创新，才能有效地解决这些问题。

学习目标

1. 了解人力资源管理的概念和主要特点。
2. 了解财务管理的概念和基本原理。
3. 了解品牌建设的主要内容。
4. 理解企业家精神和企业的社会责任。

学习指南

一、学习方法

1. 通过查询网络、阅览杂志等方式了解新企业管理的相关知识，与创业者进行交流，了解新企业管理中应该注意的问题。
2. 根据新企业管理对创业者的要求，判断自己是否适合创业，从创业者的角度出发，思考应该如何做好新企业的管理工作。

二、注意事项

1. 学习过程中要注意将相关知识与自己的实际情况相结合，多了解与自己的专业、兴趣相关的企业情况。

2. 学思结合,学行结合。

第一节 人力资源管理与企业文化建设

学习目标
1. 了解人力资源管理的概念和特点。
2. 熟悉企业文化的主要内容。

案例导入

Google 不但是一家世界知名的高科技公司,也是一家企业文化非常独特的公司,那里提供免费出租车服务、免费健身、免费用餐在内的一整套福利。公司以拥有工作、生活相互协调的办公环境而自豪。Google 技术总监 Silverstein 说:"我们招聘新员工的标准非常严格,这虽然使我们的发展速度慢一些,但这样做的结果是产生了一种反映公司创始人信仰的、迷恋于技术的'杂耍'文化。""员工们认为他们正在创造着世界上最好的产品,"Google 的工程总监 Peter 说,"这些产品正在改变着人们的生活。"

分析 Google 已成为世界上最有影响力的网络公司之一,它不但为人们提供了极大的方便,而且为企业界树立了一个如何创建令员工满意公司的极好典范。Google 的成功,在于其拥有一支具有相同的价值观和工作态度的高素质员工队伍,以及时刻鼓舞着员工奋发向上的强大的公司文化。

一、人力资源管理

人力资源管理是指根据企业发展战略的要求,有计划地通过招聘、甄选、培训、报酬等管理形式,对组织内外相关人力资源进行有效运用,满足组织当前及未来发展的需要,保证组织目标实现与成员发展最大化的过程。

人力资源管理包括企业一系列人力资源政策以及相应的管理活动,这些活动可概括为六个模块的内容:人力资源规划,招聘与配置,培训与开发,绩效管理,薪酬福利管理,劳动关系管理。

1. 新企业人力资源管理的主要特征

(1)用人机制灵活。新企业的规模通常比较小,管理决策具有较强的独立性，受到的政府干预较少，具有灵活的用人机制。具体表现在：管理者具有较大的人事决定权，可以根据企业的实际需要聘用员工；薪酬制度具有较大的灵活性，能真正根据员工对企业的贡献大小决定薪酬的发放标准；人事任免手续简单，可以根据企业和员工的实际情况，适时提供相应的职位和待遇。

（2）员工流动频繁。新企业人力资源进出的频率相比大企业而言要高，人才流失的可能性也比大企业要大。因为，一般而言，中小企业的工作压力比大企业大，工作的强度也较大，特别是一些关键岗位的管理人员和技术人员，经常进行超强度的工作，如果报酬待遇或个人的发展机会不像预期的那样好，他们很容易就从企业流出。

（3）工作边界模糊。新企业的业务量小，不可能进行过细的分工。其通常的工作状态是，任务一来，老板、员工一起上，有什么活就干什么活。当然，对一些专业性较强的工作，通常要由具有相应资质的专人负责。但是常规的一般性工作，则往往淡化分工，强调协作，每个员工都要扮演多种角色，而且工作起来要能主动补位。

2. 员工招聘

现实世界不能保证所有人都是高素质、高品德的人，而且哪怕是德才兼备的人，也并不一定在价值观、性格、能力等方面适合企业的需要。因此，企业在招聘员工时，应该以足够的理性来进行选择，不能因为是亲朋好友、同学同事、战友老乡等就草率决定。一般而言，员工招聘应遵循如下原则：

（1）适配性原则。这里的适配性是指企业的员工招聘目标要与企业的现实情况相匹配，避免出现人才浪费现象。因为只有让企业的人才选择标准与企业的目标相配，才能不但选到合适的人，而且能够保证员工队伍的相对稳定。

（2）高效性原则。这里的高效性是指企业的员工招聘要有助于企业的高效运行。为了减少创业初期的运营成本，使新企业面对变化多端的市场始终保持快速反应能力，员工的数量在够用的前提下应尽量精简，并尽可能具有相同的价值观。

（3）动态性原则。这里的动态性是指企业的员工招聘要能够适应企业的发展变化。创业是一个充满了不确定性的过程，企业在不同发展阶段，对人才的需求和吸引力也是不一样的，只有保持一定的动态性，才能使真正适合企业发展需要的人被吸纳到团队中来。

3. 员工管理

许多新企业的员工较少，甚至只有三四个人。如此少的员工队伍，几乎每个管理者都觉得能够轻易驾驭。但实际上，新企业的员工虽少，其管理难度却往往超过成熟企业。一般而言，新企业的员工管理应注意如下问题：

（1）形成共同愿景。在谨慎选择员工队伍的基础上，企业员工管理的第一步是要形成共同愿景。因为只有了共同愿景，企业才会形成长远的凝聚力和战斗力，才能为完成共同目标而不懈努力，而不是在个人利益上斤斤计较，或缺乏持续的工作热情。

（2）制订相应规则。在建立了共同愿景之后，要实现共同的发展目标，企业还必须制订相应的管理规则、规章制度和组织纪律来规范员工的行为。相应规则的制订，要有前瞻性和可操作性，要遵循先粗后细、由近及远、逐步细化、逐次到位的原则。

（3）留住关键员工。关键员工是指那些拥有专门技术，会对企业的经营与发展产生重大影响的员工。对这样的员工，企业应采用提供有竞争力的薪酬待遇，提供良好的进修与培训机会，制订良好的职业上升通道等激励措施。

表8-1总结了从组织内部特征视角来看，新企业可能遇到的问题。

表8-1 组织内部特征视角下的新企业可能遇到的问题

正常现象	不正常现象
创业者承担了现实的义务	创业者只有不切实际的幻想
产品导向	利润导向，只考虑投资回报
创业者掌握了控制权	创业者的控制地位不稳固
现金支出暂时大于收入	现金支出长期大于收入
缺乏管理深度	过早授权
缺乏制度	过早制订规章制度
缺乏授权	创业者丧失控制权
创业者愿意听取不同意见	创业者刚愎自用
一切都视作机会	摊子铺得太大，远远超出能力
因人设岗，责任交叉重叠	创业者过早分权，失去控制
经营权和所有权开始分离	创业者遥控式管理

二、企业文化建设

企业文化是企业成员共有的一套意义共享体系，使企业独具特色，区别于其他组织。企业文化由以下三个层次的内容组成：第一层次是文化外显层，如厂房、设施等物质形态；第二层次为制度文化，如规章制度、公约纪律等制度形态；第三层次为核心层或精神文化，指组织的价值观念、理想等精神形态。

1. 企业文化的作用

企业文化是企业中占支配地位的领导集体率领广大员工在长期的调查研究和工作实践基础上，经多年培育、维持而创建的精神财富和物质形态，其内含的价值观、行为规范、传统作风等核心因素来自于组织，具有相对独立性和稳定性，同时，这些因素具有巨大的能动作用。

（1）划界作用。企业文化首先起着划清界限的作用，它能使一个企业与其他企业和组织区别开来。

（2）导向作用。企业文化能将全体员工的思想行为统一到组织发展目标上来，不仅对组织个体的心理与行为具有导向作用，而且对组织整体的价值取向和行为具有导向作用。

（3）凝聚作用。企业文化对员工具有潜移默化的作用，能使他们自觉或不自觉地接受组织共同的信念和价值观，从而把个人融入集体，使员工的归属感增强，凝聚力提高。

（4）激励作用。企业文化可使员工认识自己组织的特点与优点，理解自己工作的意义和价值，进而产生热爱集体的荣誉感、自豪感，激发巨大的工作热情。

（5）稳定作用。企业文化是一种社会黏合剂，它通过为组织成员提供言行举止的恰当标准，以及由此产生的认同感，使员工愿意长期留在组织中。

> **职场箴言**
> 创新思维可以让你的思想具有流畅性、变通性、求异性与独创性。

2. 企业创始人与企业文化的形成

企业创始人对企业文化影响巨大，新企业的典型特点是规模比较小，有利于创始人把自己的愿景与企业所有成员分享。

企业创始人对企业文化形成的影响是通过以下三种途径实现的。首先，创始人仅仅聘用和留住那些与自己的想法和感受一致的员工；其次，创始人对员工的思维方式和感受方式进行灌输和社会化；最后，创始人把自己的行为作为角色榜样，鼓励员工认同这些信念、价值观和假设，并进一步内化为自己的想法和感受。

现代集团是韩国的企业巨人，它的企业文化在很大程度上是创始人郑周永的个人写照。现代公司激烈的竞争型风格以及纪律严明、高度权威的特色，也都是郑周永个人特点的体现。

比尔·盖茨对微软的影响、弗莱德·史密斯对联邦快递的影响、理查德·

布朗森对维珍集团的影响等,充分显示企业创始人对企业文化的影响。

3. 企业文化传承与发展

企业文化一旦建立,企业就会采取一系列措施使其得以传承和发展。在维系企业文化的过程中,员工甄选、管理活动和教育培训起着非常重要的作用。

(1) 员工甄选。企业在招聘员工的时候,所雇用的人显著受到决策者对于求职者是否适合组织的判断的影响。这种试图确保员工与组织相匹配的努力,会使受聘员工的价值观与组织价值观大体一致,至少与组织价值观中的相当一部分保持一致。

(2) 管理活动。高层管理者通过自己的举止言行建立起规范,并将其渗透到组织当中。例如,公司是否鼓励冒险;管理者应该给自己的下属多大自由度;什么样的着装是得体的;什么样的活动可以得到加薪、晋升或其他奖励等。

(3) 教育培训。新员工入职后,许多企业都要通过教育培训帮助新员工适应组织文化。例如,星巴克的所有新员工都要通过培训学习星巴克的经营理念、价值观念、企业精神、团队意识等、通常情况下,适应企业文化的员工会受到奖励,而挑战企业文化的员工则会受到惩罚。

案例总结

王军是一家大型制造类企业的采购经理,他在工作上勤勤恳恳、认真负责,几乎把自己的全部精力都用到了工作上。王军的努力不但换来了可喜的工作业绩,而且使其深受公司领导层的赏识。王军不但自己工作努力,对下属的要求也很高,管理非常严格。他期望他的员工也能像他一样,一心扑在事业上。他还要求员工养成"早到晚退"的习惯,并经常让员工陪自己加班,即使员工无事可做,也要陪伴在自己身边。王军以为自己的严格管理会提高部门的工作业绩,但实际情况却恰恰相反。他的管理方式引起了员工的极大不满,不到半年工作便陷入僵局,他的下属调走的调走、请假的请假,而那些仍来上班的员工,也士气低落,出工不出力。

分析 人与人之间是有差异性的,管理者不能把自己的工作和生活方式强加给员工。对因自身业绩突出走上管理岗位的基层管理者来说,适时进行角色转换,学会真正站在管理者的角度思考问题,是其必须尽快完成的功课。

活动与拓展

主题 企业的人力资源管理和企业文化调研

目标 了解企业的组织架构和人力资源管理流程，熟悉企业文化的传递方式

建议时间 课外＋课上20分钟

活动过程

1. 教师介绍活动目的：通过企业网站，了解企业的组织架构、人力资源管理和企业文化。

2. 教师将学生分成若干小组，每组4～6人。每组选择4～6个企业为调研对象，在课下完成调研，并进行交流，提炼出一个完整的调研报告。

3. 每组选出一个代表，在课堂上进行汇报，教师进行点评和总结。

思考与讨论

1. 如何识别企业网站信息的真假？
2. 作为创业者，应该怎样利用网络进行企业文化宣传？
3. 企业在自己的网站上发布招聘信息应注意哪些问题？

第二节 财务管理与风险控制

学习目标

1. 了解财务管理的概念和基本原理。
2. 理解企业经营中可能面临的各种风险及风险防范措施。

案例导入

清华大学学生邱虹云等人创立的视美乐公司的"多媒体超大屏幕投影电视"创业项目曾获首届全国大学生科技创业大赛一等奖，并以此得到了上海某公司250万元的风险投资。然而，第二年视美乐公司并没有得到该公司曾经许诺过的高达5 000余万元的二期投资，最终视美乐公司将技术以3 000万元的价格卖给了国内另一家公司。这个曾被誉为中国第一家高科技的学生创业公司，如今几乎销声匿迹。

分析 债务融资与股权融资应慎重选择、合理搭配。视美乐公司在创业初期，因为其技术的先进性而具有很强的生命力，能在市场竞争中凭借技术优势占据有利地位，而技术需要资金的支持才能产生持续生产力，并得以赢利。视美乐公司在发展的初期，没有解决好资金短缺问题，最终创业失败。试想，如

第八章　新企业管理与发展

果视美乐公司采取一定比例的债务融资策略，企业发展会怎样？

一、财务管理

财务管理是组织企业财务活动、处理财务关系的一项经济管理工作。它是在一定的整体目标下，关于资产的购置、资本的筹集和使用、经营中的现金流控制及利润分配等方面的管理。

1. 新企业财务管理的主要特征

新企业财务管理的主要特征是资金需求量大，融资成本高，投资回报慢。企业的创立、生存和发展，必须有一定数量的资金来支撑。资金问题的解决，特别是创业启动资金的落实，是关系到创业能否成功的关键因素之一，必须给予高度的重视。其具体要求是：

（1）确定合理的融资规模。新企业既没有稳定的客户基础和现金流量，又需要通过投入来拓展市场，所以在制订发展计划和融资战略时，必须结合企业的实际情况确定合理的融资规模，既要保证创业资金的持续供给，又要保证企业的健康发展。

（2）把握合理的融资时机。新企业的融资要有计划性，不要等到出现严重资金短缺时才开始寻找资金，这样会丧失融资的主动权，增加融资成本和给企业发展带来不确定性。但也不能过早融资，否则股权会不可避免地被大幅度稀释，甚至可能导致控制权的丧失。

（3）选择合理的融资方式。新创企业要选择最适合自己的融资方式，并将各种融资方式结合，形成最有利的融资组合。例如，在创业初期要多采用自有资金、部分民间借贷等来启动创业项目，之后向天使投资人寻求股权投资或向政府部门申请创业支持基金，进入快速成长期后，则可向创业投资机构寻求股权投资，并开始申请银行贷款。

2. 成本管理

成本管理是企业的永恒主题，它在企业发展的任何阶段都占有非常重要的地位。企业的成本通常包括企业生产过程中实际消耗的直接材料、直接工资和制造费用等制造成本，以及不能直接归属于某种产品的管理费用、财务费用和销售费用等。成本管理通常包括以下几项重要工作：

（1）成本预测。成本预测是指依据成本与各种技术经济因素的依存关系，结合企业发展前景以及采取的各种措施，通过对影响成本变动的有关因素的分析测算，对未来成本水平及其变化趋势作出的科学估计。

（2）成本核算。成本核算是指根据会计学的原理、原则和规定的成本项目，按照账簿记录，通过各项费用的归集和分配，采用适当的成本计算方法，计算出完工产品成本和期末产品成本,并进行相应的账务处理。

(3)成本分析。成本分析是根据成本核算资料和成本计划资料及其他有关资料,运用一系列专门方法,揭示企业费用预算和成本计划的完成情况,查明影响计划或预算完成的各种因素,寻求降低成本、节约费用途径的一项专门工作。

> **职场箴言**
> 行动不一定带来快乐,而无行动则决无快乐。

3. 现金流管理

现金流是维系企业正常生产运作所需的基本资金循环,是企业价值评估和财务风险判断的重要指标和依据。如果现金流出现了问题,容易导致企业资金链条的断裂,中断正常的生产经营活动。因此,企业必须将现金流管理置于财务管理的核心地位,切实保证企业的现金流处于安全、合理的状态。其具体措施如下:

(1)利用现金流量表监控现金流量。现金流量表是现金流管理的核心工具,也是分析和防范现金流断裂的有效手段,见表8-2。企业的现金流量包括经营活动产生的现金流、投资活动产生的现金流和融资活动产生的现金流。

表8-2 现金流量表

项目	行次	金额	备注
一、经营活动产生的现金流量	5		
销售商品、提供劳务收到的现金	6		
收到的税费返还	7		
收到的其他与经营活动有关的现金	8		
现金流入小计	9		
购买商品、接受劳务支付的现金支付给职工以及为职工支付的现金	10		
支付的各项税费支付的其他与经营活动有关的现金	11		
现金流出小计经营活动产生的现金流量净额	12		
二、投资活动产生的现金流量	13		
收回投资所收到的现金	14		
取得投资收益所收到的现金	15		

续上表

处置固定资产、无形资产和其他长期资产所收回的现金净额	16	
收到的其他与投资活动有关的现金	17	
现金流入小计	18	
购建固定资产、无形资产和其他长期资产所支付的现金		
投资所支付的现金	19	
支付的其他与投资活动有关的现金	20	
现金流出小计	21	
投资活动产生的现金流量净额	22	
三、筹资活动产生的现金流量	23	
吸收权益投资所收到的现金	24	
借款所收到的现金	25	
收到的其他与筹资活动有关的现金	26	
现金流入小计	27	
偿还债务所支付的现金	28	
分配股利、利润或偿付利息所支付的现金	29	
支付的其他与筹资活动有关的现金	30	
现金流出小计	31	
筹资活动产生的现金流量净额	32	
四、汇率变动对现金的影响	33	
五、现金及现金等价物净增加额	34	

（2）强化经营活动的现金流量管理。在经营活动产生的现金流中，销售产品或提供服务获得的现金是最主要的现金流入来源。企业在市场需求不稳定、销售低迷和回款不及时等情况下，会出现现金流入不足，所以企业必须加强营销管理，才能保证现金流入量。

（3）防止盲目投资和占用过多资金。投资和支出构成了现金的主要流出，对此企业一方面要控制投资规模，另一方面要控制开支，避免因管理费用过大、人员负担过重和外包服务过多等造成的现金流出过大，或现金流的不稳定和不平衡。

二、风险控制

企业是风险集中的组织，在企业经营过程中，风险是客观存在、不可避免的。这就要求创业者主动地认识风险，积极地管理风险，有效地控制风险。这里说的风险控制，是指采取各种措施和方法，减小风险事件发生的概率，尽量降低风险事件造成的损失。

1. 企业经营面临的主要风险

企业经营面临的主要风险包括创业项目选择风险、人力资源风险、市场风险、财务风险和技术风险等。对于企业经营风险的控制，人们已经积累了丰富的经验，并形成了应对它们的基本原则和基本程序。

风险控制的程序一般包括风险识别、风险评估、风险管理方法的选择、风险管理效果的评价。这些程序实施的前提，就是要通过跟踪已识别的风险、监视残余风险和识别新的风险，使企业经营的风险始终处于受监控状态。其基本流程如下图所示。

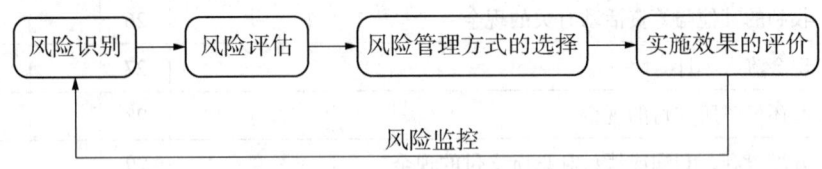

风险控制的基本流程

上述风险控制流程，只是应对企业经营风险的一般程序，而在实际工作中，还必须针对具体问题进行具体分析。企业经营的风险，按其来源可分为内部风险和外部风险。风险的来源不同，其管理和控制的方式也不同。

2. 内部风险控制

企业内部风险主要包括产品风险、营销风险、财务风险、人事风险、组织与管理风险等。对于内部风险的控制，主要措施是风险回避和风险预防，即通过事先的分析、论证，尽可能避免风险和通过预防将风险带来的损失降到最低。

这里说的"风险回避"，是指放弃某一项目，以中断风险来源，从而避免由此带来的损失。项目选择是企业经营的开端，选择一个好的创业项目，是防范创业风险的第一步和关键所在。风险回避虽然看起来消极，但却是从根本上消除特定风险的唯一办法。从很多创业失败的案例中可以发现，其失败的命运是在选择项目时就已经注定的。

第八章 新企业管理与发展

> **职场箴言**
> 成功的人是跟别人学习经验，失败的人只跟自己学习经验。

要选择好的创业项目，从源头上规避创业风险，关键是要提高创业者发现、分析、选择创业项目的能力。很多人创业失败，是因为其对商业的本质缺乏认知，不懂创业规律。因此，要规避创业项目的选择风险，首先要提高创业者自身的素质，做一个合格的创业者。当然，任何项目都不可能完全没有风险，所以还必须要有切实可行的防范措施，防患于未然。

3. 外部风险控制

企业外部风险包括：顾客风险、竞争对手风险、政治环境风险、法律环境风险、经济环境风险等。上述风险是由于外部环境的不确定性导致的，既难以预料，更无法控制。所以，这类风险的应对办法只能是风险转嫁、风险预防和损失抑制。

风险转嫁是指为了避免承担风险损失，利用合法的交易方式和业务手段，有意识地将风险全部或部分地转移给他人的一种风险管理方式。转嫁风险的常用方式是保险转嫁，即向保险公司交纳保险费的同时，将风险全部或部分地转嫁给了保险公司。

风险预防是指在风险事件发生前，为了降低风险发生的频率和控制风险发生带来的损失幅度，采取各种具体措施以消除或减少可能引发风险的各种因素。

损失抑制则指将风险单位割离成独立的小单位，从而缩小损失幅度，通常在损失幅度高且无法转嫁的情况下采用。

案例总结

1991 年 7 月，史玉柱在获得了创业的第一桶金后，将公司由深圳迁往珠海，成立"珠海巨人新技术公司"，后又升格为"珠海巨人高科技集团公司"。到 1993 年 7 月，"巨人集团"下属全资子公司已经发展到 38 个，成为中国第二大民营高科技企业。1994 年初，巨人大厦动土。这座最初计划建 18 层的大厦，在众人热捧中被不断加高，从 18 层到最后升为 70 层，号称当时中国第一高楼，投资也从 2 亿元增加到 12 亿元，史玉柱以集资和卖楼的方式筹款 1 亿元。1995 年，巨人把 12 种保健品、10 种药品、10 多款软件一起推向市场，投放广告费用 1 亿元。1996 年巨人大厦资金告急，史玉柱决定将保健品方面的全部资金调往巨人大厦，保健品业务因资金"抽血"过量，迅速盛极而衰。

脑黄金的销售额达到过 5.6 亿元，但烂账有 3 亿多。1997 年初巨人大厦未按期完工，各方债主纷纷上门，巨人集团现金流彻底断裂，只完成了相当于三层楼高的首层大堂的巨人大厦停工，巨人集团名存实亡。随着"巨人倒下"，负债 2.5 亿的史玉柱黯然离开广东。

分析 史玉柱第一次创业失败的案例，是新企业因盲目扩张而导致失败的典型案例。史玉柱在创业初步成功之后，急于追求企业的快速成长，大搞多元化经营，而对企业经营中可能出现的风险则明显估计不足、防范不够。这是他第一次创业失败的根本原因。而因投资规模过大和回款不及时等问题导致的资金链断裂，只是其失败的导火索。

活动与拓展

主题 领悟企业融资选择

目标 了解企业融资的主要方式，理解不同融资方式对企业发展的影响

建议时间 150 分钟

活动过程

1. 教师介绍本次活动的目的。

2. 教师将学生分成若干小组（每组 4～6 人），然后播放电影《中国合伙人》。

3. 学生分组讨论"新梦想"不同阶段的融资方式，以及其对企业发展的影响。

4. 每个小组选出一个代表进行汇报，其他同学进行点评，最后由教师进行总结。

提示：讨论题目应事先告诉学生。学生看电影后，建议先进一步了解新东方教育科技集团的发展历史，然后再进行小组讨论。

思考与讨论

1. 创业者如何创造性开发并利用资源？

2. 在电影《中国合伙人》中，成东青和孟晓骏在融资策略上的根本分歧是什么？

3. 如何看待不同融资方式的利弊？

第三节　营销管理与品牌建设

学习目标

1. 了解营销管理的概念和特征。
2. 了解品牌建设的主要内容。

案例导入

1985年，在一次质量检查时，青岛电冰箱总厂的检查员发现刚刚生产的76台瑞雪牌电冰箱不合格。按照当时的销售情况，这些电冰箱稍加维修便可出售。但是，厂长张瑞敏当即决定，在全厂职工面前将76台电冰箱全部砸毁。当时一台冰箱800多元钱，而员工每月平均工资只有40元，一台冰箱几乎等于一个工人两年的工资。当时员工们纷纷建议：便宜处理给工人。

张瑞敏对员工说："如果便宜处理给你们，就等于告诉大家可以生产这种带缺陷的冰箱。今天是76台，明天就可能是760台、7 600台……因此，必须解决这个问题。"

于是，张瑞敏决定砸毁这76台冰箱，而且是由责任者自己砸毁。很多员工在砸毁冰箱时都流下了眼泪，平时浪费了多少产品，没有人去心痛，但亲手砸毁冰箱时，感受到这是一笔很大的损失，痛心疾首。这种非常有震撼力的场面，改变了员工对质量标准的看法。

如今，海尔已经是全球大型白色家电第一品牌。

分析　品牌建设往往是一个长期的过程，管理者首先要有品牌意识，并在日常的生产、销售、宣传中做好品牌塑造和维护工作。海尔集团之所以能够从一个电冰箱厂一步步发展成为全球大型家电集团，很重要的一个原因是其特别注重品牌建设。

一、新企业营销管理

营销管理的实质是需求管理，即对需求的水平、时机和性质进行有效的调节。每个人、每个企业在社会上生存和发展，都必然会有各种各样的需要，如饮食的需要、安全的需要、服饰的需要，并愿意付出一定的报酬来满足部分需要，于是这部分需要就形成了需求。需求可以通过很多方式来满足，市场营销的出发点是通过交换满足需求。也就是说，市场营销是企业通过交换的方式来满足自身需求的过程。企业存在的价值，在于企业提供的产品能满足人们的需求，双方愿意交换。所以需求是营销的基础，交换是满足需求的手段，两者缺一不可，营销管理其实就是需求管理。

1. 新企业营销管理的主要特征

新企业在完成了员工招聘和产品开发之后，用于市场营销的资金往往都非常有限，而其产品和企业的知名度又低，很难进入其他企业已经稳定占领的销售市场。在这种情况下，新企业的产品不可能像成熟企业那样"隆重推出""闪亮登场"，新企业的营销管理也不可能像成熟企业那样"分工明确""面面俱到"。具体而言，新企业的营销管理有以下几个主要特征：

（1）必须控制销售成本，否则卖得越多，赔得越多。

（2）必须控制销售节奏，避免出现断货。

（3）必须控制销售回款，避免出现呆死账和现金流断裂。

2. 渠道管理

渠道是企业销售产品的网络。一个企业必须很清楚自己的营销网络，找出自己的目标场，找出自己的重点市场，合理划分营销区域。否则，漫无目的地四处撒网，即使花费大量的市场开发费用，也换不来应有的销售成果。

在渠道管理中，首先要考虑的是经销商的选择和管理。由于历史原因，各个行业都有一些颇具实力的经销商，控制着行业内大部分产品的销售。所以，新企业要想在较短的时间内将自己的产品打入市场，较为稳妥的方式是与经销商建立战略合作伙伴关系，实现短期的利润共享和长期的共同发展。

在渠道管理中，还必须关注销售终端的进入与管理。终端的三尺柜台，决定着企业的产品最终能否销得出去。所以，很多企业都强调"终端为王"，甚至放弃经销商直接去做终端市场。但需要注意的是，进入终端并不是一件很容易的事情，许多"超级终端"都索取进场费、陈列费、店庆费和促销费，新企业一般不愿将有限的资金用在这些项目上。

3. 客户管理

客户管理从本质上说是一种商业策略，它要求按照客户的分类情况，有效地组织企业资源，培养以客户为中心的经营行为，以及实施以客户为中心的业务流程。进行客户管理的目的，在于提高企业赢利能力、利润及顾客满意度。

目前，越来越多的企业开始将客户视为其重要的资产，提出"想客户所想"、"客户就是上帝"、"客户的利益至高无上"等经营理念，不断采取多种方式对客户实施关怀，以提高客户对本企业的满意程度和忠诚度。

> **职场箴言**
> 在你成功地把自己推销给别人之前,你必须百分之百地把自己推销给自己。

客户管理的中心是客户关怀。客户关怀包括以下四个方面的内容:
(1) 客户服务。包括向客户提供产品信息和服务建议等。
(2) 产品质量。应符合有关标准,适合客户使用,保证安全可靠。
(3) 服务质量。指与企业接触的过程中客户的体验。
(4) 售后服务。包括售后的查询和投诉,以及维护和修理。

二、新企业品牌建设

品牌建设是指品牌的拥有者对品牌进行的设计、宣传、维护的行为。品牌建设包括的内容有品牌资产建设、信息化建设、渠道建设、客户拓展、媒介管理、市场活动管理、口碑管理、品牌虚拟体验管理。

1. 品牌意识

企业的品牌建设是一个长期而持久的过程,它要求创业者不但在创业之初就具有明确的品牌意识,而且要在企业经营的整个过程中,都能自觉地用高标准来规范产品的设计、开发、生产和销售等各个环节,不断提高产品的竞争力。

创业者的品牌意识,首先来自创业者对品牌作用的理解。为此,应该使创业者明白,好的企业品牌不但能使人产生对企业产品的购买欲望,而且能使人产生对企业的羡慕和向往。简言之,企业的品牌能促进消费、吸引人才和增强企业的凝聚力。

2. 品牌塑造

创建具有鲜明的核心价值与个性、丰富的品牌联想、高品牌知名度、高溢价能力、高品牌忠诚度和高价值感的强势品牌,首先需要理解品牌资产的构成及品牌资产各项指标,如知名度、品质认可度、品牌联想、溢价能力、品牌忠诚度的内涵及相互之间的关系。在此基础上,结合企业的实际,有计划、有步骤地对品牌进行塑造。其具体步骤如下:
(1) 明确产品理念和市场定位。
(2) 明确产品的设计风格和要树立的企业形象。
(3) 着手生产设计好的产品。
(4) 制订切实可行的营销计划。
(5) 配合营销工作进行广告宣传,扩大企业的影响力。
(6) 扩展品牌的文化内涵。

（7）注重品牌管理，创造社会价值。

3. 品牌维护

品牌建设不是一劳永逸的事情，不但需要企业用心塑造，而且需要企业坚持不懈地用心维护。其基本要求是：围绕品牌资产目标，不断检查品牌资产情况，在此基础上加强推广宣传，提升企业品牌的知名度、美誉度，培养客户的偏好度和忠诚度。新企业在品牌维护时应注意以下两点：

（1）需要企业全体员工的积极参与。它不但要求全体员工对企业有高度的认同感和归属感，而且要以主人翁的态度工作，与企业同舟共济、荣辱与共。企业品牌的维护，还需要巩固和加强与目标客户的联系，吸引更多忠诚的品牌使用者。

（2）特别需要企业遵守诚信原则。品牌标志着企业的信用和形象，是企业最重要的无形资产。在市场经济条件下，环境每天都在不断地变化，谁拥有了诚信品牌，谁就掌握了竞争的主动权，就能处于市场的领导地位。

拓展阅读

品 牌 维 护

一个强大的品牌不是由创意打造的，而是由"持之以恒"打造的。

品牌核心价值一旦确定，企业的一切营销传播活动都应该以滴水穿石的定力，持之以恒地坚持维护它，这已成为国际一流品牌成功的秘诀。

横向坚持：同一时期内，产品的包装、广告、市场营销、售后服务等都应围绕同一主题和形象。

纵向坚持：1年、2年、10年……品牌在不同时期的不同表达主题都应围绕同一品牌核心价值。

案例总结

22岁的贵州女孩小陈从某职业技术学院毕业后，想开一家时尚"美鞋吧"。为了检证自己想法的可行性，她精心设计了一份调查问卷，调查的问题有：你觉得鞋上的饰件重要吗？当你鞋上的饰件损坏后，你会请人修复吗？一双鞋穿久了会失去新鲜感，你是否会有将它换一种风格的愿望？如果市面上有专门美容鞋的服务，你是否会花钱消费这样的服务，你觉得理想的价格是多少？结果有90%的被访者都说会选择这样的服务。只有10%的人认为没有必要，这部分人主要是收入较高的中年白领。在完成了市场调查之后，她又对开店的前景进行了反复的分析，待一切准备就绪后，她才正式开店营业。但是即便如此，开店后的生意还是没有想象的那么好。直到她针对市场情况进行了多种方式的营销宣传后，小店才慢慢开始赢利。

分析 创业项目的选择必须基于一定的市场需求，小陈所做的创业前的市场调查和经营前景分析是非常必要的。但是，许多消费者并不知道鞋子美容的知识，所以即便人们有这方面的需求，也不知道上哪儿找这样的店。在这种情况下，如何进行营销宣传就显得非常重要。

活动与拓展

主题 消费调查访谈

目标 了解人们的消费习惯和消费方式，理解不同销售策略的消费行为基础

建议时间 课外＋课上20分钟

活动过程

1. 教师介绍活动目的，即调查人们对某些产品（与学生所学专业相关的产品）的消费习惯和消费方式。

2. 教师将学生分成若干小组，每组4～6人。学生在课下分组进行消费调查和讨论，最终得出结论。

3. 每个小组选出一个代表，在课堂上进行汇报，由教师进行点评和总结。

提示：学生应认真准备和设计访问提纲。设计访谈提纲时，要对可能的答案进行预想，访谈形式可以多样化，注意控制访谈时间。

思考与讨论

1. 人们在购买产品时，通常会考虑哪些因素？
2. 实体门店销售应该注意哪些问题？
3. 网店销售应该注意哪些问题？

第四节 成长管理与社会责任

学习目标

1. 了解新企业成长面临的挑战和管理策略。
2. 理解企业家精神和企业的社会责任。

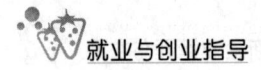

案例导入

PPG 衬衫曾经是男士衬衫直销的代名词，因其商业模式的新颖和狂轰滥炸的广告引导，迅速为追求时髦的消费者所接受。一无工厂，二无分销系统，三无店铺，把邮购和网络直销模式引进了服装行业的 PPG，给传统服装的经营带来了极大的冲击，只用 2 年多的时间，就创造了销量超越中国男式衬衫的"龙头老大"雅戈尔的奇迹。然而 PPG 却禁不住年少轻狂的激进、同行狙击式的绝杀，以及媒体始终若隐若现的质疑，当把消费者和行业赋予的光鲜挥霍一空后，PPG 折翅上海滩，徒留一声叹息。公司从 2005 年创立到 2010 年破产，PPG 的迅速成长与快速衰败，其中的过程耐人寻味。

分析 从 PPG 身上，可以看到一个新企业因为其商业模式的创新而迅速崛起，冲击并变革了中国服装业的运行模式，具有高成长性，但也因为新企业内在能力的成长跟不上企业规模的扩张而快速衰败。PPG 的失败告诉我们，新企业无法依靠创业者个人的创新获得长远发展，也无法仅仅依靠某一商业模式获得持续成功。创业者只有尽快在行业中练好基本功，成为真正的"行家里手"，才能有生存之根，新企业也只有尽快从依靠创业者的个人创业转变为依靠系统化的组织创新，才能找到成长之魂。

一、新企业成长管理

新企业区别于成熟企业的重要特点之一，就是新企业处于超常规发展阶段，极具成长潜力。如果把新企业的孕育到创立看作是从 0 到 1 的过程的话，那么新企业管理就是从 1 到 10 的过程，这是一个以生存和发展为核心的成长管理过程。

1. 新企业成长面临的挑战

新企业的数量很多，但能够实现成长的企业却并不多，其中实现快速成长的企业则更少，其原因在于新企业的成长会遇到各种限制和障碍，会面临各种发展陷阱和挑战。

（1）内部管理复杂性增强。新企业在快速成长的同时，需要获取更多的资源以支撑成长，这就使得企业内部的管理工作会在短时期内快速增加，甚至导致企业内部管理杂乱无序。这种内部管理复杂性的增加，无论对创业者来说，还是对创业管理团队来说，都具有极大的挑战性。

（2）外部环境不确定性增加。企业的快速成长，会使行业内的大企业注意新企业所在的细分市场，甚至会对成长中的中小企业进行打压。这就迫使新企业不得不加大产品创新力度，调整市场战略，或进入新的细分市场。这些情况无一例外地会增加企业外部环境的不确定性，使其经营环境变得更加复杂。

（3）人力资源和资金缺口增大。新企业的成长迫切需要吸引大批人才的加入，但由于新企业发展的不确定和高风险性，对优秀人才的吸引力不足，从而导致较大的人力资源缺口。同样，为了支撑企业的快速成长，新企业需要不断增加投资，而新企业现金流入的不足和不稳定，往往无法满足企业快速成长的需要，导致较大的资金缺口。

> 职场箴言
> 环境不会改变，解决之道在于改变自己。

2. 新企业成长管理策略

企业成长是一个动态的过程，是通过创新、变革和强化管理等手段整合资源，并促使资源增值，进而追求持续发展的过程。创业者除了需要为成长做好准备外，还需要结合新企业的管理特性，遵循企业成长规律，抓住成长管理的重点。其主要策略如下：

（1）确立企业的愿景、使命和核心价值观。企业愿景、使命和核心价值观是引领企业发展的灵魂，它们虽然无形，但却渗透在企业发展的方方面面。在新企业成长过程中，创业者必须适时提出一套能够凝聚人心的愿景、使命和核心价值体系，从而在成长中凝心聚力，形成强大的组织力量。

（2）管理好支撑企业持续成长的人才队伍。人才是支持企业成长的关键要素，是企业的核心资产。从根本上说，企业的成长基于人力资源的成长，企业的发展基于人力资源的发展。因此，新企业必须通过建立"招聘、培育、使用、挽留"在内的人力资源管理体系，来打造一支优秀的人才队伍。

📖 拓展阅读

新企业和成熟企业成长管理特点的比较：

项目	新企业	成熟企业
成长性	高增长，非线性成长	低增长，常规发展
风险程度	不确定性，高风险	经营稳健，低风险
主导策略	基于生存和发展的机会导向	基于强化内部控制的经营导向
驱动因素	商机驱动	资源驱动
关注焦点	销售收入和现金流	顾客维持与内部效率

续上表

项目	新企业	成熟企业
管理团队	创业者个人或小规模的团队	职业化的管理团队替代企业家团队
管理模式	基于信任与合作基础上的松散管理	完善的管理机制与控制系统
创新来源	依赖个人创新	系统的组织创新
风险承担	最大限度地规避风险	能够适度承担风险
外部环境	高度不确定,至少创业者感觉如此	不确定性基本在可控的范围内

(3)注重资源整合和资源管理。新企业的人力、财力、物力资源相对匮乏,仅仅通过自身的滚动发展往往速度缓慢,所以借助外部力量来发展壮大自己,便显得更加重要。快速成长企业常采用的外部成长策略有:建立战略联盟;成立合资公司;兼并和收购;引入创业投资;上市融资等。

二、企业家精神与企业的社会责任

1. 企业家精神

企业家精神是企业家各种素质的综合体现,集冒险精神、风险意识、效益观念和科学精神为一体,体现了创业者开创性的思想、观念和个性,以及积极进取、不畏失败和敢于担当等优秀品质。

企业家精神的核心是创业精神。创业精神不但是一种优秀的品质,而且是推动创业者创业实践的重要力量。具体表现在:第一,能让创业者发现别人注意不到的趋势和变化,看到别人看不到的市场前景;第二,能让创业者在新事物、新环境、新技术、新需求、新动向面前具有较强的吸纳力和转化力;第三,能让创业者不断地寻找机会,不断地创新,不断地推出新产品和新的经营方式。

职场箴言

"人"的结构就是相互支撑,"众"人的事业需要每个人的参与。

---

2. 企业的社会责任

企业的社会责任是指企业在其商业运作中对其利害关系人应负的责任。企业的社会责任包括企业环境保护、社会道德以及公共利益等方面,由经济责任、持续发展责任、法律责任和道德责任等构成。

企业的社会责任要求企业必须超越把利润作为唯一目标的传统理念,强调在生产过程中对人的价值的关注,强调对消费者、环境、社会的责任和贡献,从而获得在社会、经济、环境等领域的可持续发展能力。

强调企业的社会责任不仅是社会对企业的要求，也是企业自身发展的需要。阿里巴巴创始人马云指出："每一个企业都要承担社会责任，并把这个社会责任贯穿于企业的工作中。这种使命感不仅仅是统一思想、凝聚人心、统一行动、提高效率、减少交流成本、激发员工斗志的力量，更是企业的血液、基因和品格。"

企业公民是国际上流行的用来表达企业责任的术语，其核心观点是企业的成功与社会的健康发展密切相关。企业公民是一个公司将社会基本价值与日常商业实践、运作和政策相整合的行为方式。一个企业公民认为公司的成功与社会的健康和福利密切相关，因此，它会全面考虑公司对所有利益相关人的影响，包括雇员、客户、社区、供应商和自然环境。

案例总结

2008年5月12日汶川地震当天，某著名企业宣布捐款200万元。消息传出，这200万元被频频拿来与该公司2007年48亿元的净利润相对比。关于这一数字，该公司董事长解释说，2006年始，股东大会给予该公司每年的企业公民建设费用授权额度为1 000万元，在地震发生前已经使用了近800万元，因此"200万元已是股东大会授权额度剩余的全部"。他认为："公司捐出200万元是合适的。中国是个灾害频发的国家，赈灾慈善活动是个常态，企业的捐赠活动应该可持续，而不能成为负担。公司对内部慈善的募捐活动中，有条提示：每次募捐，普通员工的捐款以10元为限。其本意就是不要让慈善成为负担。"

分析 该公司的200万元捐款和该公司董事长的言论，引发了各界对企业社会责任的思考。时任国务院研究室工交贸易司司长的陈全生认为，在企业社会责任方面有一个误区，就是把企业的社会责任当成企业的捐赠义务。其实，企业社会责任绝不仅仅是"慈善事业与社会公益"。在快速消费品领域的调查显示，消费者所关注的企业社会责任顺序前三名为产品质量76.8%，环境保护59.9%，诚信经营47.4%，慈善事业与社会公益仅以24.3%排在第四。

活动与拓展

主题 企业成长的比较和分析

目标 了解影响企业成长的主要因素，理解企业家精神在企业成长发展中的作用

建议时间 课外 + 课上 20 分钟

活动过程

1. 教师介绍活动目的：调查企业成长的主要因素。

2. 教师将学生分成若干小组，每组 4～6 人。每组选择两个具有代表性的企业为调研对象，在课下完成调研，并进行交流，提炼出一个完整的调研报告。

3. 每组选出一个代表，在课堂上进行汇报，教师进行点评和总结。

提示：选择学生比较熟悉的、有代表性的企业作为研究对象，对这两个企业的成长过程进行对比分析，包括其成长背景、成长历程、成长速度、成长战略、成长特点、发展态势等，并从对比分析中获得启示。

思考与讨论

1. 哪些因素在企业的成长发展中起到决定性作用？
2. 如何看待企业家精神和企业的社会责任？

参考文献

[1] 吴晓义. 管理心理学. 广州：中山大学出版社，2009.

[2] 张永生. 马云全传. 北京：中国商业出版社，2009.

[3] 史玉柱再起路：从负债 2.5 亿到 500 亿身家. 腾讯财经. http://finance.qq.com/a/201 30213/000462.htm.

[4] 长松咨询. http://bj.cs360.cn/e aopanshou/2 126223.

[5] 邹远珍. 给皮鞋"美容"的陈雪妍. 理财，2007（3）.

[6] 伊查克·艾迪斯. 企业生命周期. 北京：中国社会科学出版社，1997

[7] 创建新企业. 百度文库. http://wenku.baidu.com/view/4365aba6dd33 83c4bb4cd2 15.html.

[8] 张瑞敏砸冰箱砸出世界 500 强. 豆丁网. http://www.docin.com/p-199219962.com.